AF845694

SCORPIO

INGRID ALEXANDER
SABINE LÜCK

Ahnen auf die Couch

Den Generation-Code®
entschlüsseln und
vererbte Wunden heilen

SCORPIO

Jeder Mensch ist nicht nur er selber, er ist auch der einmalige, ganz besondere, in jedem Fall wichtige und merkwürdige Punkt, wo die Erscheinungen der Welt sich kreuzen, nur einmal so und nie wieder. Darum ist jedes Menschen Geschichte wichtig, ewig, göttlich, darum ist jeder Mensch, so lange er irgend lebt und den Willen der Natur erfüllt, wunderbar und jeder Aufmerksamkeit würdig. In jedem ist der Geist Gestalt geworden, in jedem leidet die Kreatur, in jedem wird ein Erlöser gekreuzigt …

Das Leben jedes Menschen ist ein Weg zu sich selber hin, der Versuch eines Weges, die Andeutung eines Pfades. Kein Mensch ist jemals ganz und gar er selbst gewesen; jeder strebt dennoch, es zu werden, einer dumpf, einer lichter, jeder wie er kann. Jeder trägt Reste von seiner Geburt, Schleim und Eierschalen seiner Urwelt, bis zum Ende mit sich hin. Mancher wird niemals Mensch, bleibt Frosch, bleibt Eidechse, bleibt Ameise. Mancher ist oben Mensch und unten Fisch. Aber jeder ist ein Wurf der Natur nach dem Menschen hin. Uns allen sind die Herkünfte gemeinsam, die Mütter, sie alle kommen aus demselben Schlund; aber jeder strebt, ein Versuch und Wurf aus den Tiefen, seinen eigenen Zielen zu. Wir können einander verstehen; aber deuten kann jeder nur sich selbst.

Hermann Hesse

Inhalt

Vorwort

Ohne unsere Ahnen wären wir nicht die Menschen, die wir heute sind. Wir erben nicht nur ihre Reichtümer oder Schulden, ihr Aussehen und ihre körperlichen Dispositionen. Auch die Wunden und Narben ihrer Seelen haben wir von unseren Vorfahren übernommen und meist unbewusst mit einem Treuevertrag besiegelt. Jede Generation versucht auf ein Neues, Heilung und Fortschritt zu bewirken. Wir wollen mehr erreichen als unsere Mütter und Väter, aber wir dürfen den »Glücksrahmen« nicht überschreiten, denn sonst würden wir unsere Eltern an ihrer schmerzlichsten Wunde berühren. Wir machen die Rettung und den Schutz der Eltern und Ahnen zu unserem Lebenssinn und opfern dafür wichtige Teile unseres Selbst.

Um unsere eigenen unerfüllten Wünsche und Sehnsüchte nicht spüren zu müssen, reichen wir den unbewussten Auftrag der Ahnenheilung weiter an unsere Kinder und Kindeskinder. So erkennen wir oft unsere eigenen Kinder nicht, verwechseln uns oder unsere Eltern mit ihnen. Weil wir nicht mehr unterscheiden können, wessen Leben wir eigentlich leben, wessen Sehnsüchte wir erfüllen wollen, zerstören wir Beziehungen, kontrollieren unsere Partner, spornen unsere Kinder zu Höchstleistungen an. Wenn wir den Treuevertrag auflösen, können wir die Verbindung zu uns selbst wieder spüren und unsere Wunden heilen lassen. Dann brauchen wir unsere Kinder und Partner nicht mehr zu denen zu formen, von denen wir glauben, sie so zu brauchen. Dann setzen wir unsere Fähigkeiten und Qualitäten nicht länger für die Rettung der Ahnen ein, sondern für uns selbst und die eigene Lebens- und Beziehungsgestaltung und werden immer freier für echte, hingebungsvolle Liebe, die fließen darf und die den anderen und sich selbst annimmt.

Als wir – Ingrid Alexander und Sabine Lück – uns 1993 zum ersten Mal begegneten, spürten wir sofort eine besondere Anziehungskraft. Voller Leidenschaft machten wir uns gemeinsam auf die Suche nach Antworten auf die Frage nach dem authentischen Sein.

Wir stießen in unserer Arbeit mit anderen Menschen auf den archaischen Grundkonflikt des Kindes und den daraus resultierenden Treuevertrag mit den Eltern. Auch wir lösten unseren Treuevertrag mit Mutter und Vater und setzten damit unser Potenzial frei. Das Schreiben dieses Buches lag uns schon seit vielen Jahren am Herzen und darf nun wie eine wunderbare Blüte endlich aufgehen.

Wir hoffen, dass ihre Saat auf fruchtbaren Boden fällt und unsere Methode vielen Menschen helfen wird, die nach Antworten suchen und wachsen wollen.

Einleitung

Wir möchten Sie, liebe Leserin, lieber Leser, mit einem Märchen auf das Thema dieses Buches einstimmen. Geschrieben hat es eine Teilnehmerin, nachdem sie ihren Generation-Code mit der Mutter gelöst hatte und zur Unterstützung ihres Heilungsprozesses die Aufgabe erhielt, ein Märchen über ihre geheilte Beziehung zur Mutter zu schreiben. Das Märchen sollte mit dem Satz enden: … und endlich konnte die Prinzessin den ihr zustehenden Platz im Herzen der Eltern einnehmen. Den Namen haben wir – wie in den übrigen Fallbeispielen auch – aus Datenschutzgründen geändert.

Mara – Königin der Herzen

Es lebte einst in einem kleinen Ort eine Prinzessin namens Mara zusammen mit ihren Eltern, dem König und der Königin, und ihrem älteren Bruder, dem Prinzen.

Als sie klein waren, hatten die Königskinder ein unbeschwertes und schönes Leben. Sie konnten sich auf ihre Eltern verlassen. Die Geschwister verstanden sich gut und hatten viele gemeinsame Freunde im Volk. Schöne Tage verbrachten sie auch bei der warmherzigen Großmutter, die leider schon viel zu früh an einer Krankheit starb.

Mara war ein nettes, aufgeschlossenes Mädchen und auch ein mutiges Kind. Sie war gerne mit ihren Spielkameraden draußen in der Natur unterwegs. An die eine Seite des Schlosses grenzte der große Wald des Königreiches, zu dem sie oft mit dem Fahrrad fuhr. Dort war es nie langweilig, allerdings war es nicht ratsam, allzu dreckig nach Hause zu kommen, denn dann wurde die Königin böse.

Die andere Seite des Schlosses wurde durch einen breiten Fluss mit einem Wehr begrenzt. Im Sommer konnte man auf dem Wehr entlang durch knöcheltiefes Wasser bis zu einer Bootsschleuse auf dem anderen Ufer gehen. Durch das fließende Wasser war der Untergrund nicht gut zu erkennen, und Unebenheiten und Löcher im Grund ließen die Freunde immer wieder ins Straucheln kommen. Es war jedes Mal ein kleines Abenteuer, und alle waren froh, wenn sie die andere Seite erreicht hatten, zumal auf dem letzten Stück das Wasser knietief war. Oft reichten sich die Kinder die Hände, um das Gleichgewicht halten zu können.

In der Schule fühlte sich Prinzessin Mara zwar recht wohl, hatte aber doch so ihre Schwierigkeiten mit dem Lernen. Ihre Mutter, die Königin, hatte leider wenig Geduld bei den Hausaufgaben. Vorwürfe und Tränen waren darum keine Seltenheit. Ein Übungsdiktat zu Hause fiel einmal so schlecht aus, dass die Königin böse und ungehalten wurde und die kleine Mara den Auftrag bekam, dieses Diktat mit Unmengen von roten Korrekturstrichen am nächsten Tag dem Lehrer zu geben. Mit den Worten »Schönen Gruß von meiner Mutter, wir müssten uns was einfallen lassen, meine Mutter weiß auch nicht mehr weiter« überreichte Mara ihm den peinlichen Zettel.

Ein Schutzengel beobachtete die Szene und beschloss, der Prinzessin zu helfen. Er erschien in Maras Träumen, ohne dass sie es wirklich merkte. Im Schlaf pflanzte der Engel verschiedene Blumensamen in ihren Körper, sodass nach und nach eine wunderschöne bunte Blumenwiese wuchs, die für das gewöhnliche

Auge unsichtbar war. Jede Blume verlieh ihrem Körper und Geist eine besondere Stärke wie Selbstbewusstsein, Kraft, Mut, positive Gedanken, Freundlichkeit, Unverzagtheit, Freude am Tun, Geselligkeit, Mitgefühl und Hilfsbereitschaft. Jede Nacht sah der Schutzengel nach Mara und versorgte die Blumen mit Wasser und guter, nährender Erde, sodass sie starke Wurzeln bekamen und prächtige Blüten.

»Die Eigenschaften der Blumen werden dir für immer helfen, dein Leben zu meistern«, flüsterte der Engel jede Nacht abwechselnd in ihr rechtes und ihr linkes Ohr. Und es tat seine Wirkung …

Im jugendlichen Alter klappte es mit der Schule besser, und Prinzessin Mara wurde eine gute Schülerin. Sie war organisiert, zielstrebig, arbeitete selbstständig und wurde erfolgreich. Mit den Klassenkameraden des Volkes bildete sie eine gute Gemeinschaft. Mit einigen Freundinnen verstand sie sich sehr gut und teilte mit ihnen auch manche unschöne Wirklichkeit wie die Tatsache, dass die Königin viel zu oft ihren Kummer im Alkohol ertränkte.

Während die Prinzessin ihren Weg ging und quasi erblühte, schien ihre Mutter, die Königin, zusehends zu welken.

Die Königin litt zeit ihres Lebens unter Angst, Unsicherheit, Unzufriedenheit und wenig Selbstbewusstsein. Darunter litt natürlich auch die Beziehung zum König. Er hatte leider kein Händchen für die Stimmungen und Feinfühligkeit seiner Frau. Irgendwie geriet das königliche Leben damit in Schieflage, und viele Versuche, die Balance wiederzufinden, scheiterten am Ende kläglich.

Statt sich über die positiven Eigenschaften ihrer Tochter zu freuen, schenkte die Königin der Prinzessin nur halbherzige Liebe. Missgunst machte sich breit, und sie konnte es ihrer Tochter nicht aus ehrlichem Herzen gönnen, geliebt zu sein, fühlte sie sich doch selbst nicht stark und liebenswert.

Mara versuchte, ihrer Mutter zu helfen und ihr Mut zu machen. Was gut gemeint war, kehrte sich jedoch ins Gegenteil, da der

Königin immer klarer wurde, dass sie selbst nicht aus dem starken, gesunden Holz war, aus dem ihre Tochter geschnitzt war.

Erneut betrachtete der Schutzengel die Situation und kam zu dem Schluss, dass er nochmals handeln musste. Er besuchte die verzweifelte Königin in einer sternenklaren Nacht und erschien ihr im Traum.

»Vertraue mir und mache mit mir eine wunderbare Zeitreise in die Vergangenheit«, flüsterte er ihr ein. »Wir werden gemeinsam deine Wunden versorgen und heilen, indem wir wichtige Erlebnisse in deiner Vergangenheit ausradieren und neu aufschreiben – hier in dieses dicke Buch, in dem deine königliche Lebensgeschichte steht. Ich trage dich auf meinen Flügeln und nehme alle Last und Sorge von dir.«

Der Engel strahlte dabei so viel Liebe aus, dass die Mutter sich magisch angezogen fühlte und bereitwillig ihre Hände in die des Engels legte. Zwischen Traum und Wirklichkeit schwebten sie zusammen davon.

»Zuerst besuchen wir deine Eltern, als du vier Jahre alt warst«, erklärte der Engel der Königin. »Dein Vater kam damals aus dem Krieg zurück, und du hast dich sehr vor dem fremden, großen Mann gefürchtet. Einen Krieg kann ich nicht ungeschehen machen, aber wir ändern die Szene eurer ersten Begegnung jetzt rückwirkend um. Schau genau hin, dann kannst du es sehen.«

Die Königin sah sich als kleines Mädchen auf dem Arm ihrer geliebten Großmutter, wie sie auf Augenhöhe den Vater zaghaft begrüßte. Der Heimkehrer freute sich so unbändig, endlich sein kleines Mädchen in die Arme schließen zu können, und herzte und küsste es behutsam.

»Endlich lernen wir uns kennen«, sagte er zu seiner Tochter. »Nun werde ich immer für dich da sein, mein geliebtes kleines Mädchen.«

Und so entstand für immer ein starkes Band zwischen den beiden, das zur Grundlage für eine liebevolle Vater-Tochter-Beziehung wurde. So kam es, dass im weiteren Verlauf der Zeitreise die Mutter der Königin, die damals eher lieblos und wortkarg mit ihrer Tochter umging, auch sehr viel liebevoller, verständnisvoller und geduldiger wurde. Beide Eltern bestärkten ihre kleine Tochter in ihrer Persönlichkeit und ermöglichten ihr eine gute Schulzeit. Der Abschluss ihrer Schneiderinnenlehre mit Auszeichnung wurde gebührend gefeiert. Alle waren stolz auf sie – welch ein unbeschreiblich schönes und warmes Gefühl!

Die Zeitreise der Königin mit ihrem Schutzengel dauerte die ganze Nacht. Gab es doch so viele Stationen, an denen dringend etwas verändert werden musste, nicht zuletzt die Heirat mit dem König. Und der Morgen dämmerte bereits, als die Reisenden in die Gegenwart zurückkehrten.

Der Engel verließ die Königin mit den Worten: »Nun hast du starke Wurzeln und bist eine geliebte und akzeptierte Tochter. Nutze nun diese Stärken und gönne auch deiner Tochter, geliebt zu sein. Denn du weißt jetzt, wie gut sich das anfühlt. Jemanden lieben und Liebe empfangen zu können, ist das wahre Lebenselixier. Das Holz, aus dem du nun bist, ist genauso wertvoll und stark wie das Holz, aus dem deine Tochter ist. Du stehst ihr in nichts nach.«

Die Königin war wie verwandelt nach dieser Nacht und war ihrer Tochter von nun an selbst eine liebevolle Mutter. Da sie nun stark war, ertränkte sie ihren Kummer nicht länger im Alkohol und sorgte dafür, dass die Beziehung zu ihrem Mann, dem König, geklärt wurde. Beide konnten nun ihre Liebe, die sie füreinander empfanden, zeigen, und eingerahmt von diesen königlichen Eltern konnte Prinzessin Mara auch den ihr zustehenden Platz im Herzen der Eltern einnehmen. Das Volk freute sich mit ihr und jubelte ihrer Prinzessin der Herzen zu.

Ein Märchen von Mara F.

Wie in diesem Märchen werden auch in der Realität bedürftig gebliebene Mütter zu bösen Königinnen oder verletzte Väter zu bedrohlichen Königen. Sie verfolgen in ihren Kindern, was sie selbst nicht haben konnten oder durften. Dann »stirbt« die gute Königin und »verwandelt« sich in eine böse, neidische, verletzende oder einfach nur in eine schwache und unfähige Mutter. So wie im Märchen von Mara, wo die Königin neidisch auf die eigene Tochter reagiert, um ihren Schmerz darüber abzuwehren, dass sie den Eltern und besonders dem Vater nicht wichtig gewesen war. Ein Kind aber tut alles dafür, die gute Königin oder den guten König am Leben zu erhalten, und schließt deshalb einen Treuevertrag.

Maras Treuevertrag mit ihrer Mutter lautete:

»Du darfst keinen wichtigeren Platz im Leben eines von dir geliebten Menschen einnehmen, als es mir vergönnt war, einen wichtigen Platz im Leben eines von mir geliebten Menschen einzunehmen!«

Aus Liebe zur Mutter verzichtete Mara darauf, einen wichtigen Platz im Leben von Mutter und Vater einzunehmen und zu beanspruchen. Fortan drehte sie sich nur um andere, vergaß sich und die eigenen Bedürfnisse. So blieb sie genauso unversorgt wie ihre Mutter und war ihr damit treu. Erst die Versorgung der verwundeten Königin mit dem speziellen Heilserum ermöglichte eine Auflösung der tragischen Verstrickungen und führte zu Autonomie und Selbstentfaltung.

In den folgenden Kapiteln erfahren Sie, wie auch Sie herausfinden können, welchen Treuevertrag Sie einst mit Mutter und Vater geschlossen haben und auf welche Weise es gelingen kann, diesen zu lösen und frei zu werden für das eigene Leben.

Durch die Entschlüsselung des ganz persönlichen Generation-Codes wird eine neue Dimension eröffnet, und es kann endlich werden, wie es niemals war.

1 Generation-Code: Eine maßgeschneiderte »Wurzelbehandlung« für den eigenen Stammbaum

Was ist der Generation-Code?

In den letzten Jahren häufen sich die Publikationen zum Thema transgenerationaler Weitergabe von traumatischen Erfahrungen an die folgenden Generationen, die, ohne es zu wissen, bis heute die Folgen dieser Wunden ihrer Eltern und Ahnen in sich tragen. Die Weitergabe von Traumatisierungen von einer Generation zur nächsten wurde bereits vielfach klinisch belegt. Weitreichende Forschungsergebnisse zeigen die Auswirkungen auf die psychische Entwicklung der Kinder, Enkel und Urenkel der Kriegsgenerationen. Die daraus entstandenen Bindungsstörungen mit ihren Folgen für die Identitätsentwicklung eines Menschen werden heute mit Ergebnissen aus der Psychotherapie, der Hirnforschung, der Epigenetik und Neurobiologie erklärt. Diese unumstrittenen Auswirkungen auf unser Leben belasten viele Menschen, ohne dass sie oder Fachleute wissen, wie man die Folgen für Seele und Körper mindern oder auflösen kann. Es mag hilfreich sein, die Zusammenhänge zu erkennen, doch eine Auflösung der dadurch entstandenen Symptome – dem brüchigen Selbstwert und der blockierten Identitätsentwicklung – bewirkt dies nach unserer Erfahrung nicht.

Zu groß ist die Treue zu den Eltern und Vorfahren – selbst dann, wenn wir längst erwachsen sind, und auch dann noch, wenn die Eltern bereits gestorben sind.

Mit unserer »Entdeckung« des Generation-Codes, der aufgrund eines tiefliegenden archaischen Grundkonflikts entsteht, haben wir einen ganz besonderen und höchst wirksamen Lösungsansatz entwickelt. In diesem Buch wollen wir daher weitergehen und nicht nur Erklärungsmodelle und Forschungsergebnisse darstellen. Wir möchten das Neue, das Innovative an unserem Konzept deutlich machen und vor allem den besonderen Lösungsansatz mit seiner umfassenden und befreienden Wirkung auf die eigene Seins-Erfüllung aufzeigen. Insofern ist dieses Buch nicht nur für Kollegen, sondern auch für alle Menschen gedacht, die sich auf dem Weg zu sich selbst befinden, sich immer wieder den gleichen Hindernissen gegenübersehen und erkennen möchten, wie sie den Weg in eine selbstbestimmte Zukunft für sich ebnen können.

Die Wurzeln unseres Stammbaums

Notieren Sie in einer Stammbaum-Vorlage (siehe Abbildung Seite 22) Namen und Daten Ihrer Vorfahren. Selbst wenn Sie bisher noch keine Ahnenforschung betrieben haben oder kaum Informationen über die Generationen vor Ihnen haben, tragen Sie unbewusstes Wissen in sich, von dem Ihr Leben und Ihre Entwicklung geprägt sind. Wie jeder Baum braucht auch Ihr Stammbaum Wurzeln, damit er Nahrung aufnehmen kann. Hier stehen die Wurzeln für die Fähigkeit und Möglichkeit, Nährendes für eine gesunde Entwicklung der Persönlichkeit des Menschen aufzunehmen. Für jedes Grundbedürfnis finden Sie in der Abbildung symbolisch eine Wurzel: für das Bedürfnis nach Platz, Nahrung, Unterstützung, Schutz und Grenzen.[1] An anderer Stelle gehen wir noch näher auf die Grundbedürfnisse und ihre passgenaue Erfüllung als Voraussetzung für eine gesunde Entwicklung ein. Um ein stabiles Wachstum des Baumes zu garantieren, sind nicht nur die kräftige Saat und ein

guter Boden erforderlich, sondern auch eine optimale Versorgung mit Nährstoffen, Mineralien und Wasser sowie eine intakte Umgebung. Jede Erschütterung, jeder Mangel, jedes Trauma hinterlässt Narben in der Struktur des Baumes. Auch die Wurzeln können dadurch geschädigt werden. Und wie bei jeder mehrjährigen Pflanze können die Wurzeln auch schon in vorangegangenen Jahren geschädigt worden und dadurch aktuell in ihrer Funktionsfähigkeit eingeschränkt sein. Die Auf- und Annahmefähigkeit des gesamten Baumes ist dann beeinträchtigt.

Übertragen auf die Persönlichkeitsbildung des Menschen bedeutet dies, dass für ein Kind auch die Auswirkung der Lebensbedingungen vorangegangener Generationen von großer Bedeutung ist. Die in der Saat angelegten Möglichkeiten, also das ganze Potenzial eines Menschen, können sich nur dann voll entfalten, wenn alle Grundbedürfnisse des Kindes ausreichend erfüllt werden können.

Dafür braucht es liebevolle Eltern, die nicht nur als physiologische Versorger anwesend sind, sondern auch zur Befriedigung seiner Kontakt- und Liebesbedürfnisse zur Verfügung stehen. Nur so lernt das Kind sich selbst und andere zu lieben und Nähe in Beziehungen zuzulassen. Wir nennen das die Bindungsfähigkeit eines Menschen. Unsere Fähigkeit, uns zu binden, also enge und warmherzige Beziehungen zu anderen Menschen einzugehen, ist von der Bindungserfahrung geprägt, die wir mit unseren ersten Bindungspersonen, den Eltern oder Ersatzbezugspersonen, gemacht haben. Sind diese in ihrer Bindungsfähigkeit eingeschränkt, werden wir selbst auch Schwierigkeiten haben, uns wirklich ganz auf andere Menschen einzulassen. Aus Angst vor Verletzungen unserer Bedürfnisse und davor, zurückgewiesen zu werden, verschließen wir uns und unsere Bedürfnisse. Besonders durch traumatische Erfahrungen, wie zum Beispiel die beiden Weltkriege, entstanden dicke Schutzmauern um die Herzen unserer Vorfahren, und vielen von ihnen gelingt es bis heute nicht, ihre Liebe für Partner und Kinder wirklich fließen zu lassen. Schwer verwundet durch dramatische Ereignisse, den Verlust geliebter Menschen, durch Flucht, Schrecken, Vergewaltigung, Tod, Hunger und vielfältige Grenzverletzungen, haben unsere Eltern, Großeltern und Urgroßeltern ihr Urvertrauen eingebüßt. Damit sie nicht täglich von furchtbaren Erinnerungen, Todesängsten, aber auch von unerträglichen Schuldgefühlen heimgesucht werden, haben sie das Trauma tief in ihrem Inneren vergraben. Diese verkapselten Seelenwunden lösen sich jedoch nicht auf, auch wenn sie vielleicht sogar ein Leben lang verborgen bleiben. Der Preis dafür ist der Verlust von Empathie, also die Möglichkeit, sich in andere einzufühlen und sie zu spiegeln. Dies geschieht, da sich der verletzte Mensch von sich und seinen Gefühlen weitestgehend abschneiden muss. Andere wiederum haben durch erlebtes oder beobachtetes Leid ihre Fähigkeit eingebüßt, gesunde Grenzen zwischen sich und der Welt zu schaffen. Sie verschwimmen mit der Außenwelt, fühlen zu intensiv, was der andere fühlt, sind ständig in Aufruhr und leiden, wenn der andere leidet. Das Kind kann dann nicht spüren, wo der Erwachsene beginnt und es selbst aufhört. Es verliert den Zugang zu den eigenen Gefühlen, um die Eltern nicht in emotionale Bedrängnis zu bringen. Das Kind fühlt sich in beiden Fällen in die Mutter, den Vater ein, spürt die hinter dem Verhalten und dem Schweigen der Eltern verborgene Wunde und beginnt, seine Eltern für ihr erlebtes Trauma, erlittene Defizite oder unerfüllte Wünsche zu entschädigen.[2] Sein tiefer Wunsch, die Eltern zu heilen, führt zur Schließung eines unbewussten Treuevertrages, der mit dem hohen Preis des Stillstands der eigenen Entwicklung bezahlt wird. In der Hoffnung, die Eltern zu reifen, heilen Menschen machen zu können, die in der Lage sind, ihm die Eltern zu sein, die es für seine gesunde Entwicklung braucht, opfert das Kind Teile seiner Persönlichkeit und verschließt seine Gefühle und Wünsche in sich. Die eigene Identitätsentwicklung ist blockiert und die Entstehung einer sogenannten »Scheinidentität« vorprogrammiert. Der Treuevertrag bestimmt fortan die Entwicklung der Persönlichkeit.

Die Notwendigkeit, einen solchen Treuevertrag zu schließen, ergibt sich aus unserer existenziellen Abhängigkeit von unseren Eltern, die wir für eine möglichst optimale Erfüllung unserer Grundbedürfnisse brauchen. Wir passen uns bereits als Säuglinge an die Bedürfnisse der Eltern an und tun alles dafür, sie zu reifen Eltern werden zu lassen. Dem entgegen steht der ebenso dringliche Wunsch des Menschen nach individueller Selbstentfaltung und Autonomie. So entsteht hier ein tiefer Konflikt, den wir den archaischen Grundkonflikt nennen. Die scheinbare »Lösung« dieses Konflikts ist für das Kind der Loyalitätsvertrag mit den Eltern.

Den Treuevertrag lösen und sich mit den Ahnen versöhnen

Der Drang des Kindes, seine Eltern und Ahnen für erlittenes Trauma, erlebte Defizite oder unerfüllte Wünsche zu entschädigen und sie zu »heilen«, führt, wie oben erwähnt, zur Schließung eines unbewussten Treuevertrages. Einen solchen Loyalitätsvertrag sind auch die Eltern sowie deren Vorfahren einst als Kind eingegangen und haben damit ebenso den Preis des Stillstands der eigenen Entwicklung entrichtet.

Aufträge, Botschaften, Delegationen und Ähnliches wirken über Generationen weiter fort. Jeder Mensch erhält auf diese Weise seinen eigenen spezifischen und individuellen Generation-Code. In der Kette der Generationen wird das »Lebensthema« über die Art der Beziehungsgestaltung miteinander weitergereicht. Ivan Boszormenyi-Nagy, ein ungarischer Arzt und Psychotherapeut, spricht auch von unbewussten »Aufträgen«, Erwartungen oder Schulden der Vergangenheit, die darauf drängen, endlich ausgeglichen zu werden. Die Ahnen müssen »entschädigt« werden, damit transgenerationale Heilung geschehen kann. Dafür scheint das Kind ein tiefes unbewusstes Wissen zu besitzen, wird sozusagen zum Experten dieser speziellen Wundbehandlung für seine Eltern und versorgt diese, indem es jede von den Eltern oder Ahnen benötigte Rolle einnimmt, selbst wenn es zum Zeitpunkt der Vertragsschließung nicht reif genug für diese Aufgabe war. Die eigene Energie steht nicht länger im Dienste des Selbst, sondern im Dienste des anderen. So »verkümmert« die Fähigkeit des Kindes, »nehmen zu können«, fortschreitend. Es wird zum bedürftigen, selbstentfremdeten Erwachsenen, unfähig, seine unbeantworteten Bedürfnisse, die noch immer nach Befriedigung streben, erfüllen zu lassen. So sucht auch dieses Kind als Erwachsener seine Sehnsucht nach einer liebenden Mutter, nach einem Nähe schenkenden Vater im Partner oder im eigenen Kind.

Die Auflösung des Treuevertrages ist notwendig, um die Entwicklung von authentischer Identität doch noch zu ermöglichen.

Mit unserem speziellen Konzept Generation-Code gelingt es, das Lebensthema zu fokussieren und den Treuevertrag zu entschlüsseln.

Die Heilung der Wurzeln befreit unser ureigenes Potenzial

Die Vernetzungen der Nerven- und Gedächtniszellen in unserem Gehirn können durchaus mit den Wurzeln unseres Stammbaums verglichen werden. Hier werden Informationen vermittelt, Botenstoffe ausgetauscht, und nur wenn die Versorgung mit Nährstoffen ausreichend geschieht, können diese wichtigen Aufgaben erfüllt werden. Traumatische Erfahrungen behindern in der Folge die Arbeit unseres Gehirns, und so können zum Beispiel Gefühle und Erfahrungen nicht mehr angemessen verarbeitet werden. Bei sehr früh erlebtem Mangel an elterlicher Bedürfnisbefriedigung kann sogar die Ich-Bildung empfindlich gestört sein. Das bedeutet, dass die Grenzen der Ich-Haut durchlässig und löchrig sind und das Kind nicht mehr zwischen dem Ich und dem Anderen (beispielsweise der Mutter) unterscheiden kann. Die Gefühle der Eltern werden dann zu den Gefühlen des Kindes, die es in der Folge als seine eigenen empfindet und lebt.[3]

2015 wurde das Konzept von Mareike Dietz im Rahmen ihrer Masterarbeit und in Zusammenarbeit mit der Technischen Universität Braunschweig auf seine Wirksamkeit untersucht. Hier konnten erste Hinweise auf eine deutliche Verringerung von Inkongruenz (nach Klaus Grawe[4]) und eine Verbesserung der Symptombelastung nachgewiesen werden. Weitere Ausführungen dazu finden Sie in Kapitel 19. Die in dieser Studie untersuchte Auswirkung der Generation-Code-Methode zeigte, dass die von Grawe beschriebene Inkongruenz, also das Abweichen der Lebensrealität von den eigentlichen Bedürfniszielen eines Menschen, deutlich sinkt, nachdem der Code gelöst wurde. Das bedeutet, dass die Bereitschaft des Menschen, sich erneut für die Möglichkeit der Bedürfnisbefriedigung zu öffnen, steigt. Durch die nachträglich erlebte Versorgung der Ahnen wird glaubhaft, dass auch die eigenen Bedürfnisse hätten befriedigt werden können und kein Mangel hätte entstehen müssen. Durch diese umfassende »Wurzelbehandlung« wird die Fähigkeit zu nehmen wiederbelebt, und der blockierende Treuevertrag, der den Zugang zum authentischen Selbst versperrte, kann aufgelöst werden.

In unserem Bild mit dem Stammbaum und seinen Wurzeln sind dann die Wurzeln wieder in der Lage, Nährstoffe aufzunehmen und eine gesunde Entwicklung zu gewährleisten.

Die heilende Wirkung durch das emotionale, körperorientierte Erleben ideal versorgter Eltern und Ahnen, die ihr Kind nicht mehr für die Befriedigung der eigenen Bedürftigkeit brauchen, wird als neue »implantierte Erinnerung« in einer hypothetischen Vergangenheit erfahren und wirkungsvoll in den Gedächtnissystemen des Gehirns verankert. Dieses tiefgreifende Erleben ermöglicht eine neue Sicht auf sich selbst und das authentische Potenzial, welches jetzt für die eigene Lebens- und Beziehungsgestaltung genutzt werden kann. So wird es für den Protagonisten glaubhaft, dass die Entwicklung von Urvertrauen und Selbstliebe immer noch möglich ist:

»Wir können endlich sein, wer wir geworden wären.«

Zusammengefasst lässt sich sagen: Der Generation-Code ist ein neurobiologisch fundiertes, transgenerationales, familientherapeutisches Konzept zur Auflösung des archaischen Grundkonflikts und des daraus resultierenden Loyalitätsvertrages des Kindes mit seinen Eltern. Mit diesem Fokus gelingt eine Konzentration auf das Wesentliche, der Ursprung der Identitätsverfälschung wird direkt angegangen. Die Entschlüsselung des Generation-Codes ermöglicht eine ganzheitliche Sicht der transgenerationalen Zusammenhänge auf das eigene Geworden-Sein und bietet daher eine Lösung, die bisher in einer so umfassenden und wirksamen Weise noch nicht vorhanden war.

Geschichtliche Entwicklung

Bereits 1993 stießen wir in unserer gemeinsamen therapeutischen Arbeit beinahe zufällig auf das Kernthema, nämlich die Bedeutung des archaischen Grundkonflikts für die Identitätsbildung von Männern und Frauen. Wir waren damals im Therapiezentrum »Die Brücke e.V.« in Hamburg im Bereich Essstörungen tätig. Gemeinsam führten wir eine spezielle Essstörungstherapie durch, die eine Kombination von Gruppen- und Einzelsettings beinhaltete. In den Therapieverläufen unserer Patientinnen wurde spürbar, dass das erhoffte Gefühl von sinnhafter Daseinserfüllung sich trotz aller Heilungserfolge nicht einstellen wollte. So äußerte eine Patientin nach erfolgreich abgeschlossener Essstörungstherapie, die ihr geholfen hatte, ihre Anorexia Nervosa und die sich daran anschließende Bulimia Nervosa aufzugeben und ein symptomfreies und sozusagen normales Leben zu führen, folgenden Satz: »Nun bin ich so weit gekommen, doch was soll ich hier?« Es klang frustriert und enttäuscht. Durch vorsichtiges Explorieren wurde deutlich, dass sich die Patientin noch immer erhofft hatte, nun endlich zu erreichen, dass die Mutter stolz auf sie sei und erkenne, dass sich ihre Tochter als junges und selbstbewusstes Mädchen wunderbar entwickelt hat. Uns wurde bewusst, dass selbst erfolgreich verlaufende Therapien oft nicht die erhoffte Befreiung mit sich bringen, weil die neu erworbenen Fähigkeiten im Verhalten weiterhin in den Dienst der Elternrettung gestellt und damit nicht für die eigene Identitätsentwicklung genutzt werden. Das Neue wird nicht als etwas Eigenes und Authentisches erlebt und begriffen, weil damit nicht der ersehnte »Glanz im Auge der Mutter oder des Vaters« erzeugt werden kann. Die Treue der Patientin zu ihrer Mutter und der Wunsch, diese heilen zu wollen, ließen uns annehmen, dass hier ein unbewusster Vertrag des Kindes mit seiner Mutter die Entwicklung der eigenen Identität blockierte.

Nicht nur die Eltern, auch die Vorfahren mehrerer Generationen stecken einen Rahmen ab, aus dem geradezu eherne Gesetze erwachsen, deren Überschreitung einem Tabubruch gleichkommen würde. Uns wurde bewusst, dass die Patientinnen ihre Heilungserfolge nicht für die eigene Selbstwerdung nutzen konnten, solange die Eltern nicht »gerettet« waren. Die Erlösung der Mutter oder des Vaters bezieht sich auf deren verletzlichsten Punkt, ihren größten Schmerz. Das eigene Lebensthema ist mit dem Lebensthema der jeweiligen Elternteile verbunden, ebenso mit den Themen der mütterlichen und väterlichen Vorfahren. Mit der Entdeckung des Generation-Codes hatten wir plötzlich einen Schlüssel gefunden, mit dem sich das Tor zum verschütteten Selbst öffnen ließ und wahre Identitätsbildung ermöglicht wurde. In einem über Jahre andauernden Prozess widmeten wir uns der Entwicklung eines speziellen Konzepts, durch welches eine Auflösung des Vertrages, die Rückgabe alter Delegationen und Botschaften und eine Rücknahme des für die Eltern und Ahnen erbrachten Opfers eigener Persönlichkeitsanteile möglich wurde.

Im Rahmen der Arbeit mit unseren essgestörten Patientinnen konnten wir unsere Theorien immer wieder überprüfen und praktische Erfahrungen sammeln.

Unser Konzept beinhaltet heute die über 20 Jahre gesammelten Erkenntnisse, die in unser Wissen aus den Bereichen der systemisch-integrativen Familientherapie, tiefenpsychologischer, psychodynamisch ausgerichteter Psychotherapie, integrativer Körpertherapie sowie hypnotherapeutischer Konzepte (NLP, EMDR, Hypnotherapie nach Milton H. Erickson, PBSP und andere) eingeflossen sind und durch eigene Theorien ergänzt wurden. In Kapitel 13 erläutern wir diese ausführlich. Die Sichtweise der humanistischen Psychologie steht für uns dabei als Leitbild.

Wer sollte seinen Treuevertrag lösen?

Die Weitergabe transgenerationaler Erfahrungen beinhaltet unserer Erkenntnis nach nicht nur traumatische Erlebnisse, sondern bezieht sich auch auf »normale« Lebenserfahrungen mit den zum

Leben dazugehörenden Defiziten, Sachzwängen und persönlichen Schicksalsschlägen. Schließlich werden auch Ressourcen und Stärken (Resilienz) weitergegeben, um den Kindern und Kindeskindern eine Weiterentwicklung im Sinne von gesunder Progression zu ermöglichen. Man könnte sogar sagen, dass transgenerationale Weitergabe eine positive Absicht verfolgt, nämlich die, durch Erinnerung an noch unerledigte Themen eine Weiterentwicklung und Heilung des gesamten Stammbaums zu erreichen. Wiederholungen transgenerationaler Muster und die damit einhergehende meist unbewusste Neuinszenierung transaktionaler Familienthemen haben trotz der extremen Belastung für die einzelnen Mitglieder des Clans die scheinbar wichtige Aufgabe, unbearbeitete Themen, Defizite, Schulden oder Konflikte doch noch aufzuarbeiten, um somit rückwirkend eine Versorgung und Entschädigung der Ahnen zu erreichen.

Wir glauben deshalb, dass alle Menschen unabhängig von Kultur, Gesellschaftsschicht oder Religion diesen archaischen Grundkonflikt in sich tragen und einen Treuevertrag mit ihren Eltern eingegangen sind. Deshalb beinhaltet eine Entschlüsselung des Vertrages für jeden die Chance, sich von Delegationen und Aufträgen vorhergegangener Generationen zu befreien und die Entwicklung von authentischer Identität zu ermöglichen.

Wie für jeden Heilungsprozess ist es auch für einen therapeutischen Prozess mit dem Konzept Generation-Code Voraussetzung, dass es einen Heilungswunsch gibt. Ein Mensch, der sich rundum glücklich fühlt, wird sich wohl kaum auf den Weg machen, um den Schlamm am Boden eines ansonsten klaren Sees aufzuwühlen. Unabhängig davon, ob dies gut oder schlecht für ihn wäre, hat er einfach keinen Anlass dazu. Die meisten Menschen brauchen daher erst einen gewissen »Leidensdruck«, um sich auf den Weg zu sich selbst zu begeben. Lohnen tut es sich in jedem Fall.

Seit vielen Jahren erleben wir Menschen in unseren Seminaren, die sich ihre immer wiederkehrenden Lebensmuster und ihre seelische Verfassung nicht erklären können. In ihrer individuellen Entwicklung und ihrer persönlichen Biografie sind keine wirklich stimmig erklärbaren Ursachen erkennbar, gibt es nicht ausreichend nachvollziehbare Gründe, die eine solche seelische Verfassung rechtfertigen würden. Sie sind auf der Suche nach Antworten und Erklärungen für ihr Verhalten, ihre Rastlosigkeit, ihre Unruhe und das quälende Gefühl fehlender Daseinsberechtigung. Seit Längerem suchen sie nach Wegen, sich aus Abhängigkeiten und quälenden Selbstwertzweifeln zu befreien, und hoffen darauf, ihren Kindern bessere Möglichkeiten mitzugeben, als sie sie hatten. Einige dieser Menschen haben wir Jahre später wiedergesehen und gehört, wie es ihnen weiter ergangen ist, nachdem sie ihren Code gelöst haben. In erster Linie sprachen sie davon, dass sie sich nun viel freier und unabhängiger fühlen würden, das sie sich besser von ihrer Familie oder anderen Menschen abgrenzen könnten und sie mit sich selbst nun auf eine wohltuende Weise einverstanden seien. Die meisten von ihnen haben nach den Seminaren sehr viel mehr das verfolgt, was sie im Herzen wirklich interessiert. Das quälende Gefühl, nicht zu genügen und innerlich getrieben zu sein, hat aufgehört. Der Glaube an die eigenen Fähigkeiten und Qualitäten wurde gestärkt und hat zu einer Stabilisierung des Selbstwertes und eines gesunden Selbstbewusstseins geführt. Sie haben sich von den ihnen auferlegten Bildern oder Zielen gelöst, die nicht ihre eigenen waren.

Erfahrungsbericht

Aus einer Lebenskrise heraus musste ich, Riecke, erkennen, dass vieles nicht so geworden oder gekommen ist, wie ich es mir einmal erträumt habe:

Ein glückliches und erfülltes Familienleben mit Freude und Widerstandskraft habe ich mir gewünscht und wollte ich erreichen, indem ich vieles ganz anders und viel besser als meine Eltern machen würde. Innerlich sehr weit auf Distanz zu meinen Eltern, bin ich ihnen und mir selbst fremd geworden und erkannte in der Krise meine Einsamkeit und die Notwendigkeit zur Umkehr, hin zu meinen Familienwurzeln.

Vor zwei Jahren bin ich im Rahmen des Therapiekonzepts Generation-Code zunächst zum Seminar »Crossover« und in der Folge auch zum Seminar Mutter»mord« gekommen.

Zunächst musste ich mich meiner schmerzlichsten, weil unglücklich empfundenen Beziehung zu Vater und Mutter stellen. Dabei lernte ich selbst erlittene Missstände kennen, wie Mangel, Überforderung, Lasten oder Grenzüberschreitungen. Ich erkannte meine eigene Opferrolle und das Gefangensein in kindlicher Bedürftigkeit aus diesen Missständen heraus.

Vertrauensvoll, liebevoll, verständig, gut geführt und begleitet, konnte ich Mut fassen, in die angstbesetzten Situationen der Kindheit hineinzugehen, sie zu betrauern und zu überwinden. Überwindung, indem die schöpferische Ordnung wiederhergestellt wurde. Heilung durch die liebevolle Hinwendung zu den Ahnen. Unter Achtung der Würde wurden die Beziehungen und Verflechtungen zu ihnen und untereinander geordnet, Fürsorge, Zuständigkeit, Grenzen, Achtsamkeit in die Familiengeschichte in rechter Ordnung integriert und Missstände aufgelöst.

Mit ideal versorgten Ahnen, wie sie aus dem oben genannten Prozess hervorgegangen sind, fühle ich mich geliebt und angenommen, bin ich so, wie ich bin, gut. Ich erfahre Schutz, Liebe und Geborgenheit. Bin ganz, heil und ein Geschenk. Mich mit ideal versorgten Eltern zu erleben, war für mich eine Heilerfahrung, in der Selbstannahme und Urvertrauen auf innige Weise möglich wurden.

In der Folge haben sich viele positive Fähigkeiten in meinem Leben verstärkt: Dankbarkeit empfinden und ausdrücken, Stärkung der Liebe zu mir selbst und zu anderen, Überwindung von Angst. Meine Schwächen besser erkennen und liebend annehmen können. Demut: mir verzeihen und anderen verzeihen können. Freude am Leben, trotz allem, was hindernd da ist. Zugewinn an Freiheit im Glauben: von einer Macht, die größer ist als ich selbst, liebend angenommen sein, so wie ich bin.

Meine Kindheitserfahrungen sind Teil meiner Persönlichkeit und sind für sich genommen nicht mehr wichtig in meinem heutigen Leben.

Ich trage selbst Sorge für meine Bedürfnisse und mein Wohlbefinden. Ich bin endlich ich selbst und wirklich erwachsen!

Da freut sich auch meine Familie: mein Ehemann, die Kinder und auch meine Mutter.

Mit unserem transgenerationalen Therapiekonzept Generation-Code ist Riecke die Auflösung ihres kindlichen Loyalitätsvertrages mit Mutter und Vater gelungen, was es ihr heute möglich macht, mehr und mehr ihr Potenzial zu leben, und ihre Fähigkeit, gesunde Bindungen einzugehen, gestärkt hat. Die Aussöhnung mit den Ahnen hat auch den Blick auf das eigene Kind freigemacht, und mit den wertvollen Erkenntnissen der transgenerationalen Zusammenhänge und der tiefen Erfahrung des Eingebunden-Seins in ihren Familienclan mit seinen generationsübergreifenden Lebensthemen hat eine Neubewertung der eigenen Person begonnen. Mit der Rücknahme ihres Opfers für Mutter und Vater hat Riecke wichtige Anteile ihrer Persönlichkeit für sich zurückerobert und genießt nun die Früchte ihrer Seelenarbeit.

Ein Heilungsprozess, der allen offensteht.

2 Die Wunden unserer Ahnen

Unsichtbare Bindungen mit unseren Ahnen – mit ihren Schätzen und ihren Wunden

Warum wurden wir genau in diese Herkunftsfamilie hineingeboren? Ist es nur ein Zufall, oder hat es einen tieferen Sinn?

Es ist nicht gerade einfach, sich vorzustellen, man hätte sich den prügelnden Vater oder eine im Kindbett sterbende Mutter selbst ausgesucht. Wir wissen es nicht, und doch hat uns die Erfahrung mit dem Generation-Code gelehrt, dass es keinesfalls Zufall sein kann. Wie jedes Lebewesen, die Natur, unsere Erde, das Universum ein in sich ausgefeiltes Wunderwerk ist, so ist auch das Beziehungsgeflecht der Ahnen – die ineinandergreifenden Schicksale, die Wiederholungen, die bis ins Detail in jedem abgebildete Familienwirklichkeit – so minuziös und genau gestaltet, dass wir nur von einem Wunder sprechen können.

Obwohl wir in unserer irdischen Existenz abgegrenzte Individuen sind, leben wir nicht nur unser eigenes Leben. Wir leben in zwei Welten: in der, die wir uns bewusst gestalten, in der wir unsere Ziele formulieren und uns verwirklichen wollen und glauben, das nötige Handwerkzeug dafür zu besitzen, und in der Welt, die erst noch befreit werden will, in der Unrecht, Schulden und Leid es unmöglich machten, dass Vorfahren zur Entfaltung kamen. Der Einfluss unserer Eltern, die Botschaften der Ahnen, die Abhängigkeit des kleinen Kindes verbindet diese Welten und schafft in uns die Notwendigkeit, uns mit der Vergangenheit zu verbinden. In schicksalhafter Weise dirigieren so unsichtbare Bindungen unsere Entscheidungen und Lebenswege. Die Faszination, die immer wieder entsteht, wenn man die Symmetrien in den Stammbäumen von Liebesbeziehungen betrachtet, wenn man erkennt, dass nicht nur Verhaltensweisen vererbt, sondern Schicksale sich über Generationen wiederholen, hat uns immer weiter nach Antworten suchen lassen. Wir sind zu dem Schluss gekommen, dass es mehr als Zufall sein muss, und stimmen den Worten des Schweizer Psychoanalytikers und Begründers der Psychoenergetik Peter Schellenbaum zu: »Abhängigkeit ist immer auch Familienschicksal.«

Liebe kann man vererben – das genetische Gedächtnis

Während sich unser Therapiekonzept Generation-Code weiterentwickelte, beschäftigten wir uns neben der systemischen Sichtweise intensiv mit verschiedenen Erklärungsmodellen transgenerationaler Prozesse – angefangen bei der Bindungstherorie über das genetische Gedächtnis bis hin zu psychoanalytischen Ansätzen. Wir kamen zu dem Schluss, dass man nicht nur Traumata, sondern auch Liebe vererben kann – wenn die eigenen Wunden und die der Ahnen geheilt sind.

Bindung und Seele

Spätestens seit Entstehung der Bindungstheorie wissen wir, wie überaus wichtig gute, menschliche Bindungen für eine gesunde seelische Entwicklung des Kindes sind.

Der Psychiater und Kinderarzt John Bowlby und die Psychologin Mary Ainsworth waren Pioniere der Bindungsforschung und haben die Bindungstheorien maßgeblich geprägt. Sie gingen davon aus, dass das Bindungsbedürfnis genetisch vorausbestimmt ist, und in der Tat scheint genau diese Möglichkeit des Menschen, sich binden zu können, sein Überleben gesichert zu haben. Die Fähigkeit, Beziehungen zu anderen aufzubauen, sich vernetzen zu können, macht den Menschen zum machtvollsten Lebewesen der Evolution. Joachim Bauer, Medizinprofessor an der Uni Freiburg, hat sich eingehend mit den Phänomenen Aggression und Bindung beschäftigt und spricht sogar von einem Bindungstrieb, da insbesondere bei gelungenem Bindungsverhalten Belohnungssysteme im Gehirn anspringen, und zwar auf beiden Seiten der Beteiligten.[5]

Alle Ziele, die wir im Alltag verfolgen – wie Ausbildung, Beruf, finanzielle Ziele, Anschaffungen –, haben aus Sicht unseres Gehirns ihren tiefen Sinn, Wohlbefinden zu erfahren und zwischenmenschliche Beziehungen zu erwerben, zu festigen oder erhalten zu wollen. Positive Bindungserfahrungen werden mit dem Bild an die damit im Zusammenhang erlebte Person und die damit verbundenen Lernerfahrungen als »Ressourcen-Erinnerung« gespeichert und fließen automatisch in der Beziehungsgestaltung mit anderen und später den eigenen Kindern mit ein. Immer wieder können wir dies in den Ahnenreihen unserer Protagonisten sehen. Gute, »sattmachende« Bindungserfahrungen können noch Generationen weiter wirken und selbst bei Nachkommen mit viel schlechteren Lebensbedingungen deren Resilienz positiv beeinflussen.

Diese Systeme stellen allerdings ihren Dienst bei andauernder sozialer Isolation ein. Schwere Störungen, Bedrohungen oder Verluste maßgeblicher zwischenmenschlicher Beziehungen haben Angst, Schmerz, Aggression und biologische Stressreaktionen zur Folge. So geht fast allen psychischen Störungen, wie Depressionen, Süchten, Ängsten, die ein Mensch später einmal entwickelt, der Verlust einer wichtigen Bindungsperson im eigenen oder im Leben der Eltern oder Großeltern voraus. Dabei spielt auch die psychisch abwesende, wenngleich körperlich anwesende Bindungsperson eine Rolle, wie das beispielsweise bei einer depressiven Mutter der Fall sein kann.

Eine stabile Psyche mit einem stabilen Ich bedarf stabiler Bindungen. Das Bindungsverhalten der wichtigsten und ersten Bindungspersonen (meistens die Eltern) wird aber von deren guten und schlechten Erfahrungen und wiederum denen ihrer Eltern oder Ahnen von Anfang an beeinflusst, indem diese auf eine förderliche Art und Weise auf das Kind und seine Bedürfnisse eingehen können oder eben nicht. Eltern, die selbst in ihrem Selbstwert geschwächt sind und aufgrund eigener traumatischer oder defizitärer Erfahrungen kein stabiles Selbst entwickeln konnten, können auch ihrem Kind keine ausreichende Selbstsicherheit vermitteln.

Haben Eltern in ihrer Kindheit Vernachlässigung oder Traumatisierungen erlebt, kann ihr unbearbeitetes Trauma durch das Verhalten des Säuglings oder Kleinkindes »angetriggert« werden. Wenn die Mutter oder der Vater beispielsweise ihrem weinenden Kind eigentlich Trost oder Beruhigung spenden sollten, in einer solchen Situation aber ein für das Kind verstörendes Verhalten zeigen und selbst Trauma-spezifisch, ängstlich oder aggressiv reagieren, stehen sie dem Kind nicht als verlässliche Bindungspersonen zur Verfügung. Ein desorganisiertes Bindungsverhalten entsteht und wird ein Leben lang die Beziehungsfähigkeit dieses Kindes beeinflussen.[6]

Epigenetik, Neurobiologie und Traumaerfahrungen

Neben der Tatsache, dass ein Mensch ein soziales Wesen ist und in seinem sozialen System wechselseitig mit anderen (Familien-)Mitgliedern reagiert, stellen auch biologische Prozesse und die Epigenetik ein wichtiges Element in der Weitergabe transgenerationaler Prozesse dar. So liefert uns die Epigenetik die Erklärung, warum unsere Erfahrungen und unser Lebensstil eine dauerhafte Veränderung für unser Leben und das unserer Nachfahren haben. In seinem Buch *Der zweite Code* beschreibt der Neurobiologe Peter Spork den Einfluss der Epigenetik auf die Steuerbarkeit unserer Gene.[7] Der erste Code, die Buchstabenfolge der Gene, dominiere nicht alles, so

Spork. »So sage er zwar dem Körper, welche Biomoleküle er überhaupt bauen kann; der zweite, der epigenetische Code sagt ihm, wann und wo er welches von den prinzipiell möglichen Biomolekülen tatsächlich bauen soll.«[8]

Methylgruppen, die sich direkt an Gene anlagern, können so verhindern, dass sie gelesen werden. Dies kann offensichtlich zweckgebunden geschehen, und so bestimmt das Epigenom die Identität. Histone wiederum können sich um die DNA wickeln und auf diese Weise steuern, welche Information des Erbguts verfügbar ist: Wird ein Teilstück der DNA so fest umwickelt oder verpackt, kann es nicht gelesen werden.

Wir sehen also: Die Gene stehen im ständigen Austausch mit der Umwelt und können mithilfe des Epigenoms zu einem Teil beeinflusst werden. Dabei verändert jede extreme Erfahrung, wie etwa ein erlebtes Trauma, die Neurobiologie eines Menschen und wird als epigenetische Markierung an die Nachkommen weitergegeben. Das betrifft zum einen bewährte Bewältigungsstrategien; bei Soldaten mit Posttraumatischen Belastungsstörungen konnte indes beobachtet werden, dass sich aber auch die schrecklichen Ereignisse in den Verpackungen der Stressbewältigungsgene in den genetischen Steuerungseinheiten des vegetativen Nervensystems und des Gehirns wiederfinden. Dies erklärt die Weitergabe von traumatischen Erfahrungen von einer zur nächsten Generation.

Ein weiteres Beispiel für die neurobiologische Weitergabe elterlicher Erfahrungen an das Kind zeigen Studien an Schwangeren. Bereits im Mutterleib erhält das Kind wichtige Informationen der Mutter, die ihm dabei helfen sollen, sich optimal auf die Welt außerhalb des Uterus vorzubereiten. Stress, den eine Schwangere erlebt, wird über ihren Stoffwechsel, also über die Plazenta und die Nabelschnur auf das Kind übertragen. So verbindet sich nach dem heutigen Stand der Wissenschaft auch das Gehirn der Mutter mit dem des Fötus. Besonders dann, wenn der Stress der Mutter so hoch ist, dass der biochemische Schutz in der Plazenta inaktiviert wird, führt die Überschwemmung des embryonalen Systems mit Kortisol dazu, dass der sensible Vernetzungsprozess der einzelnen Gehirnzellen des Fötus beeinträchtigt wird. Der Stresszustand der Mutter kann also Gene beim Fötus an- oder ausschalten und wirkt damit wie ein zweites Gedächtnis. Langzeitfolgen sind Verhaltensprobleme, Neigung zu Depressionen, Essstörungen, Ängste, Suchtverhalten, Sprachentwicklungs- und Konzentrationsprobleme. Der Gynäkologe und Reproduktionsmediziner Prof. Johannes Huber beschreibt dies sehr eindrücklich in seinem Buch *Liebe lässt sich vererben*.[9]

Was das für Kinder bedeutet, die zu Beginn oder während eines Krieges geboren wurden, ist somit leicht vorstellbar. Unsere Eltern und Großeltern waren solche Kriegsbabys und Kriegskleinkinder. Viele von ihnen haben bereits in der Schwangerschaft den Stress ihrer traumatisierten Mütter miterleben müssen oder haben die sensible Bindungsphase der ersten Lebensjahre in einer bedrohlichen und wenig Sicherheit spendenden Umgebung verbracht. Es ist Tatsache, dass Kriegstraumata sogenannte »man-made disaster« darstellen und damit einen besonders verheerenden Einfluss auf die Entwicklung von Urvertrauen haben.

In der Traumaforschung gilt das für die Betroffenen typische Schweigen über die von ihnen gemachten, alles überflutenden und lebensbedrohlich erlebten Erfahrungen als Hauptursache für die Weitergabe transgenerationaler Traumata. Auf diese Weise wird das traumatische Ereignis eingekapselt und unbearbeitet von einer Generation zur nächsten weitergereicht. Wir bezeichnen diese Verkapselung generativer Traumata als sogenannte Seelenkapseln, die sich in der inneren Erlebniswelt des Kindes »einnisten«. Das Gehirn des traumatisierten Erwachsenen reagiert übersensibel auf kleinste »Triggerreize«, die an das Trauma oder Fragmente davon erinnern könnten, und reagiert darauf erneut mit Flucht, Angriff oder Erstarrung.

Die traumatische Erinnerung, die als ein Ereignis mit außergewöhnlich starker Bedrohung und in einem katastrophenartigen

Ausmaß erlebt wurde, wurde nicht als Erinnerung, sondern als Wiederholung in den Gedächtnissystemen gespeichert und hat nachgewiesenermaßen eine Veränderung der Funktion wichtiger Teile der limbischen Strukturen zur Folge. Studien mit bildgebenden Verfahren konnten dies belegen und zeigen, dass neben einer Überaktivität der Amygdala (des ältesten Teils unseres Gehirns, dem sogenannten Reptiliengehirn) auch gewisse Filterfunktionen des Hippocampus nur eingeschränkt funktionieren. Traumatische Ereignisse werden sozusagen falsch eingespeichert, Betroffene verlieren den Kontext zur traumatischen Situation, haben kein Zeitgefühl mehr und »erleben« das Ende der traumatischen Situation nicht. Das Gefühl des Eingefrorenseins, der Erstarrung, einhergehend mit dem Gefühl der totalen Ausweglosigkeit und die erlebte Todesangst werden subkortal, also unabhängig von der Großhirnrinde, gespeichert und sind später durch Reize oder Erfahrungen ähnlichen Charakters jederzeit aktivierbar. So beschreibt es der Psychologe Dr. Gottfried Fischer, der als Begründer der Psychotraumatologie gilt.

Situationen werden in der Folge falsch oder unzureichend eingeordnet, und durch das fehlende Zeiterleben verschieben sich Vergangenheit und Gegenwart, werden die von den Eltern oder Großeltern gespeicherten Traumaschemata und ihr kompensatorischer Umgang damit in der Gegenwart lebendig (Natascha Unfried in dem von Marianne Rauwald herausgegebenen Buch *Vererbte Wunden*). Das sich empathisch einfühlende Kind nimmt kleinste Veränderungen im Verhalten seiner Bindungsperson wahr, spürt die dahinterliegenden, verschwiegenen oder abgespaltenen Gefühle, ohne bewusst einordnen zu können, worum es dabei genau geht. In der Hoffnung, das traumatische Ereignis doch noch zu bewältigen, verbunden mit dem Größenwahn des Kindes, das glaubt, es könne alles schaffen, versucht es, sich als Lösung anzubieten. Kurz: Das ohnmächtige, in Wahrheit hilflos ausgelieferte Kind wehrt diese unerträglichen Gefühle mit dem ihm eigenen »Größenwahn« ab. So kann das Kind glauben, etwas tun zu können. Wenn es verantwortlich ist, kann es auch handeln und besitzt eine (scheinbare) Möglichkeit der Kontrolle. Beim traumatisierten Elternteil kommt es jedoch oft zu Verwechslungen des Kindes mit den Personen aus ihrem ehemaligen Traumageschehen oder sich selbst. So kann schnell ein neues, reinszeniertes Drama entstehen, in dem das Kind als Projektionsfläche (wie eine Leinwand) für gute und schlechte Erfahrungen und Gefühle der Bezugsperson herhalten muss.

Wenn die Grenzen zwischen den Generationen verschwimmen – der psychoanalytische Ansatz

Erweiternd stellen auch die in der Psychoanalyse entwickelten, eindrucksvollen Erklärungsmodelle Antworten für die Weitergabe transgenerationaler Themen bereit und decken sich an vielen Stellen mit den von uns beobachteten innerpsychischen Vorgängen. In ihrem Buch *Vererbte Wunden* beschreiben die Autoren, wie Kinder die seelischen Wunden ihrer Eltern und Großeltern übernehmen. Sie zeigen eindrucksvoll auf, wie die frühe Interaktion zwischen Säugling und Bindungsperson durch ein ungelöstes Trauma der Mutter oder des Vaters gestört ist und im schlimmsten Fall eigene Missbrauchssituationen oder Verlassenheitserfahrungen mit dem eigenen Kind wiederholt werden. So wird in der Folge das »innere Arbeitsmodell« der Bindung beim Säugling nachhaltig negativ beeinflusst.

Der frühe Einfluss der Mutter für eine gelungene Ich-Entwicklung bedeutet im negativen Fall, dass betroffene Kinder eine selbst hochbedürftige Mutter nicht ausreichend lange genug als »Teil ihrer selbst«, als sogenanntes »Hilfs-Ich« fantasieren dürfen. Eine libidinöse Besetzung des Objektes (der Mutter) findet nicht statt.

Zu früh realisiert das Kleinkind, dass es von der Mutter abhängig ist, und muss in der Folge eine vorzeitige und überfordernde Besetzung der äußeren und inneren Realität vollziehen. Aus Angst vor Verlust »verschlingt« das Kind sozusagen die bedürftige Mutter, und statt einer allmählichen und behutsamen Ablösung aus der

Symbiose mit ihr kommt es zu einer vorzeitigen »Pseudo«-Unabhängigkeit, in der sich bereits der besorgte Säugling um die Mutter kümmert. Ilany Kogan spricht auch von einer »globalen Identifizierung mit dem versehrten Elternteil.[10] Die nicht ausreichend erlebten Abhängigkeitswünsche bleiben jedoch bestehen, und so kommt es gleichzeitig zu einer regressiven Entwicklung und dem Wunsch nach symbiotischem Erleben. Eine wechselseitige, starke Abhängigkeit ist die Folge. Die Grenzen zwischen Mutter und Kind verschwimmen, und das Kind hat kein Gefühl dafür, wo es selbst aufhört und die Mutter beginnt. Nur selten schaffen es Betroffene, sich ohne fremde Hilfe aus dieser »Einheit« zu befreien.

Die fehlenden Grenzen sind nicht nur bei Mutter und Kind von großer Bedeutung, wenn es um die Weitergabe transgenerationaler Themen geht. Auch ein traumatisierter Vater, mit entsprechender defizitärer Entwicklung oder Zerstörung seiner interpersonalen Grenzen, kann in seinem Verlangen, eins zu sein, die Generationsgrenze zum Kind verletzen oder sogar zerstören.

Eigene, für die Eltern unerträgliche Gefühle, werden im Kind »deponiert« und machen es zum Container ihrer traumatischen Erfahrungen. So kann es sein, dass das Kind Ängste entwickelt, die eigentlich dem Vater oder der Mutter gehören und die es sozusagen für diese »übernimmt«. Indem das Kind die Antwort für das elterliche Bedürfnis wird, hofft es, den Objektverlust verhindern zu können, und nimmt dabei aus unserer Sicht jede von den Eltern benötigte Rolle für sie ein. Dafür verzichtet es selbst auf Befriedigung seiner (Grund-)Bedürfnisse.

Mein Kind soll es einmal besser haben – so reichen wir die Wunde weiter

Alle Eltern wollen, dass es ihren Kindern einmal besser geht als ihnen, manche mehr und manche weniger. Meist handelt es sich dabei um eigene, nicht so gute Erfahrungen aus der Kindheit, die man bei den eigenen Kindern nicht wiederholen möchte. Hinter dem Beschluss, es besser zu machen als die Eltern, liegt aber die eigene Wunde verborgen, führen auch hier die Gedächtnisspuren automatisch zu Erinnerungen an die, wenn auch in diesem Fall frustrierende oder schmerzvolle Eltern-Kind-Beziehung oder auch an andere schlechte (traumatische) Erfahrungen.

Indem aber die eigene Selbstwerdung nur teilweise oder nur als »falsches«, also nicht authentisches Selbst entwickelt werden konnte, brauchen wir unsere Kinder, um unseren unbewussten Heilungsversuch aus der Kindheit doch noch gelingen zu lassen. Da das auf diese Weise missbrauchte Kind die weitergegebene Wunde im eigenen Seelenleben einkapselt und sie dort sozusagen vor sich hin »eitert«, ist eine Auflösung des Dramas nur möglich, wenn wir (als Erwachsene) die aufgenommene, aber unverstandene Realität der Eltern begreifen können. Unsichtbare Bindungen mit schicksalshaften Verstrickungen und der Folge, in quasi zwei Welten (der längst vergangenen Welt der Eltern und Ahnen sowie in der eigenen) parallel zu leben, führen zu einem Verschwimmen der Generationsgrenzen. Das Trauma der Großmutter wird als Teil des eigenen Lebens empfunden und nicht hinterfragt. So traumatisiert das Trauma der Ahnen auch seine Enkel und Urenkel und hindert sie damit daran, ihr eigenes Potenzial für sich zu entwickeln.

Mit dem Konzept Generation-Code lassen sich diese Seelenwunden der Eltern, Großeltern und Urgroßeltern spürbar nachempfinden, werden die verkapselten Wunden sorgsam aus der »kindlichen« Seelendeponie entfernt und dort versorgt, wo sie entstanden sind. In diesem emotionalen und körperlich erlebbaren Prozess kann der Protagonist einerseits seine tiefe Verbundenheit und sein Mitgefühl mit dem jeweiligen Elternteil und anderen wichtigen Personen aus seiner jeweiligen Ahnenreihe nachempfinden, andererseits wird ihm (erstmals) der Zusammenhang eigener unverstandener Verhaltensweisen mit den Erfahrungen, Sehnsüchten und Erwartungen seiner Eltern und Ahnen bewusst. Indem der

Protagonist erlebt, wie sich bereits bei den Eltern eine solche Seelenkapsel eingenistet hatte, und davor bei den Groß- und Urgroßeltern, und wie jede Generation wiederum zudem eigene, zusätzliche Erfahrungen ergänzend weitergibt, begreift er die Bedeutung unsichtbarer Bindungen, versteht sich selbst nicht mehr nur als Opfer, sondern als Teil einer größeren Ordnung. Indem er dann die Versorgung der Wunden »miterlebt« und durch die Fähigkeit, emotional das Zeiterleben außer Kraft zu setzen, »reale« Erfahrungen macht, die ebenso in den Gedächtnissystemen des Gehirns gespeichert werden, geschieht Heilung mit weitreichenden Folgen für die Befreiung des im Kind einst verschlossenen Potenzials. Der zu erwartende positive Effekt für die nachfolgende Generation ist nachvollziehbar.

3 Die Erfüllung der Grundbedürfnisse des Kindes und ihre Bedeutung für den Generation-Code

Der Einfluss elterlicher Kindheitserfahrungen ist keineswegs nur auf pathologische, also deutlich gestörte Bindungserfahrungen beschränkt. Jede Erfahrung, ob gut oder schlecht, wirkt sich auf den elterlichen Umgang mit ihrem Kind aus.*

Für die Entwicklung einer harmonischen Persönlichkeit mit einem stabilen Selbst braucht das Kind, wie bereits gesagt, die Erfahrung einer ausreichenden Befriedigung seiner Grundbedürfnisse durch seine Eltern beziehungsweise durch Bindungspersonen, die das Kind wie ihr eigenes lieben. Es braucht einen Platz, Nahrung, Unterstützung und Förderung, Schutz und gesunde Grenzen. Es braucht eine Mutter, die ihr Kind bereits im Mutterleib willkommen

* Wenn wir im Folgenden von Eltern sprechen, meinen wir damit auch andere enge Bezugspersonen, die manchmal aufgrund schicksalhafter Umstände den Platz und die Aufgaben von Eltern übernehmen mussten. Der Begriff Eltern steht hier deshalb für enge Bezugspersonen, die konstant dafür sorgen, dass die Grundbedürfnisse des Kindes in hinreichendem Maße befriedigt werden. Auch wenn diese Aufgabe von anderen Personen, wie zum Beispiel den Großeltern, Adoptiv- oder Pflegeeltern übernommen und auf sehr gute und liebevolle Weise ausgefüllt wurde, spielen die biologischen Eltern, selbst wenn sie unbekannt sein sollten, eine zentrale Rolle in ihrer transgenerationalen bedeutsamen Prägung für das Individuum. Im Kapitel zur transgenerationalen Arbeit mit Adoptiv- und Pflegekindern und auch bei Stiefkindern (in der Patchworkfamilie) werden wir dies noch genauer erläutern (siehe Seite 239).

heißen kann, die es gerne stillt, es passgenau spiegeln kann, es braucht einen Vater, der die Bedürfnisse des Kindes versteht und ausreichend beantworten kann und will. Dieses Ideal kommt in der Realität meist nicht vor, vor allem nicht in einer Zeit, in der alleinerziehende Elternteile oder die Patchworkfamilie zum normalen Familienmodell geworden sind.

Wenn wir in der Geschichte zurückschauen, gibt es keine Ahnenreihe mit ausschließlich solchen »idealen« Erfahrungen, jedenfalls nicht mehr, seit wir das Paradies verlassen mussten. Wir alle sind mehr oder weniger an irgendeinem Punkt selbst bedürftig geblieben. Selbst dann, wenn wir ausreichend gute Objekterfahrungen machen konnten, haben die meisten von uns in ihrer Kindheit Bezugspersonen erlebt, die Traumata oder Verluste erlitten haben. Viele Grundbedürfnisse konnten dann auch nur in eingeschränktem Maße erfüllt werden und haben ihre Spuren in unseren Gedächtnissystemen hinterlassen. Für alle Eltern bedeutet dies, dass sie in der Weise, wie ihre eigenen Bedürfnisse beantwortet oder missachtet wurden, jetzt selbst so auf die Bedürfnisse ihres Kindes reagieren werden, und ohne dass sie sich dessen bewusst wären, haben ihre elterlichen Kindheitserfahrungen einen sehr großen Einfluss auf ihre Bindungs- und Beziehungsgestaltung.

Um mit neuen, uns unbekannten Situationen umzugehen, sucht unser Gehirn nämlich automatisch nach Gedächtnisspuren in unserer Vergangenheit, die uns verraten können, wie wir uns in der gegenwärtigen Situation verhalten sollten. Dabei gibt es bestimmte Erinnerungsauslöser, sogenannte Trigger, die auch die unterschiedlichen Gedächtnisspuren aus unserer Kindheit anregen und zu einer jeweils »passenden« Erinnerung zusammenfügen. So ist es einleuchtend, dass im Umgang mit unserem eigenen Kind ständig Erinnerungen aus vielen unterschiedlichen Erfahrungen in der Beziehung zu der eigenen Mutter, dem eigenen Vater (oder den Bezugspersonen von damals) ausgelöst werden. Das passiert in der Regel unbewusst.

Natürlich spielen auch andere Vorbilder eine wichtige Rolle. Freundinnen, erfahrene Mütter, Väter, Hebammen und andere Fachleute werden in dieser Zeit zu wichtigen Ratgebern, deren Beistand die jungen Eltern unbedingt brauchen. Sie beeinflussen aber nur das bewusste Handeln. Wesentlich stärker sind die »vererbten« Erinnerungen. Denn auch unsere Eltern hatten Eltern mit Kindheitserfahrungen, die ihr Handeln und ihre Fähigkeit im Umgang mit kindlicher Bedürfnisbefriedigung beeinflusst haben.

War uns die eigene Mutter ein gutes Vorbild, orientieren wir uns nach ihr und gestalten den Umgang mit unserem Kind sehr ähnlich. Aber auch wenn die Beziehung zur Mutter eher negativ war und wir uns vornehmen, es bei unserem Kind anders zu machen, bleibt der Einfluss der eigenen Mutter sehr groß. Dies gilt im gleichen Maße auch für die Beziehung zum Vater oder zu anderen Bezugspersonen.

Die Bedeutung der Erfüllung von Grundbedürfnissen für unser erwachsenes Sein

Bereits Virginia Satir, eine der Pionierinnen der Familientherapie und Entwicklerin des Familienstellens als Methode bei dysfunktionalen Familiensystemen, verstand die Symptome eines Familienmitglieds als Folge von unerfüllten Bedürfnissen und als einen Hinweis darauf, dass eine Veränderung des gesamten Familiensystems notwendig ist. Ihre Interventionsmethode der Familienrekonstruktion und der Familienskulptur sollte dem Protagonisten dazu verhelfen, über ein Verstehen der eigenen Biografie mit seinen familiären Verstrickungen neue Möglichkeiten für das eigene Handeln zu erlangen. Sie arbeitete gern mit anwesenden Familienmitgliedern und fokussierte mit ihrer Arbeit die Stärkung von Selbstwert und das Trainieren gelingender Kommunikation.[11]

Die Grundbedürfnisse des Menschen

Aus den verschiedenen Konzepten über die Grundbedürfnisse eines Kindes haben uns die Erklärungen des amerikanischen Körperpsychotherapeuten Albert Pesso dazu am stärksten überzeugt, sodass wir diese als Basis für unser Verständnis von kindlicher Bedürfniserfüllung gewählt haben.

Leonhard Schrenker beschreibt in seinem Buch über die Pesso-Therapie, welche Störungen als Folge von Defiziten in der Befriedigung der einzelnen Grundbedürfnisse entstehen und welche Bedeutung eine passgenaue Befriedigung von Grundbedürfnissen für die weitere Entwicklung hat.[12] Integriert man dieses Wissen in das Gesamtgebilde der transgenerationalen Weitergabe von Familienthemen, wie es der Generation-Code tut, versteht man auf einer noch tieferen Ebene, wie durch die Versorgung eines Kindes selbst mit gut meinendem Verhalten der Eltern und weiteren Bezugspersonen die Wunden weitergegeben werden. Dies wird später ausführlich in unserer Fallvignette (siehe Kapitel 4) behandelt.

Kinder dürfen nur das Glück für sich beanspruchen, das ihnen erlaubt ist, und da ein Kind mit einem zutiefst ausgeprägten, geradezu archaischen Gefühl für Gerechtigkeit ausgestattet ist, darf es nicht den Glücksrahmen der Familie überschreiten. Auf der anderen Seite soll es zur Entschädigung der Eltern und Ahnen stellvertretend glücklich sein und endlich leben, was die Mutter, der Vater so gern erfahren hätten. So lebt in unserem Beispiel (siehe Seite 59) die Tochter Lisa das Leben eines fast perfekt versorgten Kindes und darf das Glück, einen Platz zu haben, doch nicht fühlen. Und das, obwohl ihre Mutter ihr diesen unbedingt schenken wollte, sie es für ihre Tochter besser machen wollte, als sie es selbst haben konnte. Genauso erging es der Mutter dieser Mutter, die ein unerwünschtes Kind und ohne Platz im Herzen ihrer eigenen Mutter war.

Die fünf Grundbedürfnisse nach Albert Pesso

Das Grundbedürfnis nach Platz

Ein guter uranfänglicher Platz. Beginnend in der Gebärmutter, in die sich der Embryo gern einnisten mag, geschützt und umsorgt, gehalten und getragen, rechtzeitig losgelassen und im Leben willkommen geheißen.

Ausreichend erfüllt, wird uns so ein Platz die Fähigkeit schenken, uns mit uns selbst und mit anderen zu verbinden, so später auch mit unserem Partner und unserem Kind. Das tiefe Gefühl einer Daseinsberechtigung schenkt Gelassenheit und Sicherheit. Ich mache Sinn und darf meinen Platz in der Familie, in der Welt einnehmen. Er steht mir zu.

Das Grundbedürfnis nach Nahrung

Die ersten guten Erfahrungen nach der Geburt mit einer liebevollen, zugewandten Mutter, die ihr Kind gerne stillt, seine Signale erkennt und prompt reagiert, ermöglichen dem Kind, dass es sich vertrauensvoll der Nahrungsaufnahme hingeben kann, dass das Gefüllt-Sein eine gute Erfahrung ist, weil es kein Zuviel und kein Zuwenig, aber auch keine belastete Fütterungssituation gibt. Auch emotionale Nahrung in Form von Liebe, die fließen darf und ihren Ausdruck in zärtlicher, körperlicher Hinwendung durch die wichtigen Liebesbeziehungen des Kindes (zunächst Mutter und Vater) findet, (er-)füllen das Kind mit angenehmen Körperempfindungen, die Glück bedeuten.

Später führen diese guten Erfahrungen zu dem Grundgefühl, »gesättigt« zu sein, im guten Sinne gefüllt. Innere Zufriedenheit, ein gutes Selbstwertgefühl und die Fähigkeit, sich auch selbst gut versorgen zu können, sind das Geschenk dieses erfüllten Grundbedürfnisses. Wer auf diese Weise satt geworden ist, kann davon weitergeben und später die Liebe auch in der Beziehung zu den eigenen Kindern fließen lassen.

Das Grundbedürfnis nach Unterstützung und Halt

In den ersten Monaten, in denen das Neugeborene sich nicht alleine fortbewegen kann, braucht es die Unterstützung seiner Bindungspersonen. Die Art und Weise, wie eine Mutter, ein Vater den kleinen Säugling halten, bestimmt darüber, ob er sich sicher oder unsicher fühlen wird. Seine Entwicklung fordert immer wieder eine neue angepasste Unterstützung durch die Eltern, die fördernd, aber auch nicht zu fordernd sein sollte.

Im Sinne der Weisheit, dass das Gras nicht schneller wächst, wenn man daran zieht, sollte die Unterstützung für das Kind sich immer an dessen Tempo orientieren. So erhalten wir eine körperliche Stabilität und innere Sicherheit, wir vertrauen unseren Bewegungen und entwickeln Selbstwirksamkeit.

Das wirkt sich lebenslang motivierend und Hoffnung gebend auf alle Bereiche des Lebens aus. Auch dies geben wir dann später selbstverständlich weiter.

Das Grundbedürfnis nach Schutz

Das hilflose und abhängige Baby braucht den Schutz seiner Eltern, ohne den es nicht überleben könnte.

In der Gebärmutter war es in einem immer gut temperierten Schutzraum, in dem es sich nicht verletzen konnte. Nach seiner Geburt erfährt es im optimalen Fall, dass seine Eltern auch jetzt alle Gefahren von ihm fernhalten, es verteidigen und für es eintreten. Im Laufe seiner Kindheit erfährt es, dass seine Eltern es beruhigen, wenn es Angst hat, dass sie seine Rechte sichern und sich vor ihr Kind stellen. Auch psychisch sollten schützende Eltern ihr Kind davor bewahren, Erfahrungen zu machen, die seiner seelischen Entwicklung schaden könnten, wie zum Beispiel vor Medieninhalten oder Zeugenschaft von Gewalt.

Gut geschützt wird so ein Kind später einmal ein Gefühl von Sicherheit in sich tragen, es wird sich entspannen können, sich auch selbst schützen lernen.

Mit dieser inneren Sicherheit kann es Spannungen und Konflikte aushalten und sich für eigene Interessen starkmachen.

Das Grundbedürfnis nach Grenzen
Auch hier sind die ersten guten Grenzerfahrungen die in der Gebärmutter einer liebenden und selbst gut versorgten Mutter.

Der Lebensraum des Fötus ist hier sicher und ermöglicht im weiteren Verlauf der Schwangerschaft die Erfahrung von guter Begrenzung, die dazu verhilft, dass das Baby sein Kraftpotenzial erproben kann. Es erfährt, dass es sich ausbreiten kann, aber nie die Grenze durchbrechen wird. Es lernt die eigene Kraft als positive Energie kennen, die immer sicher ist. Auch später sollten die Grenzen, die Eltern ihrem heranwachsenden Kind geben, diese Qualität haben: so »dehnbar«, dass kindliche Kraft sich entfalten, aber nie die Grenze durchbrochen werden kann. So erfährt das Kind, dass seine Energie, seine Gefühle (insbesondere Wut), seine Kreativität und Schaffenslust von ihm selbst gesteuert werden können. Später weiß der Erwachsene, dass Gefühle wieder abklingen werden und Bedürfnisse endlich sind. Er kann sich von anderen abgrenzen, Nein sagen, auch zu sich selbst. Er hat gelernt, seine Kräfte richtig einzuschätzen, und diese gut integriert. Das gilt auch für den Umgang mit seiner Sexualität.

Bindung und transgenerationale Weitergabe von Erfahrungen

Eine sichere Bindung zu unseren Bezugspersonen ist die Grundvoraussetzung für das Gelingen aller Beziehungen in unserem Leben und somit natürlich auch für die Beziehung zu unserem Kind.

Damit sich Bindung gesund entfalten kann, muss die Mutter oder eine Person, die das Kind genauso lieben kann, wie eine liebesfähige Mutter, ein liebesfähiger Vater, da-sein. Da-sein bedeutet nicht nur physisch anwesend zu sein, sondern auch emotional erreichbar zu sein für das Kind. Dabei braucht der Säugling die Eltern nicht nur als physiologische Versorger, sondern auch zur Befriedigung seiner Kontakt- und Liebesbedürfnisse. Nur so lernt er, sich selbst und andere zu lieben, wird bindungsfähig und kann später Nähe in Beziehungen zulassen. Heute weiß man, dass wir in der Regel das Bindungsmuster, das wir mit unseren Eltern (und/oder Bindungspersonen) erworben haben, an unser Kind weitergeben.

Erlebt ein Kind die Bedürftigkeit der Mutter oder des Vaters und erfährt, dass niemand da ist, um dieses Dilemma lösen zu können, glaubt es aus seinem grandiosen Selbsterleben heraus, dass nur es selbst die »Antwort« für den Mangel sein kann. Unbewusst schließt es den sogenannten Treuevertrag. Dies geschieht bereits früh, manchmal sogar schon im Mutterleib.

Daniel Stern, Kinder-und Jugendlichenpsychoanalytiker und führender Spezialist in der Säuglingsforschung, entdeckte bei der Betrachtung der Interaktion zwischen Müttern mit ihren Babys, dass nicht nur die Mutter ihr Kind »spiegelt«, sondern auch das Kind die Gesichtsausdrücke der Mutter nachahmt.[13]

Zur »Erstausstattung« des Säuglings gehört es, dass er von Geburt an so vernetzt ist, dass er

- Gesichtsausdrücke lesen kann
- emotionale Signale erkennt
- emotionale Ergebnisse mit kontextuellen Hinweisen verbindet und
- eine einzigartige Sensitivität für Kommunikation mit Blickkontakt besitzt.

Dies sind die Grundvoraussetzungen für Bindungsfähigkeit, und so fühlt sich das Baby in seine Bindungsperson ein, spürt, was diese fühlt, und reagiert darauf. Es ist existenziell abhängig und darauf angewiesen, von seinen Eltern (Bindungspersonen) möglichst gut versorgt zu werden.

Diese wichtige Aufgabe vollzieht sich im Wesentlichen in den ersten drei Lebensjahren und ermöglicht, ausreichend erfüllt, die Schaffung eines sicheren Bindungsbandes zwischen dem Kind und seinen Eltern und wichtigen anderen Bezugspersonen.

Aber was ist eigentlich Bindung, und wofür ist sie so wichtig?

Besonders enge, Sicherheit vermittelnde Beziehungen werden als »sichere Bindung« bezeichnet. Bei Unsicherheit oder drohender Gefahr »flüchtet« sich das sicher gebundene Kleinkind instinktiv zu seiner Bindungsperson und orientiert sich an deren Reaktionen auf die Umgebung – ein zusätzlicher und biologisch angeborener Überlebensmechanismus mit weitreichenden Folgen für die Entwicklung von Urvertrauen. Es gibt aber Unterschiede in der Qualität der Bindung, die man als Bindungsstile bezeichnet. John Bowlby[14] und später die Entwicklungspsychologin Mary Ainsworth haben die verschiedenen Bindungsstile erforscht und in Kategorien in Bezug auf das Erleben von Sicherheit in der Beziehung zur Bezugsperson eingeteilt. Die verschiedenen Bindungsstile lauten danach:

Typ B = sichere Bindung
Typ A = unsicher-vermeidende Bindung
Typ C = ängstlich-ambivalente Bindung
Typ D = desorganisierte/desorientierte Bindung

Sicher gebundene Kinder (Typ B) entwickeln aufgrund von elterlicher Feinfühligkeit eine große Zuversicht in die Verfügbarkeit der Bindungsperson. Albert Pesso nennt diesen Moment der Zufriedenheit, wenn das harmonische »runde« Wohlgefühl als Folge eines stimmigen Abschlusses entsteht, den sogenannten *Click of Closure*. Wenn beispielsweise die Mutter das kindliche Signal prompt wahrnimmt, richtig interpretiert und passgenau beantwortet, wird dies als gelungene, befriedigende Erfahrung in den Gedächtnissystemen des Gehirns gespeichert. Eine Reihe solcher *Click-of-Closure*-Erlebnisse führt dazu, dass das Kind sich selbst mit seinen Gefühlen und

Bedürfnissen in Ordnung findet, die Welt als einen sicheren Ort erlebt und erfährt, dass es die richtige Antwort auf seine Bedürfnisse erhält. Urvertrauen entsteht und damit die Grundlage für ein stabiles, authentisches Selbst.

Kindern mit einem unsicher-vermeidenden Bindungsstil (Typ A) fehlt diese Zuversicht bezüglich der Verfügbarkeit ihrer Bindungsperson. Oft haben sie Zurückweisung erlebt und die Erfahrung gemacht, dass ihre Wünsche nicht erkannt wurden und nicht passgenau, sondern sogar falsch beantwortet wurden. Sie können nicht zu der Überzeugung gelangen, dass ihnen ein Anspruch auf Liebe und Unterstützung zusteht, und vergraben ihre Wünsche und Gefühle tief in sich. Statt einer harmonischen Erinnerung an befriedigte Bedürfniswünsche erleben sie disharmonische Momente, die abgespalten werden müssen. Aus Schutz vor erneuter Zurückweisung entwickeln diese Kinder eine sogenannte Pseudoautonomie und reagieren mit Beziehungsvermeidung.

Beim ängstlich-ambivalenten Bindungstyp, dem Typ C, reagieren Kinder extrem ängstlich und anklammernd auf die Trennung von ihrer Bezugsperson. Sie erleben das Verhalten ihrer Bindungspersonen als nicht zuverlässig und nachvollziehbar, sondern eher als willkürlich. Ein ständiger Wechsel aus einfühlsamem und dann wieder eher abweisendem Verhalten versetzt diese Kinder in einen Zustand ständiger Anpassungsbereitschaft an die elterlichen Bedürfnisse. Auf neue Situationen reagieren sie ängstlich und vermeidend. Ihre Neugierde und Erforschungsfreude sind extrem gehemmt, und ihre Erwartung an verfügbare und versorgende Bindungspersonen ist deutlich pessimistisch.

Den desorganisierten/desorientierten Bindungstyp (Typ D) finden wir oft bei Kindern stark traumatisierter Eltern. In diesem Fall stellen die Eltern entweder selbst eine Bedrohung für das Kind dar oder können aufgrund einer Traumafolgestörung kein zuverlässiges und nachvollziehbares Bindungsverhalten anbieten. Das sogenannte *man-made desaster*, also vom Menschen oder sogar der Bindungsperson selbst verursachte Trauma, hat noch negativere Auswirkungen und lebenslange Beeinträchtigung der seelischen Entwicklung eines Menschen und sein Familiensystem zur Folge.

So kann beispielsweise ein gesundes Autonomiestreben des Kindes bei Eltern mit solchen Erfahrungen in ihrer Vergangenheit deren traumatische Angst aktivieren. Das Kind muss unbedingt vermeiden, dass die Eltern in einen solchen oder anderen problematischen psychischen Zustand geraten, denn es ist für das abhängige Kind bedrohlich, wenn seine Bezugspersonen mit starker Unruhe oder Panik reagieren. Das Kind verbindet dann seine eigenen Bestrebungen nach Selbstständigkeit mit der verstörenden und ängstigenden Reaktion der Mutter oder des Vaters und nimmt seine Autonomieimpulse zurück. In der Psychoanalyse wird dies die Projektion elterlicher Anteile in das Kind genannt und führt besonders in der sensiblen Bindungsphase zu einer umfassenden Störung der kindlichen Entwicklung. Indem das Kind kein starkes Selbst mit guten Ich-Grenzen entwickeln kann und darf, kann es sich nicht ausreichend von den Eltern abtrennen und bleibt so an sie gebunden.

Wenn wir in diesem Zusammenhang an all die Vorfahren denken, die im Krieg traumatische Erfahrungen machten, können wir im Ansatz nachvollziehen, was dies in Bezug auf die Weitergabe von Bindungsstilen bedeutet. Auch für die vielen Menschen heute in Deutschland, die vor Krieg und Gewalt flüchten mussten, sollte man diese Tatsachen berücksichtigen und mit viel Feingefühl nach heilenden Lösungen für die betroffenen Familien suchen.

Das Kontrollsystem für Bindungsverhalten befindet sich im orbitofrontalen Kortex, dem Großhirnrindengebiet des Menschen, das direkt über der Augenhöhle (Orbita) vorne im Schädel lokalisiert ist (genau hinter dem rechten Auge). Diese Region ist der Schaltkreis zwischen den »niederen« emotionalen Bereichen und den »höheren« denkenden Bereichen. Hier werden kognitive und emotionale Prozesse integriert und koordiniert. Emotionale Vernachlässigung hinterlässt Kinder mit einer reduzierten Synapsierung des orbitofrontalen Kortex und führt zu einer Verringerung emotionaler Lerngelegenheiten und Erfahrungen. Das Kind wird so von sich selbst entfremdet. Die Bindungsfähigkeit wird geschwächt, und eine sichere Bindung kann sich nicht entfalten.

Eltern, die selbst Vernachlässigung oder Trauma erfahren haben, prägen das Verhalten ihrer Kinder, indem sie die kindlichen Erfahrungs- und Lernprozesse durch ungünstige Interaktionen stören. Die funktionelle Reifung des limbischen Gehirns und damit die Bindungsfähigkeit werden verhindert beziehungsweise eingeschränkt. Später ist eine Nachreifung des Gehirns meist nur in einer speziellen Therapie möglich. Deshalb ist eine Unterstützung betroffener Familien unbedingt notwendig. Die Korrektur elterlicher Kindheitserfahrungen kann hier die Bindungsfähigkeit der Bindungsperson stärken und neue Möglichkeiten in der Interaktion von Eltern und Kind bewirken. Generation-Code for Kids setzt genau hier an und hilft Bezugspersonen dabei, sowohl ihre eigenen Reaktionen als auch die Bedürfnisse des Kindes besser zu verstehen und der Verwechslung der eigenen Geschichte mit dem reaktiven Verhalten des Kindes entgegenzuwirken.

Aber auch Menschen anderer Bindungstypen profitieren von diesem Konzept und erreichen eine deutliche Verbesserung ihrer Bindungs- und Beziehungsfähigkeit, wenn sie ihren Code verstanden haben und die Verstrickungen mit den Vorfahren auflösen konnten.

Tief in uns haben wir ein genaues Gespür dafür, wann *es* richtig, wann *es* stimmig ist.

Wenn eine liebes- und kontaktfähige Mutter ihr Baby anstrahlt und ihm zeigt, wie sehr sie es liebt, hat ihr Gesicht einen ganz bestimmten Ausdruck. Die Augen leuchten, ihre Haut ist gut durchblutet, sie strahlt Wärme und Zärtlichkeit aus.[15] Indem das Baby diesen Gesichtsausdruck nachempfindet, fühlt es genau das, was die Mutter fühlt. Dazu kommt, dass die Mutter ihr Kind in einer dazu passenden Weise hält: fest genug, dass es sich sicher, aber nicht festgehalten fühlt. Streicheln und körperlich als angenehm empfundene Nähe zur Bindungsperson lösen im Körper Glückshormone aus, die wiederum eine Auswirkung auf das Wohlbefinden des Kindes haben. Entspricht das dem Bedürfnis des Kindes, fühlt es sich richtig an und erzeugt ein Gefühl der tiefen Befriedigung. Dieses Gefühl passt wiederum zu dem tief verankerten Wissen im Baby und wird von ihm verinnerlicht. In der Folge kann sich ein stabiles, authentisches Selbst entfalten.

Ist aber eine Mutter aufgrund ihrer eigenen Erfahrungen nicht oder nicht ausreichend im Kontakt mit ihrem Kind, versucht es, die Aufmerksamkeit der Mutter zu erreichen. Über das Einfühlen in die Mutter nimmt das Kind mit jeder Zelle alle Einzelheiten des mütterlichen Gemütszustandes in sich auf und fühlt, was die Mutter fühlt. Man kann beobachten, wie das Kind versucht, diese Mutter zu erreichen, sie anlacht, sie animieren und aufheitern will. Auch vermehrtes Schreien und Weinen kann dazu dienen, die Mutter wieder in den Kontakt mit sich zu holen.

Auf diese Weise beginnt das Kind für die Mutter zu sorgen und schließt den unbewussten Treuevertrag. Es wird darauf verzichten, bestimmte »störende« Persönlichkeitsanteile zu entwickeln, um später die Rolle einzunehmen, die der Mutter fehlt.

Die so blockierte Identitätsentwicklung des Kindes wird seine eigene Lebens- und Beziehungsgestaltung bestimmen, und so wird es später als Mutter oder Vater seinem eigenen Kind nicht der Elternteil sein können, den dieses für seine authentische Persönlichkeitsentwicklung braucht.

Damit Bindung gelingt, muss also Liebe im Spiel sein. Liebesfähigkeit entsteht aber erst durch die Entwicklung von Urvertrauen. Nur wer sich selbst liebt, kann sich von anderen lieben lassen. Nur wer sich selbst angenommen hat, muss andere nicht zu dem machen, von dem er glaubt, es zu brauchen.

Reife Liebe ist voll entfaltetes Selbstbewusstsein, das keiner Bestätigung bedarf. Sie erfordert ein autonomes Selbst und Individualität. Selbstbewusstsein kann sich nur entwickeln, wenn man die Möglichkeit erhält, sich seiner selbst bewusst zu werden. Sich seiner selbst bewusst wird derjenige, der in Liebe gespiegelt wurde und die passgenaue Antwort auf seine Bedürfnisse erhalten hat.

Die Entschlüsselung des Codes und die Auflösung des Treuevertrages sind die Grundvoraussetzung für eine Befreiung von alten Verstrickungen und ermöglichen mir als Mutter oder Vater, mit meinen Kindern nicht wiederholen zu müssen, was ich mit den eigenen Eltern erleben musste.

Die stimmige Befriedigung von Grundbedürfnissen muss daher die eigene Kindheitserfahrung im Blick haben. Nur so kann es gelingen, das Kind mit seinem echten Bedürfnis zu sehen und zu verstehen. Um lieben zu können, reicht es nicht aus, ein Herz zu haben. Man braucht die Fähigkeit, das Herz für die Liebe zu öffnen und sie fließen zu lassen.

Besonders in den ersten Lebensjahren sind diese Erkenntnisse von außerordentlicher Bedeutung und sollten unbedingt zur Aufklärung im »Begrüßungspaket« für junge Eltern mit aufgenommen werden.

4 Feenhafte Heldin – Hüterin von Aggression und Unschuld

In der folgenden ausführlichen Fallvignette zum Generation-Code wird eindrucksvoll sichtbar, wie sich die Verletzung des Grundbedürfnisses nach Platz durch ein traumatisches Erleben der Urgroßmutter in der weiblichen Ahnenreihe noch immer als Lebensthema der Urenkelin zeigt.

Das hingebungsvolle Kind – ausgestattet mit Gaben – gibt sich hin, als sei es eine ausgestattete Gabe.

Das folgende Fallbeispiel dürfen wir mit ausdrücklicher Genehmigung der Familie F. hier darstellen. Mutter, Vater und Tochter haben alle drei jeweils ihren Code mit Mutter und Vater gelöst. Unabhängig voneinander besuchten sie unsere Seminare, wobei die Tochter ihren väterlichen Generation-Code bei einer Kollegin bearbeitete. Angeregt durch den Wunsch der Familie setzten wir uns am Ende aller Seminare zusammen, um zu schauen, wie die verschiedenen Treueverträge nun wohl zusammenpassten. Dabei interessierte uns die Symmetrie in der Wahl der Partnerschaft ebenso wie die Weitergabe der Lebensthemen an die Tochter, in der sich nun die Auswirkung des Treuevertrages mütterlicher- und väterlicherseits auf die nächste Generation zeigen sollte.

Obwohl es uns nicht wirklich überraschte, waren wir von der aussagekräftigen Übereinstimmung und präzisen Genauigkeit der

Daten beeindruckt und fühlten uns in unserer Arbeit erneut bestätigt. Aus Datenschutzgründen wurden die Namen der Familienmitglieder verändert.

Die Entschlüsselung des Treuevertrages

Seminar 1
Die Entschlüsselung des Treuevertrages mit Vater/Mutter
Mit 13 Jahren beschloss Lisa, den Treuevertrag mit ihrer Mutter zu lösen. Nach fast abgeschlossener Psychotherapie (AP) aufgrund psychogener Kopfschmerzen und psychosomatischer Bauchschmerzen hoffte sie auf diese Weise, eine Verbesserung der Symptomatik zu erzielen. Ihre Einzeltherapeutin nahm am Seminar teil, damit der begonnene Therapieprozess von den hier erarbeiteten Ergebnissen und Erkenntnissen profitieren konnte. Im bisherigen Therapieprozess wurde deutlich, dass Lisa ein eher ängstliches Kind war und überwiegend dem unsicher-ambivalenten Bindungsstil zugeordnet werden kann. Als Kleinkind hatte sie große Schwierigkeiten, Trennungen von Mutter und Vater auszuhalten, zeigte ein eher abhängiges und anklammerndes Verhalten. Wie wir später noch aufzeigen, erfuhr Lisa während ihrer Kleinkindphase unterschiedliche und zum Teil widersprüchliche Signale der Mutter, die auf deren Bindungserfahrungen zurückzuführen sind, auf die wir später noch vertieft eingehen werden. Als Jugendliche entwickelte Lisa neben einer sozialen Ängstlichkeit starke psychosomatische Beschwerden, wie die bereits genannten Bauch- und Kopfschmerzen, die besonders im Zusammenhang mit Schule und Leistungserwartungen auftraten.

Der Treuevertrag zwischen Lisa und ihrer Mutter

Gleich zu Beginn der Arbeit in der therapeutischen Gruppe, die ihren Generation-Code zusammen auflösen wird, wählt jeder Teilnehmer spontan eine Bildkarte zur Beschreibung seiner persönlichen Wahrnehmung der Beziehung zum betreffenden Elternteil. Auf diese Weise wird auch unbewusstes Wissen des Klienten aktiviert und dem Bewusstsein zugänglich gemacht. Es ist immer wieder faszinierend, am Ende des gesamten Prozesses einen erneuten Blick auf diese Bilder zu werfen. Meist kann man dann entdecken, dass die wesentlichen Aspekte bereits zu Beginn zu sehen waren.

1. *Bildkarte zur symbolischen Verdeutlichung der Beziehung zwischen Lisa und ihrer Mutter aus Sicht von Lisa*

Zur Mutter-Tochter-Beziehung wählt Lisa eine Karte aus dem Tarot des Inneren Kindes, welches eine Art Beet zeigt, in dem vier feenhafte Gestalten (Kinder) fleißig den Boden bestellen, säen und gießen. Um den Garten herum ist ein Holzzaun gebaut. Das Bild wirkt idyllisch, genauso wie Lisa ihre Beziehung zur Mutter schildert. Nach einiger Zeit der Betrachtung fällt ihr auf, dass die Mutter nicht im Bild zu sehen ist, sondern nur sie selbst mit ihren drei Geschwistern. Lisa ist die Älteste, nach ihr folgen noch ein Zwillingspaar und eine jüngste Schwester.

2. *Entspannungsversenkung und Imaginationsanleitung zum Entschlüsseln des Treuevertrages mit der Schlüsselfrage*

In einer kurzen Meditation lässt Lisa vor ihrem inneren Auge die Szene zur Frage auftauchen: »Worin darf ich meine Mutter in Beziehung zu ihr stehend nicht überrunden?« Mit dieser Szene wird dann weitergearbeitet, um am Ende das sogenannte Überrundungsverbot herausschälen zu können. Das Überrundungsverbot, das sich in verblüffender Weise in seiner Auswirkung auf alle Lebensbereiche der betreffenden Person bezieht, ermöglicht es Lisa, die Mutter an ihrem schmerzlichsten Punkt zu schützen. Warum sich genau diese Frage als Schlüsselfrage zur Identifizierung des Treuegebots eignet, werden wir später noch weiter ausführen.

3. *Szene zur Schlüsselfrage für Lisas Treuevertrag mit ihrer Mutter: »Worin darf ich meine Mutter, in Beziehung zu ihr stehend, nicht überrunden?«*

In der Szene des zum Treuevertag führenden Schlüsselsatzes erscheint ein auf Lisa vertraut wirkendes Bild. Es zeigt die ganze Familie im Urlaub. Während die Kinder zum Strand vorlaufen, gehen die Eltern schlendernd hinterher. Alle sind fröhlich und freuen sich auf den gemeinsamen Strandtag.

4. *Skulptur-Arbeit zur Schlüsselfrage*

Nun wird diese innerlich aufgetauchte Szene mit Rollenspielern aufgestellt. Als Lisa in der aufgestellten Szene ihre eigene Position einnimmt, fühlt sie statt der erwarteten Fröhlichkeit eine große Unsicherheit in sich. Es drängt sich eine Frage an die Mutter auf: »Schau mal, ich habe Spaß! Ist das überhaupt in Ordnung?« Lisa fühlt sich plötzlich merkwürdig einsam, obwohl alle zusammen sind als Familie. Irgendetwas hindert sie daran, sich wirklich mit Freude auf den Spaß am Strand einzulassen. Die Botschaft an die Mutter lautet: »Erlaube mir glaubhaft, dass es in Ordnung ist, wenn ich Spaß habe.«

In der Position der Mutter fühlt sie ein gutes, starkes Gefühl einerseits, aber auch ein undefinierbares Gefühl, ähnlich eines Schmerzes oder einer Trauer. Die Botschaft an die Tochter lautet: »Erlebe für mich, was ich nicht hatte.« Hier werden beide Seiten der sich widerstreitenden (vermuteten) Muttergefühle spürbar: einerseits der alte Schmerz der Mutter, ihre Wunde, weil sie sich als Kind nicht einfach unbeschwert und verbunden fühlen durfte, und andererseits ihr Wunsch, das Defizit doch noch stellvertretend von der Tochter erfüllt zu bekommen.

Es ist eines der von uns beobachteten Phänomene, dass wir unseren Kindern sehr oft die ideale Versorgung, die wir als Kinder gebraucht hätten, angedeihen lassen. Wir versorgen dann kompensatorisch unser unversorgtes »Inneres Kind« in unserem realen Kind.

Das kann uns als Erwachsene zwar beruhigen und befriedigen, aber unser Inneres Kind geht immer noch weiter leer aus, ja, es tritt sogar zuweilen in heftige Konkurrenz oder wiederholt den kleinmütigen, resignativen inneren Rückzug, den es damals schon als Lösung gewählt hat.

Unter Berücksichtigung aller ausgedrückten Gedanken und Gefühle in Verbindung mit den Botschaften wurde das folgende Überrundungsverbot aus Sicht der Tochter herausgearbeitet.

Mutter zur Tochter: »Du darfst dich nicht selbstverständlicher unbeschwert und glücklich fühlen, dich nicht mehr mit anderen und auch mit dir selbst verbunden fühlen, als ich mich selbstverständlich, glücklich und mit anderen verbunden fühlen konnte.«

Hier wird bereits das Dilemma deutlich, in dem die kleine Lisa steckt. Einerseits soll sie als »ideal versorgtes Inneres Kind« der Mutter für diese das Glück einer harmonischen Familie genießen, andererseits darf und soll sie die Mutter nicht an ihren eigenen Schmerz, diese harmonische Familie nicht gehabt zu haben, erinnern. In dem gemeinsamen Gespräch erwähnt die Mutter beim Betrachten des Feenbildes ihrer Tochter, dass es sie an ihre Lieblingsszene aus der Zeit erinnert, als ihre Kinder noch klein waren. Wenn sie aus dem Küchenfenster in den Garten schaute und alle vier Kinder so harmonisch zusammen im Sandkasten saßen, sei ihr immer das Herz aufgegangen.

Der Treuevertrag zwischen Lisas Mutter Riecke und deren Mutter

Riecke besuchte unsere Seminare, nachdem die Kindertherapeutin ihrer Tochter ihr nahegelegt hatte, ihr eigenes Mutterthema in einem therapeutischen Setting anzuschauen. Sie befand sich selbst in einer Lebenskrise, in der sie erkannte, dass sich trotz eines liebenden Mannes, vier Wunschkindern und eines tollen Berufs keine wirkliche Lebenszufriedenheit eingestellt hatte. Mit ihrer Teilnahme am Generation-Code-Seminar zur Auflösung des Treuevertrages mit der Mutter hatte Riecke die Hoffnung, sich zukünftig besser von den Wünschen und Erwartungen ihrer Mutter abgrenzen zu können. Sie erlebt ihre Mutter als eine sehr bedürftige Frau, in deren Gegenwart sie immer das Gefühl habe, mit ihren eigenen Wünschen nicht willkommen zu sein. Allerdings habe sie sich schon immer als älteste Tochter mit zwei sehr viel jüngeren Geschwistern zurückgenommen mit den eigenen Bedürfnissen.

1. *Bildkarte zur symbolischen Verdeutlichung der Beziehung zwischen der Mutter (Riecke) und deren Mutter aus der Sicht von Riecke*

Aus den Traumsymbolkarten wählt Riecke ein Bild aus, das eine Mutter mit ihrem Kleinkind auf dem Arm in einer traumatisch wirkenden Umgebung zeigt. Die Mutter scheint vor etwas fliehen zu müssen, springt in der Szene über einen Abgrund. Das kleine Kind ist nackt, die Mutter barfüßig.

Riecke fühlt sich von dieser Karte angesprochen, da sie sich hier in der Rolle der Mutter sieht. Das Baby auf dem Arm der Frau sei ihre Mutter. Vom Gefühl her habe sie sich immer als Beschützerin der Mutter gefühlt. Auch die Kängurus mit ihren Jungtieren in der Bauchtasche, die im Hintergrund zu erkennen sind, entsprechen Rieckes Gefühl zur Mutter.

»Es ist so, als hätte ich meine Mutter ständig im Kängurubeutel bei mir, um auf sie aufzupassen und ihr einen sicheren Platz zu geben.«

2. *Szene zur Schlüsselfrage für Rieckes Treuevertrag mit ihrer Mutter: »Worin darf ich meine Mutter, in Beziehung zu ihr stehend, nicht überrunden?«*

In der Szene zum Schlüsselsatz taucht eine tatsächliche Erinnerung auf. Bei einer Art Familienfest sitzt die Mutter (Lisas Großmutter als junge Frau) mit anderen Gästen am Lagerfeuer. Die Mutter ist eifrig ins Gespräch vertieft, wirkt ganz in ihrem Element. Die kleine Riecke, etwa acht Jahre alt, kommt auf die Mutter zu und möchte sich auf ihren Schoß setzen. Obwohl die Mutter sie nicht explizit wegschickt, hat die kleine Tochter das Gefühl, die Mutter zu nerven.

3. *Skulptur-Arbeit zur Schlüsselfrage*
Als Riecke die aufgebaute Szene zunächst von außen sieht, gibt sie ihr den Namen »Lieblose Kontaktlosigkeit«. Als Riecke ihre Position in der Szene einnimmt, fühlt sie ganz deutlich, dass ihre Sehnsucht nach Kontakt und Nähe zur Mutter nicht erfüllt wird, sie fühlt sich abgewiesen und gekränkt. Die Botschaft an die Mutter ist: »Wende dich mir zu, weise mich nicht ab, ich brauche dich.« In der Position der Mutter kann sie deren Bedürftigkeit spüren, und dass der Wunsch nach Bestätigung und Bewunderung so viel stärker ist als das Bedürfnis, sich als Mutter um die Tochter zu kümmern. Sie fühlt sich tatsächlich von der Tochter gestört und möchte diese am liebsten wegschicken. Die Botschaft an die Tochter lautet: »Lass mich jetzt, störe mich nicht, sei einfach nicht da.«

Hier arbeiteten wir das Überrundungsverbot, also das Treuegebot, wie folgt heraus:

»Überrunde mich nicht, erlebe dein ›Dasein‹ nicht als selbstverständlicher, als ich da sein durfte. Nimm nicht mehr Platz ein, als ich einnehmen durfte.«

Rieckes Mutter war ein von ihrer Mutter ungewolltes Kind, eine Nachzüglerin, die mehr oder weniger von der Haushälterin aufgezogen wurde. Die Mutter der Mutter, also Lisas Urgroßmutter, habe immer den Wunsch gehabt, eine »Marie Curie« zu sein, was ihr jedoch versagt geblieben war. Deshalb fühlte sie sich durch die kleine Tochter an der eigenen Entfaltung gehindert. Diese tiefe Kränkung sowohl bei der Mutter als auch bei der Tochter bedurfte der lebenslangen Bestätigung durch andere. So sollte dann später auch Riecke als Tochter die Mutter bestätigen: Sie sollte einerseits das gewollte Wunschkind sein, welches sie selbst so gern gewesen wäre, andererseits aber ebenso wenig Raum einnehmen, wie sie es gedurft hatte. Riecke war also einerseits Prinzessin und Mutters Mittelpunkt, musste jedoch genau in dieser Rolle die Mutter als »gute Mutter« bestätigen und dafür sorgen, dass diese stolz auf sie sein konnte, um den eigenen Wert zu erhöhen, ohne an den Schmerz der Mutter als ungewolltes Kind zu rühren.

Wie wir später noch ausführlicher aufzeigen werden, wird hier bereits deutlich, wie Rieckes Mutter im eigenen Muttersein versuchte, der Mutter modellhaft zu beweisen, dass es durchaus machbar war, seinem Kind eine liebende Mutter zu sein und trotzdem das Ernstnehmen und Vorantreiben der eigenen Entfaltung zu ermöglichen. Sie ging bereits früh ihrem Beruf nach und überließ dem damals studierenden Vater die Obhut der kleinen Tochter.

Gefangen im Double-Bind von »Mutter-Entschädigung« und »Mutter-Schutz« durfte Riecke nicht wirklich den eigenen Platz im Leben einnehmen und vor allem keinen echten Zugang zu sich selbst und ihren Bedürfnissen haben. Nach erfolgreicher Auflösung ihres Treuevertrages konnte Riecke ihre Mutter mit ihrer Bedürftigkeit annehmen und sich trotzdem offen mit ihr aussprechen. Es gelang ihr viel besser, sich von der Mutter abzugrenzen und die Verantwortung für ihre eigene Bedürftigkeit zu übernehmen.

Auch Lisa wurde durch das Seminar darin gestärkt, sich ihrer Mutter mehr als bedürftiges Wesen »zuzumuten«. Ihre weiteren Heilungsschritte beschreiben wir im nächsten Abschnitt, wenn es um die Geschichte der Ahnen, deren ideale Versorgung und die Rücknahme des Opfers geht.

Der Treuevertrag des Vaters von Lisa mit seiner Mutter

Rieckes Mann Andreas ist von den Veränderungen bei Frau und Tochter beeindruckt und hat die Hoffnung, dass der Generation-Code ihm auch helfen könnte. Er meldet sich in einem »Crossover«-Seminar (der Generation-Code zum gegengeschlechtlichen Elternteil) an. Hier berichtet er, dass er ein Kopfmensch und harmoniesüchtig sei. Er sei eigentlich ein glücklicher Mann, liebe seine Frau, sei glücklich mit seinen vier Kindern. Trotzdem überfalle ihn des Öfteren die Angst, dass dieses Glück zerbrechen könne.

In letzter Zeit leide er zunehmend unter Antriebslosigkeit. Körperlich mache ihm der Druck in seinem Magen Sorge, da sein Vater und der Bruder des Vaters an Magenkrebs verstorben seien. »Ich glaube, ich fresse alles in mich rein, vor allem meinen Ärger.« Auch er leide oft unter Nacken- und Kopfschmerzen – wie die Tochter.

1. *Bildkarte zur symbolischen Verdeutlichung der Beziehung von Vater Andreas und seiner Mutter, aus der Sicht von Andreas*

Zunächst suchte sich Andreas eine Karte zur Beziehung zwischen Mutter und Sohn aus und wählte spontan ein Bild aus dem Tarot der Liebe aus, das mit dem Wort *Verlust* unterschrieben war. Es zeigte einen verloren wirkenden Mann auf einem langen Weg, der durch eine karge Landschaft führt. Der Mann hat an der Stelle, wo eigentlich das Herz sitzen sollte, ein Loch in Form eines Herzens.

Die Beziehung zur Mutter beschreibt Andreas als schwierig. Nach dem Tod seines Vaters (Andreas war 24) sei die Mutter »in die Trauer gegangen«. »Ich hatte dadurch auch meine Mutter verloren.«

Noch heute fühle sich die Beziehung zur Mutter distanziert an. »Ihr Herz ist nicht bei uns.«

2. *Szene zur Schlüsselfrage für Andreas' Treuevertrag mit seiner Mutter: »Worin darf ich meine Mutter, in Beziehung zu ihr stehend, nicht im Stich lassen?«*

Eine reife Entwicklung zum Mann- und/oder Frausein erfordert eine Übereinstimmung zwischen Geschlecht, Identität, Selbst- und Fremdwahrnehmung. Während die Beziehung zum gleichgeschlechtlichen Elternteil, die Entwicklung der Identität im Sinne der Identifikation des Mädchens mit der Mutter als Frau und die des Jungen mit dem Vater als Mann geprägt ist, geht es beim Einfluss der Beziehung des Kindes mit seinem gegengeschlechtlichen Elternteil auf die Identitätsentwicklung mehr um die gelungene Lösung des ödipalen Konflikts als Reifeschritt für die eigene Geschlechtsrolle. Die Tochter will als kleine »Frau« vom Vater bestätigt werden und muss gleichzeitig liebevoll in ihrem Werben enttäuscht werden. Dabei braucht sie neben einem sie bestätigenden, aber Grenzen wahrenden Vater auch eine in ihrer Identität sichere Mutter, die dieses Werben zulässt und die Grenzen ebenso schützt wie der Vater selbst. Ebenso verhält es sich beim kleinen Jungen mit seiner Mutter, die er als »Mann« erobern will, wobei er gerne mit dem Vater konkurriert. Auch er darf es nicht schaffen, den Vater auszustechen, und muss liebevoll enttäuscht werden. Dieser Balanceakt erfordert Eltern, die sich ihrer selbst sicher sind und im idealen Fall eine stabile Partnerschaft führen. Unser Schlüsselsatz zum Identifizieren des Treuevertrages mit dem gegengeschlechtlichen Elternteil berücksichtigt diesen Reifeschritt und beinhaltet zudem die in der unterschiedlichen Geschlechterrolle bedeutsame Rollenübernahme des Kindes. Das Mädchen darf den Vater nicht enttäuschen, muss ihn in seinem Ansehen stärken. Der Junge, als Ritter und Beschützer, darf die Mutter nicht im Stich lassen. Im Kapitel über die Schlüsselsätze gehen wir noch ausführlicher darauf ein.

In der aufgetauchten Szene des Schlüsselsatzes zum Treuevertrag mit der Mutter sieht Andreas sich mit seiner vierköpfigen Herkunftsfamilie am Mittagstisch sitzen. Andreas ist etwa 20 Jahre alt, der Vater bereits an Magenkrebs erkrankt.

Die Unterhaltung am Tisch ist oberflächlich, aber als Andreas den Impuls verspürt, das Thema Krankheit anzusprechen, entsteht eine bedrohliche Atmosphäre am Tisch. Die Mutter macht eine abwehrende Geste und hält sich die Hand vor den Mund.

3. Skulptur-Arbeit zur Schlüsselfrage
Andreas tauft die Szene »Das Schweigen«. Wir entscheiden uns, diese Szene zu nehmen, obwohl Andreas bereits erwachsen ist und der Vertrag bekanntlich sehr früh in der Kindheit geschlossen wird.

In der Rolle des Sohnes empfindet Andreas eine große Sorge um den kranken Vater und sendet der Mutter die Botschaft: »Sieh doch, wie sehr ich mich sorge.« Das Gefühl von Hilflosigkeit lähmt ihn.

Die Botschaft der Mutter ist eindeutig: »Vermeide Streitthemen, pass auf, dass nichts Trennendes passiert«, und: »Zerstöre nicht meine kleine, heile Welt.«

Der Treuevertrag wurde wie folgt erarbeitet: »Lass mich nicht im Stich, sorge dafür, indem du alles Trennende vermeidest, insbesondere Streit. Stelle Harmonie her, um jeden Preis.«

Andreas konnte die Sorge in erster Linie in seinem verkrampften Bauch fühlen wie ein »Kloß, der dort feststeckt und nicht verdaut werden kann«.

Hier möchten wir erwähnen, dass in der späteren Arbeit mit den Ahnen die innere Leere der Urgroßmutter von Andreas wie ein schwerer Schleier über der Szene schwebt. Sie hatte als Fünfjährige zunächst den Vater, dann mit acht Jahren die Mutter verloren und wurde zu Verwandten auf einen Gutshof gegeben. Man kann sich gut vorstellen, dass das kleine traumatisierte und verlorene Mädchen sich angepasst und autonome Impulse zurückgenommen hat, um keine erneuten Verlusterfahrungen zu machen. Um die Wunde der Urgroßmutter nicht zu berühren, war es in dieser Familie offensichtlich ein Tabu, das Thema Verlust oder Dinge, die zur Trennung führen könnten, anzusprechen. Die lebensbedrohliche Erkrankung des Vaters durfte innerhalb der Familie nicht besprochen werden. Dadurch blieb dem jungen Andreas sein verbaler Gefühlsausdruck buchstäblich im Halse stecken. Er musste es »runterschlucken«, um die (noch) »heile Welt« der Mutter nicht zu gefährden. Im Kapitel zur Ahnenarbeit werden diese Zusammenhänge noch deutlicher dargestellt.

Für die Beziehung zur Tochter sehen wir hier zunächst die Bedeutung des transgenerationalen Gebotes, eine »heile Welt« zu schaffen, in der alles Trennende, wie zum Beispiel drohender Verlust, aber auch Aggressionen, Wut, Unterschiedlichkeit und Autonomie verboten waren. Ursächlich beginnt das Leid hier in der Generation der Urgroßmutter, die so jung Mutter und Vater in einem kurzen Abstand hintereinander verliert und dann, ihres Zuhauses beraubt, auf einem Gutshof groß wird.

Schauen wir nun auf den Treuevertrag zwischen Lisa und ihrem Vater.

1. *Bildkarte zur symbolischen Verdeutlichung der Beziehung von Lisa und ihrem Vater aus der Sicht von Lisa*

Als Bild zur Beschreibung der Vater-Tochter-Beziehung aus Lisas Sicht wählt sie eine Bildkarte aus den Traumsymbolkarten aus. Das Hauptbild zeigt einen Schäfer, der einer jungen Frau ein kleines Lamm übergibt. Lisa beschreibt die Beziehung zu ihrem Vater als sehr eng. Sie vertraue ihm sehr, fühle sich bei ihm geborgen und sicher. Sie fühle eine tiefe Bewunderung. Er sei ein fast perfekter Vater, nur eine Sache sei schwierig: Man könne nicht miteinander streiten.

2. *Szene zur Schlüsselfrage für Lisas Treuevertrag mit ihrem Vater: »Worin darf ich meinen Vater, in Beziehung zu ihm stehend, nicht enttäuschen?«*

Zum Loyalitätsvertrag mit dem Vater taucht in der Imagination erneut, wie schon bei der Schlüsselfrage zur Mutter, eine Szene aus einem Familienurlaub auf. Lisa sieht sich mit dem Vater spazieren gehen, während die Geschwister und die Mutter am Strand sind. Vater und Tochter unterhalten sich, und der Vater wirke fröhlich, beschreibt Lisa die Szene. Es scheint, als würden beide diese exklusive Zeit miteinander genießen. Lisa ist hier etwa acht Jahre alt.

3. *Skulptur-Arbeit zur Schlüsselfrage*

Die Botschaften aus den Rollen heraus beschreibt Lisa so: Als Tochter sei es ein wenig unangenehm gewesen, da der Vater so viel geredet habe und sie selbst zunächst nicht zu Wort kommen konnte. »Höre mir gut zu!«, sei dann auch die Botschaft des Vaters gewesen, zusammen mit der Aussage: »Ich zeige dir die Welt und beschütze dich – bleib du mir treu und bewundere mich, als einen Helden!«

Als Tochter habe sie dem Vater die Botschaft gesendet, auf ihn stolz zu sein und von ihm beschützt werden zu wollen. Besonders auffällig sei dabei das Gefühl der starken Zusammengehörigkeit gewesen.

Das Treuegebot von Lisa mit dem Vater soll diesen an seinem wundesten Punkt schützen und lautet wie folgt:

»Enttäusche mich nicht und lass mich der einzige Held in deinem Leben sein! Sorge dafür, dass ich mich nie schwach fühlen muss. Bleibe abhängig und klein, damit ich dich als guter Vater beschützen kann!«

Der Vater als guter Hirte gibt jedoch seine Wunde der »Vaterlosigkeit« weiter. Sein Inneres Kind (das Lämmchen im Bild) soll indirekt von der Tochter versorgt werden, indem die Vater-Tochter-Beziehung den inneren Idealvorstellungen des Vaters nahekommt.

Uns fällt auf, dass Lisa in dieser Szene acht Jahre alt ist, also das Alter hat, in dem die Urgroßmutter Waise wurde. Wie dringend hätte diese eine solche »ideale« Vater-Tochter-Beziehung gebraucht, wie sehr hat sie sich damals wohl gewünscht, so beschützt und geborgen zu sein.

Auch der Vater des Vaters hätte einen solchen Vater gebraucht, wie wir später noch sehen werden. So gelingt es Andreas oberflächlich gesehen gut, die Ahnen rückwirkend zu »bevatern« und zu versorgen. Doch für Lisa ist nicht alles so ideal, wie es scheint. Sie spürt die Sehnsucht des Vaters nach »Vätern« und muss diese »bedienen«, indem sie dem Vater ein gutes Gefühl gibt.

Verboten scheinen dann auch jedes Bedürfnis, jeder Mangel und jede Unzufriedenheit, die den Vater als nicht ausreichend darstellen könnte. Nur wenn der Vater auf dem Heldensockel thront, ist er vom eigenen Schmerz befreit, und so muss Lisa jede Kritik, jedes Nein und jede Unstimmigkeit herunterschlucken. So wie es der Vater auch schon getan hat.

Andreas und sein Treuevertrag mit dem Vater

Im sogenannten Vater»mord«-Seminar löste Andreas seinen Treuevertrag mit dem Vater. Mit Mord ist hier allerdings nicht ein tatsächlicher Mord gemeint, sondern er steht hier symbolisch für das Tabu, den Vater (beziehungsweise die Mutter) im Stich zu lassen, indem das Kind den Vertrag löst und die geopferten Anteile zu sich zurücknimmt. Das Kind spürt, wie schlimm die Wunde den Vater und die Mutter schmerzt, und da es existenziell abhängig ist, kann es sich einen instabilen Elternteil nicht »leisten«. So sorgt es dafür, die Eltern nicht an ihrem schmerzlichsten Punkt zu berühren. In dem Moment, wo der Code gelöst wird, muss der Sohn/die Tochter den jeweiligen Elternteil zum ersten Mal mit seinem Schmerz konfrontieren. Nur die vorherige Versorgung der Eltern und Ahnen mit dem individuell erarbeiteten Heilserum macht es nun möglich, diesen »Stich ins Herz«, diesen gefühlten »Verrat« an den Eltern auszuhalten und damit die Versorgung der eigenen Bedürfnisse endlich zuzulassen.

1. *Bildkarte zur symbolischen Verdeutlichung der Beziehung von Vater Andreas und seinem Vater aus der Sicht von Andreas*

Die Bildkarte zeigt einen Jugendlichen, der mit zwei etwa kopfgroßen Würfeln jongliert. Dabei kniet der Junge auf einem Steinboden.

Andreas beschreibt die Beziehung zu seinem Vater als wenig emotional. Eine Nähe, wie er sie jetzt mit seinen Kindern habe, hätte es nie gegeben. Trotzdem hätten sie Zeit miteinander verbracht, sich oft »wissenschaftlich« ausgetauscht über gemeinsame Interessengebiete. Der Vater habe ihm die Liebe zum Feuer und der Glasherstellung vermittelt. Über Gefühle hätte man mit dem Vater nie sprechen können.

2. *Szene zur Schlüsselfrage für Andreas' Treuevertrag mit dem Vater: »Worin darf ich meinen Vater, in Beziehung zu ihm stehend, nicht überrunden?«*

Als Szene sieht sich Andreas als Kind mit seinem Vater am Tisch sitzen. Sie spielen das Brettspiel Monopoly, doch statt Spaß und gemeinsamer Freude liegt hier eine merkwürdige und angespannte Atmosphäre in der Luft. Fast drohend erlebt Andreas den Vater, der ihm signalisiert, dass er keinen Fehler machen dürfe und sich unbedingt an die Regeln halten müsse.

3. *Skulptur-Arbeit zur Schlüsselfrage*

Andreas nennt die Szene: «Es gibt Regeln!«

In seiner Rolle erlebt sich Andreas wieder als ängstliches Kind, darauf bedacht, den Vater zufriedenzustellen. Die deutliche Botschaft des Vaters lautet: »Hier gewinne ich«, und vom Sohn kommt die Frage: »Was habe ich falsch gemacht?« Erst die Vorstellung eines idealen Vaters, wie Andreas ihn gebraucht hätte, lässt die Anspannung in seinem Körper schwächer werden.

So ein Vater hätte ihm Zuspruch und das Gefühl gegeben, »richtig« zu sein, und nach einem fairen Spiel, in dem jeder zu seinem eigenen Vorteil handeln darf, hätten sich Vater und Sohn die Hand gereicht.

Das herausgearbeitete Überrundungsverbot mit dem Vater lautet:

»Überrunde mich nicht, indem du nicht unbefangener und unbekümmerter bist, als ich es sein konnte. Sorge stets dafür, dass meine Aggressionen nicht ausbrechen, indem du deine Gefühle von Enttäuschung oder Frustration nicht zeigst.«

In der Arbeit zur väterlichen Ahnenreihe zeigt sich das Thema der Vaterlosigkeit, das sich auch hier durch die Generationen zieht:

Der Urgroßvater kam mit einer schweren Kopfverletzung aus dem Krieg und war dadurch offensichtlich schwer traumatisiert. So stand er als Vater und Ernährer der Familie nicht zur Verfügung. Der damals noch sehr junge Großvater musste mit acht Jahren bereits der »Mann im Hause« sein und erlebte als Erwachsener auch noch den Zweiten Weltkrieg. Die harten Zeiten brachten viel Leid, seine Frau und er verloren ein Kind durch plötzlichen Kindstod, und später verloren sie auf der Flucht einen Sohn, der als Kleinkind an Unterernährung starb. Er trug das Gefühl in sich, ständig aufpassen zu müssen, dass nichts Schlimmes passiert. Diese Überforderung und sein von Kriegstraumata und Leid überschattetes Leben machten es dem Großvater unmöglich, ein unterstützender Vater für seinen jüngsten Sohn zu sein.

Andreas' Vater versuchte seinen Vater vor allem emotional zu schützen, indem er ihn nicht mit seiner Sehnsucht nach einem schützenden Vater konfrontierte. Kinder solch schwer traumatisierter Eltern stellen sich diesen selbstlos als »Container ihres Leids« zur Verfügung. Das Leid des Vaters wird von der Seele des Sohns aufgenommen, der nun dem Vater als Trost und Stütze zur Verfügung steht und selbst für sich nichts mehr in Anspruch nimmt. Die tief empfundene Schuld gegenüber den verstorbenen Geschwistern, überlebt zu haben, wird auch hier das natürliche Gefühl von Daseinsberechtigung zusätzlich belastet haben. In seinem Sohn Andreas suchte er dann diese »Stütze«, die er selbst so dringend gebraucht hätte.

Lisa lässt ihren Vater dieser Held sein, damit er rückwirkend die Ahnen mit einem heilenden Vater versorgen kann. Natürlich profitiert sie selbst davon, aber die Tatsache, dass dieser Heldenvater nicht kritisiert, nicht konfrontiert werden darf, verhindert die gesunde Ablösung von ihm.

Somit schützt sie den Vater, wie auch er seinen Vater geschützt hat, an seinem wundesten Punkt – der unerfüllten Sehnsucht nach einem Vater, den man wirklich in Anspruch nehmen darf. Indem sie den Vater idealisiert, bleibt Lisa an bestimmten Stellen »vaterlos« und in ihrer Selbstentfaltung stecken. In den Symptomen Magen- und Kopfschmerzen manifestieren sich dieses zurückgehaltene Leid, die zurückgenommenen Lebensimpulse, und richten sich zerstörerisch gegen das eigene Selbst.

Rieckes Treuevertrag mit dem Vater

Im Laufe ihres Therapieprozesses wurde Riecke deutlich, wie sehr sie sich durch den frühen Tod des Vaters belastet fühlt. Der Vater hatte Suizid begangen, als Riecke 25 Jahre alt war. Schuldgefühle hatten sich tief in ihr eingegraben, zumal auch ein Teil in ihr damals so etwas wie Erleichterung empfunden habe. Der Vater sei als manisch-depressiv diagnostiziert worden und ein Leben lang von dieser Krankheit beeinträchtigt gewesen.

1. *Bildkarte zur symbolischen Verdeutlichung der Beziehung von Mutter Riecke mit ihrem Vater aus der Sicht von Riecke*

Riecke wählt im Seminar eine Karte aus dem Tarot der Liebe.

Es zeigt einen Abgrund, über den ein dünnes Seil gespannt ist. Rechts steht eine junge Frau, die dem Mann, der von der gegenüberliegenden Seite zu ihr über das Seil balanciert, beide Arme entgegenstreckt. Unten im Tal sieht man im Hintergrund eine Wiese mit Bäumen und eine Sonne am blauen Himmel.

Aus Rieckes Schilderungen wird deutlich, wie sehr sie sich selbst als diese Frau auf der anderen Seite der Schlucht empfindet, die mit dem balancierenden Mann mitfiebert und hofft, dass er diesen Balanceakt schaffen kann. Zudem spürt sie die vertraute Rolle, dem Vater zur Hilfe zu eilen, ihm Zuversicht und Hoffnung zu vermitteln, indem sie »auf der anderen Seite« wartet.

2. *Szene zur Schlüsselfrage für Rieckes Treuevertrag mit dem Vater: »Worin darf ich meinen Vater, in Beziehung zu ihm stehend, nicht enttäuschen?«*

Hier tauchen zwei Szenen in der Meditation auf. Die erste Szene spielt in der Küche des Elternhauses von Riecke: Sie selbst sitzt als kleines Mädchen vor einer orangefarbenen Blümchentapete, und es ist fast, als wäre sie eins mit diesem Muster. Das Gesicht des Vaters taucht plötzlich wie aus dem Nichts auf. Der Gesichtsausdruck wirkt überrascht, fast erschrocken.

Die zweite Szene spielt im Kindergarten, in dem sie der Vater am Morgen abgibt. Die kleine Riecke ist krank und wird in den Ruheraum gelegt. Sie hört, wie der Vater sich bei den Erzieherinnen dafür entschuldigt, das Kind so krank abgeben zu müssen. Er scheint überfordert und schuldbewusst.

Riecke erzählt, dass die Mutter kurz nach ihrer Geburt wieder arbeiten gegangen sei, weil der Vater studierte. Der Vater war bei einer Fassadenkletterei, mit der er seine damals sehr junge Freundin (die Mutter von Riecke) beeindrucken wollte, verunglückt und durch die schwere Verletzung seines Arms nicht mehr in der Lage gewesen, seinen Berufswunsch des Chirurgen erfüllen zu können. Das hätte den Vater depressiv gemacht, und noch Jahre später habe er unter den seelischen Folgen des Unfalls gelitten. »Meine Eltern hatten auf diese Weise eine Art schicksalhafte Bindung aneinander.«

Mit der Betreuung der kleinen Tochter habe der Vater sich offensichtlich überfordert gefühlt.

3. Skulptur-Arbeit zur Schlüsselfrage

In der Rolle des Vaters spürt Riecke in beiden Szenen deutlich die Überforderung des Vaters und den Wunsch, von dieser Verantwortung für die kleine Tochter entbunden zu werden. Die Botschaft des Vaters an die Tochter ist: »Sei mein Sonnenschein, brauche mich nicht als Vater, entlasse mich aus dieser Verantwortung.« Als Tochter fühlt sich Riecke in der ersten Szene wie eins mit der Tapete und empfindet dabei ein Gefühl von Beständigkeit, das sie beruhigt.

Ihre Botschaft an den Vater lautet: »Sei doch einfach nur mein Vater«, und: »Ich entlasse dich und suche mir etwas anderes Beständiges!«

Das Treuegebot lautet: »Enttäusche mich nicht und wirke als Tochter zufrieden und versorgt. Beruhige mich, damit ich mich als Vater kompetent fühlen kann.«

Durch das Herausarbeiten der Treueverträge mit den Schlüsselsätzen und den Skulpturen wird das Leid spür- und sichtbar, das über die Generationen weitergegeben wird. Umso wichtiger ist es zu wissen, dass es einen Weg der Auflösung und Heilung gibt, der es für jeden möglich macht, sich von den alten Verstrickungen zu lösen und frei zu werden für das eigene Leben. Die Versorgung der Ahnen spielt dabei eine entscheidende Rolle.

Die Versorgung der Ahnen mit dem Heilserum

Seminar 2 und 3

Als Nächstes stand für Lisa das zweite Seminar an, bei dem mithilfe von Rollenspielern eine Mehr-Generationen-Aufstellung gemacht wird. Wir empfehlen, solch eine Aufstellungsarbeit ausschließlich mit gut geschulten Therapeuten zu machen, da die unbewussten Bindungen mit dem tief empfundenen Mitgefühl für die jeweiligen Ahnen als sehr überwältigend erlebt werden können und dies einer professionellen Unterstützung bedarf. Wer jedoch neugierig ist, kann seinen Stammbaum aufzeichnen und bei Eltern, Großeltern, Tanten, Onkel und weiteren Verwandten Informationen dazu sammeln. Auf diese Weise lässt sich bereits das ein oder andere Familienthema erkennen.

Zurück zu unserem Seminar: Bei den Ahnen aus der gleichgeschlechtlichen Ahnenreihe nutzen wir meist eine Stuhlreihe, die hintereinander als Kind, Elternteil, Großelternteil und Urgroßelternteil von den jeweiligen Rollenspielern besetzt wird. Beim gegengeschlechtlichen Elternteil wird oft die in der Meditation zur Botschaften-Reihe aufgetauchte Szene gestellt. Nach einer intensiven Einführung zu den einzelnen Ahnen fühlt sich jeder Rollenspieler in seiner Position ein. Die dann aufgetauchten Botschaften, Delegationen und Aufträge an die Nachkommen werden wiedergegeben und verdeutlichen schnell, um welche Familienthemen es in dieser Ahnenreihe geht. Defizite, Schulden, traumatische Ereignisse, aber auch positive Ressourcen werden emotional spürbar, und der Protagonist erkennt, wie genau diese Themen auch an ihn weitergereicht werden. Während sie mit dem speziell herausgearbeiteten Heilserum beantwortet werden, wird der Protagonist Zeuge der Versorgung seiner Ahnen durch genau die richtige Person, die richtigen Umstände oder die entsprechende Situation, die damals hätten da sein müssen, damit diese Vorfahren ideal versorgt gewesen wären. Die Erkenntnisse und das nun weitergegebene Heilserum durch ideal versorgte Urgroßeltern, Großeltern und Eltern ermöglichen dem Kind eine neue Sicht auf sich selbst und das eigene Geworden-Sein. Nun darf »das Kind« im Protagonisten endlich nehmen und genießt in einer hypothetischen Vergangenheit selbst eine nährende, spezielle und passgenaue Versorgung durch die als Rollenspieler anwesenden ideal versorgten Eltern.

Um die gesamte Komplexität der transgenerationalen Weitergabe zu verstehen und um deutlich zu machen, wie faszinierend sich der Generation-Code durch die Generationen zieht, beginnen wir hier zunächst mit der Ahnenaufstellung der Mutter von Lisa. Dann folgt Lisas Arbeit mit ihrer Mutter. Anschließend die Ahnenaufstellung von Lisas Vater mit seiner Mutter und Lisas Arbeit mit dem Vater und seinen Ahnen. So kann besser verfolgt werden, wie die Botschaften und Verträge ineinander greifen, voneinander abhängen und wie sich Familienthemen auf einzelne Generationen auswirken. Am Ende der Fallvignette haben wir die Erkenntnisse aus den einzelnen Arbeiten zusammengeführt und ausgewertet.

Rieckes Botschaften-Reihe zum Generation-Code mit der Mutter

Rieckes Aufstellungsarbeit beginnt bei ihrer Urgroßmutter (der Ururgroßmutter von Lisa), einer starken und disziplinierten Frau, die aber auch herzlich gewesen sei und Wärme ausgestrahlt habe.

Ihr Mann, der Vater der Großmutter, habe im Kindbett die Mutter verloren und sei bereits früh von zu Hause weggegangen, um bei der Bahn eine Ausbildung zu beginnen. Hier habe er Karriere gemacht, sei sehr erfolgreich gewesen und habe mehrere Erfindungen patentieren lassen. Beiden sei es wichtig gewesen, einen guten Eindruck in der Gesellschaft zu hinterlassen. Alle fünf Kinder machten ihr Abitur, auch die Töchter. Die älteste Tochter, die Großmutter von Riecke, wurde bereits mit zwei Jahren, als das erste von vier Geschwistern geboren wurde, von der Familie weggegeben und wuchs bis zum sechsten Lebensjahr bei der Großmutter auf. Als sie dann zurück in die Familie kam, sei ihr diese sehr fremd gewesen. Ihr Vater, Rieckes Urgroßvater, war ein sehr strenger, ja geradezu brutaler Vater. Er schlug seine Kinder, wenn etwas nicht so funktionierte, wie er es wollte. Als älteste Tochter habe Rieckes Großmutter am meisten davon abbekommen; manchmal habe er sie sogar blutig geschlagen, sodass sie ihre Wunden kaum vor der Außenwelt verbergen konnte. Endlich erwachsen, wollte sie gerne eine »Marie Curie« sein und litt sehr darunter, dass sie nur die Buchführung im Geschäft des Ehemanns und die Kindererziehung übernehmen konnte. Gern hätte sie etwas Eigenes auf die Beine gestellt. Als ihre Tochter, die Mutter von Riecke, nun noch als Nachzüglerin geboren wurde, lehnte sie diese ab und ließ sie mehr oder weniger von der Kinderfrau aufziehen. Die Botschaft, die von der Urgroßmutter in der weiblichen Ahnenreihe weitergegeben wird, lautet: »Störe mich nicht, sei nicht da!« Schnell wird deutlich, wie verletzt und traumatisiert die Urgroßmutter als kleines Mädchen war und wie ihre Wunden auch ihr Verhalten gegenüber der kleinen Tochter beeinflussten. Die Tatsache, von der eigenen Mutter im Stich gelassen und zur Großmutter abgeschoben zu werden, muss hier eine tiefe Kränkung hinterlassen haben. Damit Riecke ihren Treuevertrag mit der Mutter lösen kann, muss sie ihre Großmutter versorgt sehen, denn das tiefe Mitgefühl für die Ahninnen hindert Riecke daran, selbst nehmen zu dürfen. Das eigene Leben steht sozusagen im Dienst der Ahnenrettung, und so muss sie zunächst sehen, dass die Großmutter selbst auch eine liebevolle Mutter hat, die ihr den Platz im Leben zugesteht, sie mit ihren Bedürfnissen und Wünschen sieht und versorgt und sie auch in ihrer Entfaltung unterstützt hätte. Auch wenn dies nur hypothetisch in einer Art vorgestellter Reise zurück in der Zeit passiert, erfährt Riecke Erleichterung und damit die Erlaubnis dafür, selbst ein Anrecht auf Versorgung zu haben. (Wie genau solch ein Heilserum erstellt wird, beschreiben wir ausführlich im gleichnamigen Kapitel.) So erhält hier die Großmutter in unserer Aufstellung als kleine Zweijährige eine »ideale Mutter«, die niemals ihre Tochter weggeben würde. Riecke wird außerdem Zeugin, wie ihr Großvater zudem noch einen »idealen Vater« erhält, der als Kind eine Mutter hatte, die nicht im Kindbett stirbt. So wird es für Riecke glaubhaft, ihre Oma mit einem liebevollen Vater zu erleben, der weder schlägt noch seine Kinder auf Leistung und Perfektion drillt. Einem Vater, der seiner Tochter auch einen Platz in der Welt gibt und sie in ihrer Berufswahl unterstützt. Riecke empfindet eine große Erleichterung dabei, ihre Großmutter so ideal versorgt zu sehen, und versteht, dass es nicht ihre Aufgabe war/ist, die Großmutter zu entschädigen.

Das so entstandene heilende Gegenbild wirkt nun wie eine Alternative, eine neue Erinnerung, die es Riecke ermöglicht, mit einem ganz neuen Blick auf die Ahnen und sich selbst zu schauen. In der nächsten Generation sieht Riecke dann ihre eigene Mutter als Kind mit einer nun ideal versorgten Mutter. Schnell kann sie sich hier vorstellen, dass ihre Mutter selbst als Nachzüglerin ein Wunschkind ihrer nun selbstzufriedenen Mutter war und als Tochter dieser selbstbewussten und geliebten Mutter einen eigenen Platz bekommen hätte – vor allem im Herzen der Mutter.

Mit einer nun ideal versorgten eigenen Mutter kann Riecke ihre Mutter als die Mutter sehen, die sie selbst als kleines Mädchen gebraucht hätte. Die Versorgung der Protagonistin mit dem Heilserum wird besonders ausführlich durchgeführt. Hier geht es jetzt um die kleine Riecke, um ihre Wunden, ihre Sehnsüchte und Defizite. Das erste Mal erlebt sich Riecke nun (in einer hypothetischen Vergangenheit) mit ihrer ideal versorgten Mutter in einer echten Symbiose und darf nun wirklich ganz dasein. Der liebevolle Blick der Mutter als Ausdruck ihrer Liebesfähigkeit, die ihr Kind spiegelt, statt es zur eigenen Bestätigung zu (miss-)brauchen, wird jetzt hier als neue Erinnerung in den Gedächtnissystemen des Gehirns gespeichert. Auch wenn Riecke natürlich weiß, wie ihre Vergangenheit wirklich war, kann sie jetzt und auch zukünftig auf diese Alternative zurückgreifen, durch die sie eine neue Sicht auf sich selbst und ihr So-Geworden-Sein erhält.

Was bedeutet das für ihre Tochter Lisa?

Auch wenn wir die Uhr nicht zurückdrehen können und Tochter Lisa bereits 14 Jahre alt ist, wird sie nicht nur hypothetisch von ihrer ideal versorgten Mutter profitieren. Riecke ist jetzt in der Lage, sich und ihre Beziehung zur Tochter klarer denn je zu sehen, und kann noch immer einiges korrigieren. So kann sie an vielen Stellen die Beziehung zu Lisa neu gestalten (und hat es bereits getan). Ihre neue Selbstverständlichkeit des Seins ermöglicht es der Tochter, dass diese mehr auf sich selbst und die eigenen Bedürfnisse schauen darf. Sie kann wahrnehmen, dass es die Mutter nicht mehr schmerzt, wenn sie sich ihrem Seins-Gefühl hingibt. Das macht die Tochter in gewisser Weise frei und ermöglicht es ihr, auf sich selbst zu schauen und den eigenen Weg zu verfolgen – eine wichtige Voraussetzung in der Zeit der Adoleszenz (Pubertätsphase). Doch dazu gleich mehr.

Lisas Botschaften-Reihe zum Generation-Code mit der Mutter

In der Arbeit mit Jugendlichen wird sehr darauf geachtet, die Mädchen (oder Jungen) nicht zu stark mit traumatischen Inhalten der Eltern und Ahnen zu belasten. Im Voraus wird deshalb für jeden Teilnehmer der »Sichere Ort« erarbeitet und räumlich wie körperlich verankert. So ist es später bei der Arbeit möglich, die Teilnehmer in Kontakt mit ihren Ressourcen zu bringen, eine unablässige Intervention zur Vorbereitung einer jeden Trauma-Arbeit. Zusätzlich wird darauf geachtet, nur kurz auf belastende Themen einzugehen und rasch das heilende Gegenbild zu erarbeiten.

Die Einführung der Rollenspieler in ihre spezielle Position wird daher auch sehr achtsam durchgeführt. Sind die Rollenspieler mit der Rolle beziehungsweise den in der Rolle wahrgenommenen Gefühlen überfordert, werden sie entlastet und aus der Rolle genommen. Dies gilt besonders bei traumatischen Erfahrungen wie Missbrauch, Misshandlungen oder dem Verlust von wichtigen Bezugspersonen. Natürlich gilt dieses ebenso für Erwachsene, die den Anforderungen in der Aufstellungsarbeit nicht gewachsen sind. Um jedoch die Bedeutung solcher Ereignisse im Leben der Vorfahren und deren immense Bedeutung für das eigene Leben der Protagonisten erfahrbar zu machen, ist es absolut wichtig, dass die Rollenspieler ein Gefühl dafür entwickeln können.

Nachdem Lisa Rollenspielerinnen für ihre Urgroßmutter, Großmutter, Mutter und sich selbst ausgewählt und in der Ahnenreihe platziert hat, stellt sie die einzelnen Frauen vor und erwähnt dabei wichtige Daten aus deren Biografie.

Die Urgroßmutter, als Zweijährige für mehrere Jahre von der Familie weggegeben, da ihre Mutter mit den anderen Kindern überfordert gewesen sei, erhält in dieser Arbeit eine ideale Mutter, die nicht überfordert ist und ihr Kind niemals weggegeben hätte. Des Weiteren bedarf es eines idealen Vaters für die Urgroßmutter, der sein Kind nicht zur Disziplin und Leistung geprügelt hätte. Um dies glaubhaft zu machen, ist es für Lisa notwendig, sich eine »ideale Gesellschaft« vorzustellen, die Leistung, Gehorsam und Regeln nicht über menschliche Bedürfnisse stellt.

Lisa freut sich beim Anblick ihrer nun versorgten Urgroßmutter, die sie nie wirklich kennengelernt hat. Sie sieht eine Frau, die sich sicher und in ihre Familie eingebunden fühlt. Sie wächst zu einer selbstbewussten, stolzen Frau heran, und Lisa kann sich nun gut vorstellen, dass diese Frau später sich selbst verwirklicht und auch als Mutter Wärme und Liebe zu geben hat. Außerdem kann Lisa sehen, dass diese Urgroßmutter sich selbst angenommen gefühlt hat und somit in der Lage ist, ihre Tochter, die Oma von Lisa, anzunehmen. Hierbei ist es wichtig für Lisa, dass die Urgroßmutter positive weibliche Vorbilder erhält, die eine Frau nicht nur auf das Muttersein reduzieren, sondern eine Gesellschaft, die eine Vereinbarkeit von Muttersein und Berufstätigkeit unterstützt. So hätte sie das Muttersein nicht als einengend und frustrierend empfunden. Mit der Anerkennung durch einen idealen Vater, der sie weder geprügelt noch mit lebensfeindlicher Disziplin kleingemacht hätte, kann sich Lisa vorstellen, dass die Urgroßmutter wirkliche Lebenserfüllung erreicht hätte.

So ist es recht schnell für Lisa möglich, sich jetzt auch ihre Großmutter als versorgtes kleines Mädchen vorzustellen, das als Mutters Augapfel all die Aufmerksamkeit erhält, die es braucht. Die Beantwortung von echten Bedürfnissen nach Liebe und Bestätigung durch die ideal versorgte Mutter führt zur Entwicklung einer in sich ruhenden, satten kleinen Tochter, die sich von ihrer Mutter voll und ganz angenommen und gewollt fühlt und sich mit ihr verbinden darf (und kein ungewolltes Kind mehr ist).

Dieses »Heilserum« kommt dann in der nächsten Generation an, wo Lisa nun erleben kann, wie ihre Mutter als kleines Mädchen nicht mehr die Aufgabe hat, die Mutter zu bestätigen, sondern selbst der »Nabel der Welt« sein darf. Unterschiedlichste Bedürfnisse dürfen gelebt werden und werden passgenau beantwortet. Im Laufe dieser Arbeit stellt sich mehr und mehr eine heilende Energie ein, die alle Rollenspieler und den ganzen Raum mit Zuversicht und Liebe erfüllt. Dies nennen wir das sogenannte »Heilserum«, das nun von Generation zu Generation weitergegeben wird. Damit wird es der Protagonistin nun möglich, das Potenzial ihrer Vorfahren zu erkennen und damit die neuen, wirklich nährenden Möglichkeiten für die nachfolgenden Generationen.

Nachdem Lisa glaubhaft erfahren hat, dass ihre Mutter als Kind willkommen war, kann sie innerlich zu sich selbst und den eigenen Wünschen kommen, braucht keine Rücksicht auf Mutters Schmerz zu nehmen. Sie darf sich in der letzten Etappe dieser Arbeit der ideal versorgten Mutter voll und ganz zumuten und sich losgelöst von ihr auf das eigene Glück konzentrieren, da sie die Mutter auch glücklich weiß. In ihrem heilenden Gegenbild hat sie ihre ideal versorgten Eltern im Rücken, fühlt sich hier ganz und gar angenommen und in ihrem So-Sein akzeptiert und geliebt. Körperlich fühlt sie ein Strahlen und Leuchten von innen heraus und wählt als Symbol dafür die Sonne. In einer weiteren Arbeit zum erbrachten Opfer wird Lisa später die Verbundenheit mit der Mutter, die sie bereits während der Schwangerschaft aufgegeben (geopfert) hatte, wieder ganz zurücknehmen. Die schmerzliche Wunde des Ungewolltseins, die besonders die Großmutter erfahren hatte und die durch das vermutlich schuldhaft belastete Dasein des Urgroßvaters, der seine Mutter im Kindsbett verloren hatte, verstärkt war, scheint jetzt aufgelöst. Der Treuevertrag beginnt sich zu lösen, und Lisa darf sich mehr und mehr ihrem Sein ganz hingeben und es genießen, da sie damit nicht mehr den Schmerz der nun geheilten Mutter berührt.

Andreas' Arbeit zu den Botschaften der mütterlichen Ahnenreihe und die Versorgung mit dem Heilserum (Crossover)

Beim sogenannten Crossover geht es in der Ahnenreihe immer um den gegengeschlechtlichen Elternteil. Da diese Beziehungen einen großen Einfluss auf die spätere Paarbeziehung haben, werden hier oft auch die Partner (Rollenspieler) dazugestellt. Die in der Meditation aufgetauchte Szene mit der Übergabe des Päckchens (siehe dazu auch Meditation zur Ahnenreihe, Kapitel 8, S. 134) wird hier aufgebaut.

Die Rollenspieler werden wieder vom Protagonisten in ihre Rolle eingeführt. Über seine Urgroßmutter berichtet Andreas, dass sie mit fünf Jahren den Vater verlor und mit acht Jahren auch noch die Mutter. Als Waise wuchs sie auf dem Gutshof von Verwandten auf, die sehr streng mit dem kleinen Mädchen umgingen.

Soweit Andreas recherchieren konnte, waren die Eltern der Urgroßmutter an Cholera gestorben. Das Päckchen, das hier weitergereicht wird, stammt vom verstorbenen Vater dieser Urgroßmutter. Gut verschlossen enthält es etwas Leuchtendes, ja fast Göttliches: »das Glück«. In der gesamten Ahnenreihe wird es jedoch nicht geöffnet, so als wäre etwas Erschreckendes darin. Stattdessen wird eine kleine Schachtel mit Schachfiguren weitergegeben, die für eine logische Herangehensweise, eine Lebensstrategie stehen. Bei der Versorgung dieser Urgroßmutter ist es wichtig, dass Andreas sehen kann, wie gut es ihr mit der vorgestellten, idealen medizinischen Versorgung geht, durch die ihre Eltern am Leben bleiben. Das kleine Mädchen wird nicht fortgeschickt, darf unbeschwert bei ihren Eltern aufwachsen. In der nächsten Generation ist ein weiteres Heilserum nötig, um auch hier eine glaubhafte Versorgung des Großvaters »erleben« zu können. Der Sohn der Urgroßmutter war durch den Krieg mit seinen traumatischen Erfahrungen schwer belastet. Er diente als Funker in Russland und geriet in amerikanische Gefangenschaft. Erst 1947 kehrte er zu seiner Familie zurück. Er war ein anderer geworden, konnte niemandem mehr in die Augen schauen und schrie das im Krieg erlebte Grauen in seinen cholerischen Anfällen aus sich heraus. Seine Tochter, Andreas' Mutter, wollte den »fremden« Mann nicht im Haus haben. Sie fürchtete sich und litt unter dem wenig einschätzbaren, emotional brüchigen Vater, den sie mit acht Jahren zum ersten Mal kennenlernte.

Mit einer liebevollen, selbstbewussten Mutter im Hintergrund und der hypothetischen Vorstellung eines idealen Deutschlands ohne Krieg, in dem der Großvater keine traumatischen Erfahrungen hätte machen müssen, kann Andreas seinen Großvater jetzt als den Menschen sehen, der er eigentlich hätte werden können. Zusammen mit dem Heilserum der Urgroßmutter kann er jetzt seine Liebe weitergeben und das »Päckchen des Glücks« öffnen. Andreas ist sehr berührt, als es ihm jetzt möglich wird, seine Mutter als eine geliebte Tochter zu sehen, die eine gute Beziehung zu ihrem Vater hatte. Mit einem Vater ohne cholerische Anfälle hätte sie selbst auch einen Zugang zu eigenen Wutgefühlen entwickelt, hätte es keine »Harmonie um jeden Preis« gebraucht, um sich sicher zu fühlen. Die Liebesfähigkeit der Mutter hätte fließen können.

Als Andreas nun auf dieses neue Bild schaut, kann er plötzlich eine positive Qualität in dieser Familie sehen: »Nach dem Gewitter gibt es immer einen schönen Regenbogen, und einem Regenbogen kann man nichts anhaben!« Mit diesem neuen Satz wird es ihm möglich, sich Eltern vorzustellen, die sich streiten können und die ihr Kind wissen lassen, dass ein Streit wie ein kräftiges Gewitter die Luft reinigt und danach alles wieder gut ist. Streit oder Aggressionen können die gute Bindung und Beziehung nicht zerstören. Ein Nein in der Liebe darf sein. Auch hier macht der kleine Andreas in einer hypothetischen Vergangenheit noch einmal eine »echte Erfahrung«, in dem die Eltern (die Rollenspieler) tatsächlich streiten und dem »kleinen Andreas« ein gutes Vorbild sind, dass Streit etwas Gutes und Hilfreiches ist und jeder seine eigene Meinung vertreten darf. Das Kind erhält hier ausreichend Einblick, um einschätzen zu können, dass nichts Bedrohliches vor sich geht, wenn innerhalb der Familie ein Streit entsteht. Andreas erfährt jetzt das Gefühl, angenommen zu sein, auch dann, wenn er sich nicht komplett anpasst, um der Harmonie zu dienen. In der Abschlussszene erlebt sich Andreas zusammen mit den versöhnten Eltern, bei denen er sich anlehnen und sicher fühlen kann. Der Regenbogen, das Symbol des Heilserums und der neuen Qualität von Bindungssicherheit und Streitkultur, wird von Andreas' »Piloten« auch im Körper verankert, und das Päckchen des Glücks darf nun geöffnet seine Liebe verströmen.

Körperlich spürt Andreas nach dieser Arbeit eine neue Kraft im Bereich des Solarplexus (Ich-Stärkung). In einer späteren Arbeit nimmt Andreas sein Opfer, die eigene Bedürftigkeit, zurück. Wie gleich im nächsten Abschnitt bei Lisas Arbeit zur väterlichen Linie deutlich wird, muss Lisa zukünftig nun nicht mehr stellvertretend auch die Bedürftigkeit des Vaters ausleben. Vergleichen Sie dazu auch das 8. Kapitel: »Das ideal versorgte Innere Kind der Eltern in Tochter und Sohn«.

Lisas Ahnenarbeit zum Vater

In der Arbeit zum gegengeschlechtlichen Elternteil von Lisa, also mit ihrem Vater, wird wieder die Variante mit der Szene und dem Päckchen gewählt.

In der vorausgegangenen Meditation zur Ahnenreihe der väterlichen Linie taucht eine Wohnzimmerszene auf, in der Vater, Großmutter und Urgroßvater zusammenstehen. Der Urgroßvater und Lisas Vater verstehen sich gut, die Großmutter wirkt neidisch, fühlt sich ausgeschlossen. Die Großmutter möchte Lisa ein Päckchen geben, doch der Urgroßvater verbietet es. Es soll geheim bleiben, nicht geöffnet werden. Die Großmutter empfindet es in der Szene wie ein inneres Gefängnis, nichts sagen zu dürfen, ihr Wissen nicht weitergeben zu dürfen. Hinter dem Rücken wird das Päckchen dann doch weitergereicht und gelangt heimlich zu Lisa, die es in ihrem Hinterkopf »aufbewahrt«. Vaters Botschaft: »Darüber muss man schweigen, das ist geheim!«

Bei der Einführung der Ahnenrollen für die Rollenspieler wird schnell deutlich, wie sehr die Kriegserlebnisse des Urgroßvaters die Beziehungen der Familienmitglieder bestimmen. Das Schweigen trennt den Urgroßvater und seine Tochter (Lisas Großmutter), lässt diese sich wie gefangen fühlen, Aggressionen müssen verbannt werden, sie erinnern an Schuld und Scham, die der Urgroßvater verdrängen möchte. Die cholerischen Ausbrüche des Großvaters, die vermutlich durch sein nicht bewältigtes Trauma entstehen, führen zu Angst und Erstarrung in der Familie. Die Rollenspieler spüren dadurch, dass sie sich von ihren Gefühlen abtrennen müssen und damit auch von dem Gefühl zu sich selbst. Der Kopf wird als Kontrollorgan überlastet, das Päckchen im Hinterkopf wie eine Warnglocke in ständiger Bereitschaft gehalten.

Die Versorgung des Urgroßvaters ist bei dieser Arbeit der erste wichtige Heilungsschritt. Für Lisa ist zunächst die Vorstellung eines idealen Traumatherapeuten für Kriegsverletzte eine glaubhafte Versorgung, mit der es ihr möglich wird, sich den Urgroßvater als emotional stabilen Menschen vorzustellen. Hätte dieser die schlimmen Kriegserfahrungen verarbeiten können, hätte er sich nicht von seinen Gefühlen abtrennen müssen. Die große Scham des Urgroßvaters hatte zudem dazu geführt, dass er sich selbst nicht mehr wert genug gefühlt hatte, zur Familie dazuzugehören. Mit einem idealen Deutschland ohne Krieg kann Lisa das wahre Potenzial des Großvaters erkennen und ihn sich als liebevollen Vater für die Großmutter vorstellen, der sich seiner nicht schämt, sich verbunden fühlen darf und Zugang zu den eigenen Gefühlen und denen der Tochter hat.

Lisa erlebt jetzt die Großmutter als Achtjährige, die mit ihrem ideal versorgten Vater zusammen sein darf, der nicht ihre ersten Lebensjahre durch Kriegsgefangenschaft verpasst und für sie vom ersten Moment an eine vertraute und liebevolle Bezugsperson ist. Sie darf sich ihm zumuten, auch mit Wut- oder Angstgefühlen. Sie darf Stolz und Lebensfreude entfalten. Mit dieser gut versorgten Großmutter als Mutter für den eigenen Vater kann sich Lisa diesen als Mann vorstellen, der auch mal schwach sein darf. Sie sieht den Vater als kleinen Jungen, der seine Fragen stellen und der schwach und bedürftig sein darf, aber auch mal wütend und trotzig. Er hätte nicht immer der Starke und innerlich Gefasste sein müssen. Der Vater braucht jetzt auch für sie nicht mehr nur der starke Held zu sein und ermöglicht es damit Lisa, nicht nur die kleine Bedürftige zu sein, die seine ständige »Rettung« benötigt. Lisa wird später ihr Opfer – »ein Braunbär« – wieder zurücknehmen. Es steht für ihre Stärke, Lebensfreude und die Fähigkeit, streiten zu können. Indem sie ihre eigene Stärke verleugnete, konnte der Vater ihr Held sein, hatte sie ihn gestärkt und vor bedrohlichen inneren Gefühlszuständen bewahrt. Als eigene Versorgung wünscht sie sich ebenfalls (wie der Vater in seiner Ahnenarbeit) sich streitende Eltern, die trotzdem liebevoll verbunden sind und ein gutes Vorbild für Streitkultur bieten. Während Lisa ihren ideal versorgten Eltern beim Streiten zuschaut, entspannt sie sich zunehmend und darf spürbar die innere Dauerkontrolle erstmals aufgeben. Als das gesamte Heilserum dieser Ahnenarbeit bei Lisa ankommt, fühlt sie sich wie von einer warmen Kerze im Innern erfüllt. Eine ruhige Kraft breitet sich in ihrem Körper aus, alles darf sein, und sie darf alles wahrnehmen, auch ihre eigene Kraft und Lebensfreude. Endlich darf sich das Gefühl nie endender Bedürftigkeit auflösen, und etwas friedliches Neues zieht in Lisas Körper ein. Ihr Symbol für das Heilserum ist eine Kerze.

Als Folge dieser Arbeit berichtet Lisa ihrer Therapeutin, dass ihr Vater jetzt »öfter« mal streite und ganz schön »anstrengend« geworden sei. Trotzdem begrüße sie als Tochter das neue Verhalten, da es ein gutes Gefühl mache, den Vater auch mal so »menschlich« zu erleben. »Ich habe jetzt einen starken Vater als Gegenüber und keine Heldenfigur, an der ich nicht *kratzen* darf«, sagt sie.

Das Thema in dieser Familie ist die extreme Angst vor Bindungsverlust. Die Ururgroßmutter von Lisa, die bereits als Achtjährge Vollwaise ist und für die vermutlich Anpassung eine existenziell notwendige Überlebensstrategie war, wurde durch das Thema Schuld und Scham aufgrund menschenverachtender Gräueltaten und dem Erleben des cholerischen Urgroßvaters zusätzlich in dieser Angst verstärkt. Indem Lisa auf ihre Kraft und Stärke verzichtet, stattdessen bedürftig und bewundernd für den Vater da ist, kann sich dieser stark und heldenhaft fühlen. Er kann somit seine Mutter vor dem als bedrohlich erlebten Gefühl, bedürftig zu sein, verschonen und ermöglicht ihr damit ihre »heile Welt«, die sie sich selbst erschaffen hatte, um die eigene Wunde nicht zu spüren. Lisas und Andreas' Kopfschmerzen verdeutlichen eindrucksvoll den »verdrängten Schmerz« in den Kopf, abgetrennt vom Gefühl. Nach diesen Arbeiten hat sich bei beiden eine deutliche Verbesserung des Symptoms Kopfschmerz eingestellt.

Die Bedeutung des Generation-Codes in der Partnerschaft von Riecke und Andreas

Um die Bedeutung der transgenerationalen Themen für ihr neues Familiensystem zu verstehen, ist es hilfreich, den gesamten Code von Riecke und von Andreas zu kennen. Wir konnten nicht nur bei diesem Paar, sondern immer wieder auch bei anderen Parallelen und Wiederholungen der speziellen Familienthemen beobachten. Oft wird ein Partner gewählt, um mit ihm endlich doch noch den Treuevertrag einzulösen, die Eltern oder einen der Ahnen stellvertretend zu versorgen oder als Entschädigung für eine ganze Ahnenreihe zu leben, was diesen versagt geblieben ist.

Da dies natürlich nicht oder nur unzureichend glücken kann, sorgt hier der Treuevertrag für Wiederholungen und Reinszenierungen, aber auch für die Entstehung neuen Leids für die aktuelle Familie und ihre Mitglieder.

Andreas' Aufstellungsarbeit mit der väterlichen Ahnenreihe

Andreas beschreibt seinen Vater als einen schweigsamen Mann, der alles in sich reingefressen habe. Als einschneidend habe Andreas die schwere Erkrankung des Vaters erlebt, der an Magenkrebs gestorben ist. Der damals erst 24-jährige Andreas habe hilflos miterleben müssen, wie niemand in der Familie über die belastenden Ereignisse sprechen durfte und der Vater nach langem Leidensweg starb.

In seiner Aufstellungsarbeit zum Vater entscheiden wir uns für die Szene, die in der Meditation zuvor aufgetaucht war. Sie spielt auf dem Marktplatz eines Dorfes, in dem der Urgroßvater damals gelebt hat. Es ist eine unruhige, kriegsbedrohte Situation, in der Andreas ständig auf der Hut sein muss, ob von irgendwoher eine Gefahr drohe. »Wo ist Vater?«, liegt als Frage wie ein schwerer Schleier auf der Szene. Gemeint ist der Urgroßvater, der zwar aus dem Ersten Weltkrieg zurückkehrt, jedoch an der Front einen Kopfschuss erlitten hatte und offensichtlich so schwer verwundet war, dass seine Gehirnfunktionen sehr eingeschränkt waren. »Er war da und auch nicht da.« Das Fehlen eines Vaters, der schützend und stützend in schweren Zeiten für seine Familie da ist, lähmt alles. Die Rollenspieler in den Rollen der Ahnen empfinden sehr stark diese Schwere, diese Instabilität, diesen Wunsch nach Unterstützung und Halt. So lautet die Hauptbotschaft, die bei Andreas ankommt, denn auch: »Sei meine Stütze, brauche selbst nichts von mir!«

Andreas hat zunächst das Bedürfnis, seinen Vater anzusprechen und ihm zu sagen, wie sehr er ihn vermisst hat, wie traurig es ihn macht, ihn verloren zu haben. Indem Andreas diese Worte an seinen Vater (stellvertretend an den Rollenspieler) richtet, gesteht er sich selbst zum ersten Mal Gefühle von Schwäche und Traurigkeit ein. Er mutet sich mit seinen Gefühlen dem Vater zu, den er sonst immer genau davor bewahrt hatte, indem er sich mit seinen eigenen Gefühlen zurückgenommen hatte. Gleichzeitig ist es für Andreas wichtig, nicht nur rational, sondern auch leiblich zu erfahren, dass der Vater nicht anders konnte, weil er selbst kein versorgtes, sondern ein zu früh überfordertes Kind gewesen war. Der Großvater, selbst ohne Vater aufgewachsen, lebte ab dem siebten Lebensjahr mit einem vom Krieg schwer gezeichneten Vater zusammen und musste als Ersatzpartner seiner Mutter für diese da sein und ihr die Unterstützung, Nähe und Wärme geben, die sie nicht mehr vom Ehemann bekommen konnte. Später war auch er selbst im Krieg und konnte wiederum seinem Sohn kein Vater sein. Wie bereits zuvor ausführlich beschrieben, hatte dieser Großvater von Andreas ein schweres Schicksal zu tragen. War bereits die Kindheit von belastenden Ereignissen geprägt, so verlor er als Erwachsener zwei Kleinkinder, seine Heimat, musste flüchten und viele Entbehrungen ertragen. Sein Leben war hart und immer ein Überlebenskampf. Durch unsere Arbeit bekommt der Großvater in einer hypothetischen Vergangenheit als Siebenjähriger eine Rückenstärkung durch einen ideal versorgten Vater, ohne Kopfverletzung und Kriegstrauma. Auch die Mutter des Großvaters ist versorgt mit einem Partner und braucht ihren Sohn nicht mehr als Ersatz. In einem idealen Deutschland ohne Krieg verliert er weder Kinder noch Heimat, hat nun Zeit für Lebensfreude und seine Familie. Andreas fühlt eine schwere Last von seinem Herzen fallen, als er den Großvater so gut versorgt erlebt. Erst jetzt wird es für Andreas möglich, eine glaubhafte Alternative zum Lebenslauf des Vaters zu kreieren.

Die Vorstellung eines idealen Deutschlands ohne Krieg ermöglicht es ihm, den Vater in einer glücklichen Kindheit zu sehen, mit Eltern, die Zeit und Raum haben für die Bedürfnisse der Kinder, es gibt keine Verluste von wichtigen Bindungspersonen, der Vater wächst mit allen Geschwistern in Friedenszeiten auf. Der ideal versorgte Vater hat nun als Kind all die Aufmerksamkeit und Zeit von einem liebenden Vater erhalten, die er gebraucht hat, und kann nun selbst als Vater seinem Sohn Andreas all dies weitergeben. Jetzt kann Andreas wirklich glauben, dass sein Vater großes Interesse an ihm hatte und er ein geliebter Sohn war, und sein Opfer, das Äußern von Wünschen und Bedürfnissen, muss nicht mehr als Kloß im Halse stecken bleiben. Er muss nicht mehr ständig achtgeben, den Vater ja nicht zu reizen, indem er angepasst und brav ist. Er erlebt in seiner eigenen Versorgung noch einmal einen »Herzpapa«, der ihn zum Handballspiel begleitet, Gefühle zeigen und mit der Wut des Sohnes ganz natürlich umgehen kann. Mit diesem Vater wird vorstellbar, dass er nicht an Magenkrebs erkrankt wäre und auch Andreas nun nichts mehr in sich hineinfressen muss.

Warme Herzensenergie breitet sich im ganzen Therapieraum aus, und Andreas wählt das Symbol eines Herzens mit Flügeln als Erinnerung an das erlebte Heilserum.

Das Opfer, das Andreas für seinen Vater gebracht hat, um ihn an seinem schmerzlichsten Punkt zu schonen, lässt er durch ein altes Uhrwerk symbolisieren. Es steht für die gemeinsam verbrachte Zeit, auf die der kleine Andreas für den Vater verzichtete, da er seine Wünsche und Sehnsüchte dem Vater gegenüber nie geäußert hat. So berührte der Sohn nie den Schmerz des Vaters und seines Großvaters – die Sehnsucht nach einem stützenden, stärkenden Vater, der ihnen Zeit schenkt. Das alte Uhrwerk könnte symbolisch auch für die Lebenszeit stehen, die bereits dem Urgroßvater und dem Großvater aufgrund der beiden Kriege versagt geblieben war.

Die Ahnenarbeit von Riecke mit ihrem Vater

In der Meditation tauchen Urgroßvater, Großmutter, Großvater (Vater des Vaters) und der Vater auf. Die Mutter des Vaters hat ein Päckchen in der Hand und möchte es Riecke persönlich geben. Die Übergabe des Päckchens, in dem sich eine wertvolle Schatulle mit einem Schlüssel befindet, wird durch den Vater des Vaters verhindert. Stattdessen reicht dieser einen Sack weiter, in dem etwas Kaltes, Metallisches ist (vielleicht ein Revolver oder Ähnliches).

Die Rollenspieler nehmen ihre Position in der Szene ein und erfahren von Riecke Einzelheiten zu ihrer Biografie.

Der Urgroßvater, Vater der Großmutter, hat seine Mutter im Kindbett verloren (siehe auch Parallele zur mütterlichen Ahnenreihe). Er war Ingenieur und leitete ein Wasserwerk. Zusammen mit seiner gläubigen Frau bekamen sie fünf Kinder. Bevor die Großmutter von Riecke geboren wurde, starben zwei Söhne bereits als Säuglinge. Seiner einzigen Tochter war er ein beschützender und liebevoller Vater. Das Päckchen der Großmutter scheint eine große Ressource zu sein. Da der Vater des Vaters in dieser Aufstellung auftaucht und offensichtlich eine wichtige Rolle hat, wird auch er aufgestellt und ein Rollenspieler für ihn eingeführt. Der Vater des Vaters von Riecke, 1911 geboren, ist 18 Jahre alt, als die Weltwirtschaftskrise einsetzt. Bewusst erlebt er, wie seine Familie durch eine falsche Entscheidung des Familienoberhauptes von einem Tag auf den anderen alles verlor. Plötzlich waren sie bettelarm, und der Vater (Großvater von Riecke väterlicherseits) sollte nun der Retter der Familie sein und alles wieder hinbekommen. Als Lieblingssohn der tief erschütterten Mutter des Großvaters konnte sich dieser nicht altersgerecht ablösen und blieb symbiotisch und abhängig. Der deutlich jüngere Bruder des Großvaters war damals erst drei Jahre alt. Auch er schien dieses Trauma nicht verarbeitet zu haben, er erschoss sich mit 50 Jahren. Er war der Patenonkel von Rieckes Vater, beide hatten eine enge Beziehung zueinander. Rieckes Vater, der nach diesem Onkel genannt worden war, erhängte sich, nachdem er seine psychische Erkrankung, eine bipolare Störung, nicht mehr ertrug.

Damit Riecke das gute Päckchen ihrer Großmutter erhalten kann, muss sie eine Versorgung der väterlichen Linie erleben. Nur dann kann sie den Treuevertrag mit dem Vater lösen. Der Urgroßvater erhält jetzt einen idealen Berater, der ihm hilft, die richtige Entscheidung für das Familienunternehmen zu fällen. So behält die Familie ihren Wohlstand und gerät nicht durch eine Wirtschaftskrise derart in Not. In einer idealen entspannten Zeit ohne finanzielle Not hätte dieser Vater auch in seiner Rolle als Vater für seinen Sohn besser da sein können. Der Großvater, der Vater von Rieckes Vater, muss nicht bereits als Jugendlicher einen derart starken Leistungsdruck aushalten und kann vielmehr sein Potenzial und seine Neigungen entwickeln. Den Großvater derart entlastet zu sehen, ermöglicht es Riecke, sich eine ganz neue Beziehung zwischen ihrem Vater und seinem Vater vorzustellen. Jetzt kann sie zwischen den beiden statt einem harten Konkurrenzverhalten Einvernehmen und Unterstützung wahrnehmen. Für die Versorgung der Großmutter erhält die Ururgroßmutter eine ideale medizinische Versorgung und muss nicht im Kindbett sterben. Nun darf die Mutter des Vaters eine Beziehung zu ihrem Sohn haben und ihr Päckchen über den Sohn an Riecke weiterreichen.

Riecke deutet den Schlüssel als Möglichkeit des Zugangs zum Selbstwert, als Schlüssel zur inneren Schatztruhe. Eine Ressource, die die Großmutter von ihren Eltern mitbekommen hatte, die aber durch das schuldhafte Daseinsgefühl des Urgroßvaters blockiert schien. Der Sack mit dem harten, metallischen Inhalt konnte von Riecke an den Vater beziehungsweise den Großvater zurückgegeben werden. Der Inhalt stand für Scham und Schuld, die den Selbstwert der einzelnen Mitglieder von einem auf den anderen Tag zunichtegemacht hatten. So konnte sich Riecke auch vorstellen, dass ihr Vater keine bipolare Störung entwickelt hätte, er nicht versucht hätte, diese beiden Extreme der Familie in sich zu vereinen, um so Heilung zu erreichen.

Riecke ist traurig, wenn sie diese Möglichkeiten sieht und weiß, wie es wirklich war. Doch diese Traurigkeit, die wir auch Loslass-Schmerz nennen, ist heilsam, hilft sie doch bewusst zu begreifen, worum genau es bei der Wunde der Ahnen geht. Wo ist es möglich, eine Distanz zwischen der eigenen Geschichte und dem Erleben der Ahnen zu bekommen? Im letzten Abschnitt ihrer Arbeit darf Riecke sich als Kind mit einem ideal versorgten Vater erleben, der unbeschwert, gesund und selbstbewusst ganz für seine kleine Tochter da sein kann. Sie genießt das Gefühl, für Papa der Nabel der Welt zu sein, von ihm wirklich gesehen zu werden und im Kontakt mit ihm zu sein. Als Symbol für dieses Heilserum wählt Riecke einen Brummkreisel.

Später holt auch sie sich das für den Vater geopferte Potenzial zurück, symbolisiert durch eine Walnuss, die für das zurückgehaltene eigene Potenzial steht, das, umschlossen von einer harten Schale, nicht zur Entfaltung kommt.

Die Treueverträge im Überblick

Andreas' Treueverträge mit seinen Eltern

MIT SEINEM VATER:

»Überrede mich nicht, indem du nicht unbefangener und unbekümmerter da bist, als ich es sein konnte. Sorge stets dafür, dass meine Aggressionen nicht ausbrechen, indem du deine Gefühle von Enttäuschung oder Frustration nicht zeigst.«

MIT SEINER MUTTTER:

»Lass mich nicht im Stich, sorge dafür, indem du alles Trennende vermeidest, insbesondere Streit. Stelle Harmonie her, um jeden Preis.«

Rieckes Treueverträge mit ihren Eltern

MIT IHREM VATER:

»Enttäusche mich nicht und wirke als Tochter zufrieden und versorgt. Beruhige mich, damit ich mich als Vater kompetent fühlen kann.«

MIT IHRER MUTTTER:

»Überrunde mich nicht, erlebe dein ›Dasein‹ nicht als selbstverständlicher, als ich da sein durfte. Nimm nicht mehr Platz ein, als ich einnehmen durfte.«

Lisas Treueverträge mit ihren Eltern

MIT IHREM VATER:

»Enttäusche mich nicht und lass mich der einzige Held in deinem Leben sein. Sorge dafür, dass ich mich nie schwach fühlen nuss. Bleibe abhängig und klein, damit ich dich als guter Vater beschützen kann.«

MIT IHRER MUTTTER:

»Du darfst dich nicht selbstverständlicher unbeschwert und glücklich fühlen, dich nicht mehr mit anderen und auch mit dir selbst verbunden fühlen, als ich mich selbstverständlich, glücklich und mit anderen verbunden fühlen konnte.«

Grundbedürfnisse, die aufgrund der Familienthemen nicht oder nur unzureichend versorgt wurden:

Väterliche Seite von Andreas: Schutz/Unterstützung/Nahrung
Mütterliche Seite von Andreas: Platz/Schutz/Grenzen
Väterliche Seite von Riecke: Grenzen/Schutz/Unterstützung
Mütterliche Seite von Riecke: Platz/Unterstützung/Schutz

Familienthemen, die sich transgenerational auswirken

- Keinen Platz haben dürfen beziehungsweise keine Daseinsberechtigung haben.
- Schuld/Scham darüber, anderen großes Leid zugefügt zu haben, zum Beispiel »Schuld« am Tod der eigenen Mutter, die im Kindsbett starb. Versagensgefühle, wenn eigene Kinder sterben.
- Schuld daran, durch eine falsche Entscheidung die ganze Familie ins Unglück zu stürzen.
- Fehlende Vater-Unterstützung, mit Überforderung der Kinder, die zu früh erwachsen werden und deshalb eigene Bedürfnisse zurücknehmen müssen.
- Verlust wichtiger Bindungspersonen – Mutter/Vater/Geschwister – und als Folge davon auch kein ausreichender Schutz.
- Leistungsdruck, die Erwartung an die Familie, in der Gesellschaft anerkannt zu sein.

Ressourcen der Familie

- Warmherzigkeit – Liebesfähigkeit – das Wissen um Glück
- Spiritualität/Glaube
- Stärke und Willenskraft
- Schaffensfreude und Kreativität
- Hoffnung und Zuversicht
- Rechtsbewusstsein
- Fähigkeit zur Selbstreflexion

Das erbrachte Opfer

Wenn wir uns die erbrachten Opfer zusammen mit den Treuegeboten anschauen und miteinander vergleichen, wird die unbewusste Partnerwahl von Riecke und Andreas auf einer ganz anderen Ebene nachvollziehbar.

Beide wollen sich ihren Vater als starken, kompetenten und heldenhaften Vater erhalten. Wir nennen das den sogenannten »Scheinvater«. Indem sich beide, Riecke und Andreas, mit ihren Bedürfnissen zurücknehmen, um den eigenen Vater zu schützen und an seiner schmerzlichsten Wunde zu schonen, müssen sie ihre bedürftigen und abhängigen Persönlichkeitsanteile verleugnen. Abgeschnitten von ihren Gefühlen, können sich beide meist rational verhalten, werden Konflikte vermieden oder nur rationalisiert. Im Gegenzug bringen beide hohe moralische Ansprüche an sich selbst und den anderen mit, und auch ein hoher Leistungsanspruch ist bei beiden zu bemerken. Während Andreas seinen Frust in sich »hineinfrisst«, zeigt Riecke eine gewisse »Überheblichkeit«, um die wahren und ungeliebten Gefühle nicht haben zu müssen. Auf dieser Ebene fühlen beide Partner unbewusst ein Einvernehmen, hinterfragen sich und den anderen nicht. Gefühle von Schuld und Scham müssen ebenfalls bei beiden abgewehrt werden, da die Last der Vergangenheit zu schwer wiegt. Immer »gut« sein zu müssen und solch »niedrige« Gefühle wie Neid, Aggression oder Egoismus auf keinen Fall haben zu dürfen, führt verständlicherweise zu dem, was man ein »Falsches Selbst« nennt.

Auf der mütterlichen Seite finden wir bei Andreas und Riecke das Thema Platz. Auf beiden Seiten gibt es Großmütter, die als kleine Kinder ihren Platz bei den Eltern verlieren und bei Verwandten aufwachsen müssen. Während in der Ahnenreihe von Andreas der Verlust beider Elternteile aufgrund von Krankheiten die Ursache für dieses Leid der Urgroßmutter ist, wirken in der Ahnenreihe von Riecke mehr die tiefe Kränkung und die damit einhergehende Ver-

LISA

MUTTER:
- sein dürfen
- sich verbunden fühlen dürfen

Symbol: Eine Sonne

VATER:
- Lebensfreude, Kraft, Stärke
- Autonomie

Symbol: Braunbär

RIECKE

MUTTER:
- der Platz in der Familie
- das Gefühl von Daseinsberechtigung

Symbol: Tau Triade

VATER:
- das eigene Potenzial
- eingeschlossen im Inneren
  Sich-nicht-Entfalten-Können

Symbol: Walnuss

ANDREAS

MUTTER:
- Bedürftigkeit
- Zugang zu sich selbst

Symbol: Kleines Lamm

VATER:
- Anspruch auf Bedürfnisbefriedigung
- Gemeinsame »Lebenszeit« genießen

Symbol: Altes Uhrwerk

unsicherung über das Weggegeben-Werden, als die jüngeren Geschwister geboren wurden und die Großmutter als erstgeborene Tochter bis zum sechsten Lebensjahr von der Familie getrennt war. Das Opfer, das Riecke zur Rettung ihrer Mutter bringt, ist dann auch ihr »Recht« auf ihren Platz, ihr Eingebettetsein in die Familie. Sie fühlte sich dort immer als nicht dazugehörend, und auch in ihrer jetzigen Familie durfte sie bis zur Auflösung des Codes nicht wirklich spüren, dass sie dort einen sicheren Platz in der Gemeinschaft hat, der ihr einfach so zusteht.

An dieser Stelle möchte ich auf das erste Bild von Tochter Lisa aus dem Tarot für das Innere Kind hinweisen. Die Feenkinder im Garten symbolisieren auf den ersten Blick eine harmonische Familie, doch wie Lisa später bewusst wird, fehlt hier die Mutter, obwohl es ja genau um die Beziehung zu ihr ging. Unbewusst hatte Lisa die große Wunde der weiblichen Ahnenreihe erspürt, und auch sie hat ihren Platz nicht eingenommen, hat sich bereits in der Gebärmutter nicht mit der Mutter verbinden dürfen. Doch dazu später mehr.

In der Ahnenreihe von Andreas mit seiner Mutter geht es mehr um die Entschädigung der Urgroßmutter.

Man könnte meinen, dass Andreas mit seiner warmherzigen Art ihr stellvertretend Mutter und Vater ersetzt. Um auch die eigene Mutter mit einem liebevollen Vater zu entschädigen, nahm Andreas für sie die Rolle eines liebevollen Schäfers ein (Symbol für seine Rolle und Scheinidentität), war er der Große und hatte keine Bedürfnisse. Seine Mutter, traumatisiert durch den als cholerisch erlebten Vater, war sicher nicht in der Lage, ihrem Sohn den richtigen Umgang mit Aggressionen und Wut zu zeigen.

In ihrer Partnerschaft mit den ähnlichen Familienthemen im Hintergrund sollte es Andreas und Riecke doch noch gelingen, die Eltern stellvertretend zu retten. Sie wollten beiden Familien und ihren Generationen eine harmonische Familie »schenken«, in der alles stimmt, jeder seinen Platz hat, es keinen Streit oder Unstimmigkeiten gibt, glückliche Kinder, die nicht weggegeben oder ausgeschlossen werden. Einen Vater, der ein Held und eine Stütze ist, bei dem man einfach klein und nur Kind sein kann. So wie Andreas Scheinidentität: ein starker beschützender und stützender Ritter. Das Bild eines Ritters birgt in sich einerseits die stützende, rettende und helfende Komponente, andererseits zeigt es auch einen Mann, der sich selbst schützen kann, also nicht wie der Urgroßvater, der im Krieg so schwer verwundet wurde. Genau das wäre das Richtige für diese Familie gewesen.

Und Riecke ist die Mutter für ihre Ahninnen, die ihrem Kind einen festen Platz im Herzen schenkt. Die Scheinidentität von Riecke passt nur zu gut zu ihren Ansprüchen an sich selbst und der Lösung, die sie sich als Kind damals ausgedacht hat: ein Engel, der über den Dingen schwebt. Ein liebevolles, mütterliches Wesen. Gleichzeitig wählte sie damit aber auch ein Wesen, das nicht irdisch geworden ist, seinen Platz auf Erden nicht einnimmt. Im Kapitel über die Scheinidentität gehen wir auf dieses besondere Konstrukt als Lösung für den Konflikt zwischen existenzieller Abhängigkeit und Autonomiewunsch noch intensiver ein.

Aber auch für die Ahnen des Partners sind Riecke und Andreas füreinander die »perfekte« Wahl. Ein starker, aber liebevoller Ritter, der sich selbst zu schützen weiß, hätte in Rieckes väterlicher Ahnenreihe da sein müssen und andersherum eine solche engelsgleiche Mutter wie Riecke in Andreas' mütterlicher Linie.

Obwohl sich nun beide Eheleute in der Vergangenheit recht »einig« waren, was den Umgang mit Aggressionen, Egoismus und anderen »negativ erlebten« Gefühlen anging, spürten sie doch, dass ihrer Ehe die »Lebendigkeit und Leidenschaft« fehlte, die sich beide so sehr wünschten. Nicht aufgelöste, unterschwellige Konflikte hatten sich wie schleichendes Lähmungsgift in die Beziehung geschlichen. Beide waren nicht glücklich, obwohl doch alles eigentlich gut war. Vor allem litt Riecke unter der Bedürfnislosigkeit des Ehemanns, die sie mehr und mehr anstrengte.

Die Auflösung der Treueverträge ermöglicht Riecke und Andreas die Entwicklung ihres bislang verschütteten Potenzials. Es ist zwar nicht immer einfach miteinander, und Streiten will erst gelernt sein, aber mit dem neuen, guten Gefühl zu sich selbst, dem unverstellten Blick auf das Gegenüber, den eigenen Partner, ist die

Chance groß für einen neuen Anfang auf einer sehr viel reiferen Ebene der Partnerschaft. Denn wer sich selbst liebt und annimmt, braucht den anderen nicht zu dem zu machen, von dem er glaubt, ihn so zu brauchen.

Was das Auflösung der elterlichen Codes für Lisa bedeutet

Als Systemikerinnen wissen wir, dass Veränderungen bei einem Mitglied auch Veränderungen für das gesamte Familiensystem mit sich bringen.

Obwohl der für Lisas Persönlichkeitsentwicklung ausschlaggebende Lebensabschnitt längst abgeschlossen ist, können der Prozess der Eltern und auch ihr eigener Prozess eine Menge an neuen Möglichkeiten für die Entfaltung ihres Potenzials und die Entwicklung einer authentischen Identität bewirken. Korrigierte elterliche Kindheitserfahrungen führen jetzt bei Riecke und Andreas zu einer neuen, unverstellten Sicht auf ihre Tochter Lisa. Andreas hat verstanden, dass er sein »bedürftiges Lämmchen« (siehe Bildkarte zum Treuevertrag von Lisa mit dem Vater) nicht länger bei seiner Tochter unterbringen und dort stellvertretend versorgen darf. Durch seine Ahnenarbeit kann er immer mehr seine eigene Bedürftigkeit zulassen und als liebevoller Schäfer nun für sich selbst sorgen.

Den Gewinn, den er für dieses »Heilwerden« aufgeben muss, ist, »der nette Junge von nebenan zu sein, der überall und jederzeit garantiert gemocht wird«. Zudem wird er nicht mehr der uneingeschränkte Heldenvater sein.

Lisa bekommt mehr und mehr auch den Vater zu sehen, der Schwächen, Ecken und Kanten hat. Für ihre Autonomieentwicklung ist es wunderbar, und der unantastbare Held wird ein normaler menschlicher Papa mit guten und schlechten Seiten. Lisa darf auch normal sein, kann ihre überhöhten moralischen Ansprüche auf ein gesundes Maß zurückschrauben und vor allem wieder Zugang zu ihrer »Bärenkraft« haben. Lisas Symbol des Bären wird allgemein und in vielen Kulturen als das Zeichen für Stärke und Kraft verstanden und kann ihr jetzt wieder zur Verfügung stehen.

Die ehemals verwöhnende Haltung von Andreas seiner Tochter gegenüber, für die er der starke Held sein wollte, hatte nicht nur positive Auswirkungen auf Lisas Entwicklung. Passgenaue Befriedigung der Grundbedürfnisse bedeutet nicht, dass man sein Kind grenzenlos verwöhnen sollte oder ihm jeden Wunsch sofort von den Augen abliest. Zu den Grundbedürfnissen eines Kindes gehören auch gesunde Grenzen und damit eine Orientierung, die dem Kind zeigt, wie es im Leben zurechtkommen kann. Das Kind zu schützen, bedeutet auch, ihm beizubringen, sich selbst zu schützen. Außerdem ist die Erfahrung, dass Bedürfnisse endlich sind, notwendig, um sich den eigenen Gefühlen nicht ausgeliefert zu fühlen. Zu erfahren, dass Bedürfnisse wirklich befriedigt werden und Gefühle auch wieder vergehen oder sich wandeln können, ist besonders bei negativ erlebten Gefühlen wie Angst, Trauer oder Wut wichtig. Mit einem Gegenüber, das diese Gefühle beim Kind zulassen, spiegeln und aushalten kann, lernt das Kind, dass auch diese emotionalen Zustände nicht ewig anhalten und dass es eine Antwort darauf gibt, die ihm hilft, innerlich wieder in Balance zu kommen. Das so erlernte Vertrauen in die Endlichkeit von Bedürfnissen führt zu dem tiefen Vertrauen in die Welt und in sich selbst, hier die Befriedigung seiner Bedürfnisse schon mal zu finden. Dies sorgt dafür, dass ein Kind und später der Erwachsene seine Kräfte realistisch einschätzt und einen guten Umgang mit den eigenen und den Grenzen anderer hat. Gute Grenzen sind besonders wichtig für Lisa, die damit ihre Fähigkeit, Konflikte zu lösen und selbst Grenzen zu setzen, immer weiter verbessern kann. Lisa wirkt inzwischen sehr viel selbstbewusster und irgendwie auch frecher.

Riecke darf nun als Mutter ihren irdischen Platz in der Beziehung zur Tochter einnehmen, und damit darf auch Lisa wirklich ganz da sein. Mutter und Tochter dürfen ihre spezielle Bindung fühlen und leben, und ihre Liebe darf fließen. Sie bedarf keiner ständigen Bestätigung mehr.

Mit dem Gefühl der Daseinsberechtigung zieht nun bei Riecke ein innerer Frieden ein, der sich in der Beziehung zur Tochter durch eine neue Selbstverständlichkeit im Miteinander bemerkbar macht. Der Gewinn, den sie aufgeben muss, damit Heilung geschehen kann, ist die Unberührbarkeit, Symbol ist ein dorniger Rosenzweig.

Lisa, die jetzt der Mutter viel mehr zumuten darf, kann sich lösen und ihren autonomen Impulsen ohne Schuldgefühle folgen. Sie hat das Vertrauen, dass es der Mutter auch ohne sie gut geht, und mit dem sicheren Hafen im Hintergrund kann sie es sich jetzt leisten, eine normal pubertierende Jugendliche zu sein.

Die Scheinidentität als Gestalt

LISA

Scheinidentität (Mutter):
EIN SCHWARZER RITTER,
geschützt vor Angriffen und Verletzungen, aber auch mit männlicher Durchsetzungskraft ausgestattet.

Rolle (Vater):
EINE GÖTTLICHE FEE,
Leichtigkeit, Gutmütigkeit, Unsterblichkeit.

RIECKE

Scheinidentität (Mutter):
EIN ENGEL,
liebevoll beschützend; da sein, ohne irdisch werden zu müssen, sich der menschlichen Verantwortung entziehen können.

Rolle (Vater):
EIN ZIRKUSELEFANT,
der Sonnenschein, allen Herausforderungen gewachsen, den Vater stolz machend.

ANDREAS

Scheinidentität (Mutter):
SCHÄFER,
ein Mantel, der alles Negative bedeckt.

Rolle (Vater):
STÜTZENDER RITTER,
eine Stütze für den Vater;
kann sich selbst schützen.

Der Gewinn aus Scheinidentität und Rolle

Am Ende des Seminars wird ein Abschlussritual durchgeführt. Bei diesem meist sehr berührenden Prozess wird als Gegenleistung für das wiedergewonnene authentische Potenzial der Gewinn aufgegeben, den man durch die Rolle oder die Scheinidentität hatte. Wie jeder Vorteil einen Nachteil hat und umgekehrt, hat es natürlich für Lisa einen Preis, wenn sie jetzt wieder Zugang zu ihrer Kraft und Stärke hat und ihren autonomen Impulsen folgen kann und darf. Im Gegenzug muss sie ihre »Sandburgenwelt« aufgeben, hat ihr naives Klein-und-Abhängig-Sein mit allen Vor-und Nachteilen jetzt ein Ende. Sie muss sich selbst ernst nehmen und Verantwortung für sich selbst tragen lernen.

Das Gleiche gilt für den Gewinn aus ihrer Scheinidentität aus dem Treuevertrag mit der Mutter: das Gefühl, unverletzbar zu sein und alles im Griff zu haben.

Und auch die Eltern müssen sich von einem lieb gewordenen Anteil trennen, wenn sie wirklich wachsen wollen.

Während Riecke sich nun nicht mehr einfach über alles stellen kann, um unberührbar und bewundert zu sein, wird sie jetzt menschlicher werden müssen, schrumpft ihr Größenwahn auf ein normales und gesundes Maß. Obwohl sich dies zunächst sehr nüchtern anfühlt, wird sie es nie mehr gegen das Erleben von echter Nähe und echter Berührbarkeit eintauschen wollen.

Der Gewinn aus Scheinidentität und Rolle

ANDREAS

BEI DER MUTTER:
Der nette Junge von nebenan zu sein, gut bei den anderen anzukommen
Symbol: Lämmchen

BEIM VATER:
Pflegeleicht und knuddelig zu sein
Symbol: Teddybär

LISA

BEI DER MUTTER:
Unerreichbar zu sein, weil sie keinen irdischen Platz eingenommen hat – nicht verantwortlich für sich zu sein
Symbol: Stern

BEIM VATER:
Das kleine Mädchen bleiben zu können
Prinzessin
Symbol: Sandburg

RIECKE

BEI DER MUTTER:
Unberührbarkeit, Schutz
Symbol: dorniger Rosenzweig

BEIM VATER:
Das Gefühl von Allmacht und Omnipotenz, bewundert zu werden
Kein Symbol

Muss aufgegeben werden, damit sich das authentische Potenzial entwickenln kann.

Andreas ist, wie schon beschrieben, nicht länger nur der knuddelige Teddybär, der nette Junge, der sich mit allen versteht und gut auskommt. Wer Konflikte nicht mehr vermeidet, muss zwangsläufig damit rechnen, nicht immer beliebt zu sein, und auch Gefühle von Bedürftigkeit fühlen sich nicht immer angenehm an. Doch »wahre Stärke« kann Schwachsein zulassen und »wahre Unabhängigkeit« die Abhängigkeit. Glück bedeutet nicht, immer nur das Hochgefühl oder die Ekstase zu erleben, sondern mit sich selbst und seiner ganzen Gefühlspalette gut verbunden zu sein. Alle Gefühle zulassen und ausdrücken zu können, ist wahre Lebensfreude.

Für Lisa, Riecke und Andreas ist der Bann, der auf dem Weg zur Entfaltung ihrer authentischen Identität lag, gebrochen, und sie haben ihren Schlüssel zum Glück gefunden. Er lag in ihnen selbst verborgen, hinter alten Päckchen, Lasten der Vergangenheit, Schulden und Verletzungen, die bei jedem von uns noch Generationen lang auf Entschädigung warten. Jetzt ist der befreiende Prozess angestoßen, und Lisa und ihre Eltern werden immer mehr lernen, für ihre eigene Bedürfnisbefriedigung zu sorgen.

5 Der archaische Grundkonflikt

Das Archaische ist eine urwüchsige, unverwüstliche Vitalkraft, die das eigene Überleben und das der Spezies garantiert. So sichert sie einerseits die Anpassung an Gesellschaft, Kultur und Familienclan, andererseits aber auch das Streben nach unverwechselbarer Individualität und Verwirklichung des Selbst.

Wenn wir auf die Welt kommen, die so groß, unüberschaubar und voller Gefahren steckt, sind wir darauf angewiesen, dass unsere Grundbedürfnisse erfüllt werden, damit wir uns gesund entwickeln können. Wir sind existenziell abhängig von unseren Eltern und unserem Familienclan, die diese Bedürfnisse in Vollkommenheit befriedigen sollen. Da die Eltern, die für das Kind die Welt bedeuten, jedoch unvollkommen sind, entsteht ein tiefer Konflikt. Um seine existenziellen Ängste, die das Kind aufgrund der erfahrenen Realität bekommen würde, nicht spüren zu müssen, werden die Defizite der Eltern geleugnet, und es wird alle Kraft und Energie eingesetzt, um mit einem großen, inszenierten Bluff darüber hinwegzutäuschen. Indem das Kind die fehlenden Anteile der Eltern »ersetzt«, sich in seiner Fantasie reife und heile, sogenannte Scheineltern, erschafft, löst es scheinbar diesen archaischen Grundkonflikt.

Dieser Prozess läuft natürlich unbewusst ab und macht sich im Gefühlsleben des Erwachsenen oft als Stress in Form von Getrieben-Sein breit. Es herrscht eine unbestimmte nagende Angst, entdeckt zu werden im eigentlichen Ungenügend-Sein. Wäre man nämlich wirklich tüchtig und gut, wäre es einem ja gelungen, Mutter und Vater glücklich und heil zu machen. Da das nicht der Fall ist, allein schon weil es nicht möglich ist, zweifelt der Erwachsene zutiefst an den eigenen Fähigkeiten und Qualitäten. Ein Beispiel: Wenn die Mutter einer Tochter ihre eigene Mutter früh verloren hat und in einer inneren Fixierung trotzig-tapfer noch immer darauf wartet, von dieser endlich abgeholt zu werden, wird die Tochter kompensatorisch, quasi schon vorgeburtlich, in die Mutterrolle schlüpfen und sich anstrengen, die schmerzliche Lücke zu füllen. Doch selbst mit einem Verzicht auf das ihr zustehende Kindsein ist der Tochter die Erlösung der Mutter nicht möglich.

Auf ähnliche Weise kann das Kind auch die existenziellen Grundprobleme, die das Menschsein kennzeichnen, verleugnen und verdrängen. Professor Irvin Yalom, dessen Entwicklung der existenziellen Psychotherapie die Grundüberzeugung enthält, dass Patienten als Ergebnis einer Konfrontation mit den harten Tatsachen des Menschseins und der menschlichen Existenz am Leben verzweifeln, spricht von vier Grundproblemen des Lebens. Anders als Freud nimmt der mit zu den einflussreichsten Psychoanalytikern der USA gehörende Therapeut dabei aber eine eher humanistische und weniger pessimistische Haltung ein und stellt die Therapeut-Patient-Beziehung in den Vordergrund der therapeutischen Arbeit.

Die Grundprobleme nach Yalom:[16]

- Die Endlichkeit des Lebens: Ich muss sterben.
- Ein Einzelwesen zu sein: Ich bin abgetrennt, allein.
- Urheber der eigenen Entscheidungen: Ich muss mich entscheiden, und jede Entscheidung hat ihren Preis.
- Sinnfindung: Ich muss die Frage nach dem Sinn meines Lebens selbst beantworten.

Die Lösung des Kindes: Der Loyalitätsvertrag mit den Eltern

Der vermeintlich unauflösbare Gegensatz zwischen existenzsichernder Zugehörigkeit und die für die Evolution des Menschen notwendige Entfaltung von authentischer Autonomie machen den sogenannten archaischen Grundkonflikt aus. Wir können resümieren, dass zum Schutze des jeweiligen »Selbst« individuell geprägte Wege entwickelt werden, um dessen Unversehrtheit zu garantieren. Damit eine Integration abgespaltener, ausgegrenzter, verkümmerter, gar nicht oder unterentwickelter Persönlichkeitsanteile ermöglicht wird, müssen genau diese in ihrer einzigartigen Eigenart und Unverwechselbarkeit wertschätzend begleitet und erkannt werden.

Wir kamen zu dem Schluss, dass das archaische Material in einem avancierten Sinne transformiert werden sollte. Um eine Inklusion anzubahnen, wird mittels des explorierten Codes des Familienclans, dem das Individuum entstammt, der grundsätzliche Konflikt zwischen der Einhaltung von Treueverträgen mit den Eltern und Ahnen und dem Streben nach Selbstverwirklichung und authentischer Autonomie herausgeschält und systematisch methodisch bearbeitet. Hypothetisch, so denken wir, könnte dieser lösungs- und ressourcenorientierte Ansatz, der eine tiefgreifende Heilung in Gang zu setzen vermag, sozusagen als mikrokosmischer Ansatz auch die makrokosmische Welt beeinflussen und die eingangs beschriebene scheinbare Unauflösbarkeit des Widerstreits der Pole Gesellschaft und Individuum befrieden. Mit dem Aufspüren des speziellen Codes, den wir Generation-Code nennen, sind wir überzeugt, hier einen Beitrag leisten zu können.

Der archaische Grundkonflikt beinhaltet nach unserer Überzeugung, dass jeder Mensch – unbenommen aus welcher Kultur, Schicht, individuellen Sozialisation, eigenen genetischen Datenbank oder auch pathologischen Fehlentwicklung er hervorgegangen

Der archaische LÖSUNGSVERSUCH

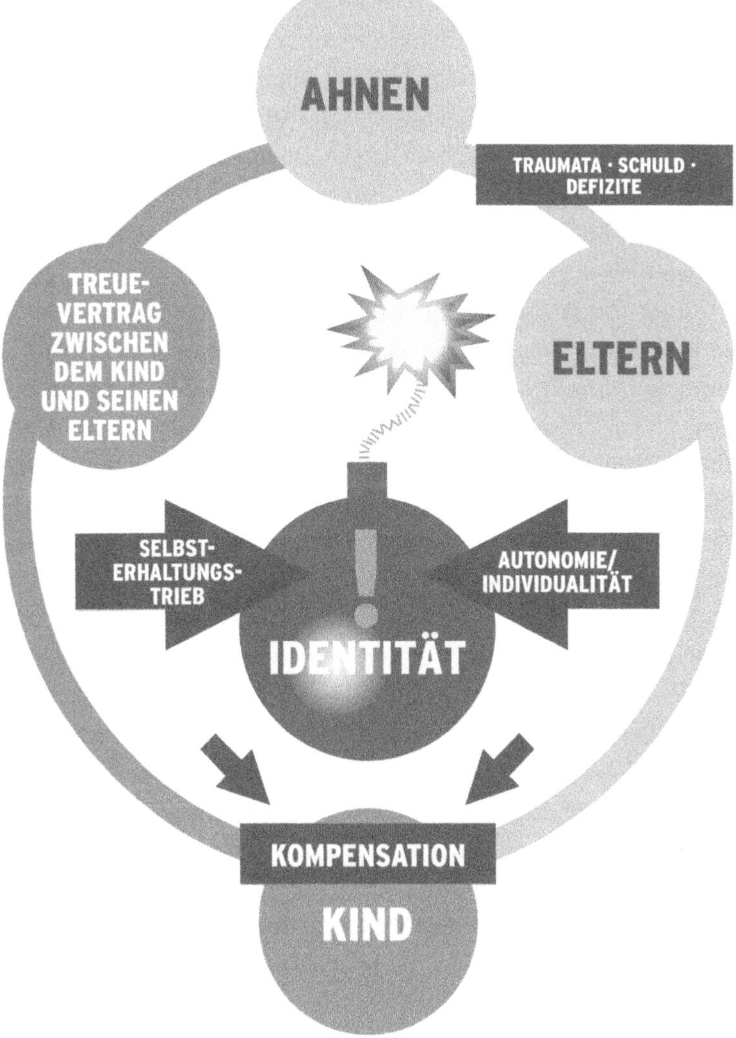

ist – sich schon aus purem Selbsterhaltungsinteresse und existenzieller Abhängigkeit seinem Familienclan anpasst. Er versucht, gesteuert von seinem Inneren Kind, das nicht wirklich reifen konnte, seinen eigenen Beitrag mit aufopfernder Hingabe und unter Einsatz aller Erwachsenentechniken zu leisten, um den Familienclan gesunden und erstarken zu lassen. Gleichzeitig folgt er seinem in ihm angelegten Programm, dem ihm innewohnenden Wachstumsimpuls, seine Selbstentfaltung voranzutreiben. Mit ungeheurer Leidenschaft und hingebungsvollem Energieaufwand widmet er sich der Aufgabe, beides »unter einen Hut« zu bekommen. Ein schier unlösbares Unterfangen, was in diesem Zusammenhang mit tiefsitzenden, mehr oder weniger unbewussten Selbstzweifeln bezahlt wird, wie oben bereits angedeutet.

Trotz aller Anstrengung hat er das Gefühl, nicht zu genügen, da er ja weder die Familie noch sich selbst, weil ja aus ihr kommend, »retten« kann. Der sinnlose Kraftaufwand, mit dem die rückwirkenden Entschädigungsmaßnahmen (entweder mit dem Entwurf eines Gegenmodells oder aber der Entfaltung einer Überkompensation) für die Ahnen betrieben werden, ließe sich mit dem Versuch vergleichen, einen herabstürzenden Wasserfall in seiner Bewegung umzukehren.

Er hat keine Chance, zu sich, zum Eigenen zu kommen und der zu werden, der er eigentlich geworden wäre. Mit einer Fülle der kreativsten und vielfältigsten Symptome wird dieser beherzte, aber zutiefst unreife unterbewusste Versuch des Kindes ausgedrückt und bezahlt. Folgt es doch auch der Richtschnur des in ihm genetisch verankerten kollektiven Wissens darüber, was richtig ist. Wie schon im Kapitel über die Grundbedürfnisse in Anlehnung an die Ausführungen von Alberto Pesso beschrieben, ist der Mensch, wenn ebendiese hinreichend befriedigt werden, zum Glücklichsein begabt: »The roots of justice are in the body.« Die Erfahrungen und Forschungsergebnisse aus der Körpertherapie haben diesen Umstand schon lange empirisch belegt.

So kann das Kind scheinbar auf der einen Seite seinem Stamm gegenüber loyal sein, aber auf der anderen Seite vermeintlich, wenn auch aufgeschoben, seinem Bedürfnis nach Individuation und eigener Identitätsentwicklung »gerecht« werden. Diese Scheinlösung führt aber zu einer geradezu zementierten Fixierung auf die jeweilige Ebene, die sogar weit vor der eigenen Geburt liegen kann, wo unbewältigte Traumata, überfordernde Ereignisse und Schicksalsschläge sowie schwer beeinflussbare und teils überwältigende Umstände stattgefunden haben, und blockiert transaktionistisch, dem transgenerationalen Prozess folgend, fremdbestimmend die eigene Identitätsentwicklung.

Die moderne Hirnforschung hat mit der sogenannten Epigenese und Neuroplastizität bahnbrechend nachweisen können, wie das Gehirn in seiner Anpassungsfähigkeit formbar ist und auf all die soeben genannten Umstände reagiert. Auch in der Biologie, genauer: der sogenannten Biogenese, konnte signifikant beobachtet werden, wie zum Beispiel das Wissen von abgestorbenen alten Bäumen über Überlebenstechniken bezüglich der Schädlingsabwehr an die nächst folgende Baumgeneration weitergegeben wird.

Dieses archaische Wissen speist auch beim Menschen die kindliche Grandiosität und hilft ihr, Überlebensstrategien zu entwickeln. Wie schon erwähnt, haben die jeweiligen Fixierungen auf psychologische Entwicklungsstufen, wie sie von Erik H. Erikson charakterisiert wurden und auch von Verena Kast, die sich mit dem Thema Fixierungen und Komplexe psychoanalytisch auseinandergesetzt hat, beschrieben wurden, einen signifikanten Einfluss auf die innere Reifung. Je jünger ein Kind ist, desto unreifer sind seine Verarbeitungsformen und Abhängigkeitsthemen. Es bezieht alles auf sich und ist bei einer Fixierung im Sinne einer autonom erwachsenen Persönlichkeit nicht »gesundgeschrumpft«.[17]

So wird ein geschlossenes System, ein eigenes, aus dem Mangel geborenes Universum – eine sogenannte Entität –, erschaffen. Sinnkrisen und psychischer wie physischer Burn-out sind am Ende die Folge. In einer Fülle von Symptomen drückt sich der Rückzug einhergehend mit ungesättigter Bedürftigkeit nach Bindung und Berührung aus. Dies wird aber im Alltagsmodus, der symptomorientiert hauptsächlich das Funktionieren fokussiert und dementsprechend behandelt, nicht ursächlich auf das beschriebene Bewältigungs-, ja strategische Verwaltungsmuster zurückgeführt, sondern eher als psychische oder körperliche Pathologie betrachtet. In der psychologischen Fachliteratur wird der Umstand denn auch als »splendid isolation« benannt. Hierauf soll später noch Bezug genommen werden, auch unter Berücksichtigung der bereits oben erwähnten existenziellen Psychotherapie von Yrvin Yalom.

In Albert Camus' Roman *Der Fall* wird eine derartige Persönlichkeit eindrucksvoll beschrieben: Ein rundherum erfolgreicher Anwalt, dem es an nichts fehlt, was das Leben bereichert und erstrebenswert macht, bricht, nachdem er Zeuge eines tragischen Selbstmords wird, alle Brücken zu seinem bisherigen Leben ab. In seiner Entität, wo er in seiner ihn schützenden Abgeschlossenheit so unverletzbar, aber auch gleichzeitig unberührbar und scheinbar autark gut gelebt hatte, wird er nun bedrängt. Ihm wird das Fehlen seiner echten, wahren Menschlichkeit in Form von Leere und Ödnis, in Gestalt von Schlaflosigkeit, Albträumen und plötzlicher, depressiv anmutender Unzufriedenheit vor Augen geführt. In einer Bar, weit entfernt von seinem eigentlichen Lebensort, führt er lange Selbstgespräche unter Alkoholeinfluss mit einem imaginierten Gegenüber, um unbewusst den Kontaktmangel zu eliminieren. Die Sehnsucht nach unerfülltem Berührungsbedürfnis, die trotz erfolgreich geführtem Leben und scheinbarer Selbstverwirklichung bestehen bleibt, wird hier eindrucksvoll geschildert und mit ihr die Folge, die verhängnisvolle »Lösung«, die dieser Mensch findet und die in absoluter Selbstde-struktion endet.

Auch Tolstoi, der engagierte Arzt und politisch aktive Kämpfer für sozial gerechtere Verhältnisse und Verfasser des berühmten Werkes *Krieg und Frieden*, kam in seinem Leben an diesen Punkt der Sinnentleerung, weil – so schätzen wir es ein – der Grundkonflikt, nämlich die erfolgreiche Rettung seiner Eltern und Vorfahren, selbst über den Umweg der innovativ angeschobenen Weltverbesserung nicht gelang und auch gar nicht gelingen konnte.

Das neurotische Feuer der Leidenschaft erlischt irgendwann, Niedergeschlagenheit, Resignation und Selbstzweifel machen sich breit, und die Ermattung von Körper, Geist und Seele, auch angesichts der übrig bleibenden, erkalteten Asche, findet in vielfältiger Symptombildung Ausdruck. Bearbeitet man nun aber therapeutisch den geschilderten archaischen Grundkonflikt, indem man den ganz spezifischen Generation-Code entschlüsselt und dadurch die Erkenntnis gewinnt, was die Ahnen des Clans für ihre Heilung und Selbstentfaltung idealerweise hätten bekommen müssen, und zwar auf andere Weise als mit grandioser Selbstaufopferung, kann Befreiung und Daseinserfüllung geschehen. So erlebt die betreffende Person – wie wir in unserer Fallvignette im vorangegangenen Kapitel gesehen haben – als Zeuge die passgenaue Versorgung der Ahnen in einer hypothetisch konstruierten Vergangenheit durch die Personen und Umstände, die eigentlich hätten da sein sollen. Basierend auf dem unbewussten kollektiven Wissen über das, was der Mensch in hinreichend genügendem Maß braucht, um glücklich und zufrieden zu sein,[18] kann eine Befreiung aus der bindenden Abhängigkeit, die das persönliche authentische Wachstum des Individuums blockiert, erreicht werden. Jetzt erst kann der sprichwörtliche Phoenix aus der Asche aufsteigen, ohne »noch eine erneute Runde auf dem Karussell« drehen zu müssen, mit dem Muster ein Gegenmodell zu leben oder aber in die Überkompensationsanstrengung zu verfallen.

Der archaische Grundkonflikt verschont weder Götter noch Kaiser noch Psychotherapeuten

Zu weiterem Verständnis seien hier drei Beispiele zur vertiefenden Verdeutlichung des geschilderten Antriebs aufgezeigt, und zwar aus der Antike, der weit zurückliegenden Geschichte und aus der jüngeren Gegenwart.

Amor und Psyche

Aphrodite, die Schaumgeborene – nach Homer entstanden aus der Vereinigung von Zeus und Dione, wenn auch mit unklarer Zeugungsgeschichte, unter anderem was die liebe- und lustvolle Vereinigung greifbarer Eltern beziehungsweise zweier göttlicher Kräfte, der männlichen und der weiblichen, anbelangt – birgt in sich das unbewusste Wissen um vernichtenden Geschlechterkampf in ihrer Herkunftsfamilie. Diesen will sie befrieden, um sozusagen rückwirkend auch für sich selbst die angemessene Versorgung zu realisieren, die sie gebraucht hätte – klare Verhältnisse nämlich. Sie wählt das Mittel der reinen, unbefleckten Schönheit zur Neutralisierung, um Achtung und Respekt für Mann und Frau etablieren zu können. So wird sie zur angebeteten Göttin der Liebe, bringt aber dafür das Opfer, sich in »schönen« Liebesdingen zu verausgaben und letztlich leer auszugehen. Sie geht unter anderem eine Liebesbeziehung mit Ares, dem Kriegsgott, ein, aus der Amor als männlicher Spross hervorgeht. Dieser darf sie, den üblichen Loyalitätsvertrag einhaltend, nicht im Stich lassen, indem er etwa Sorge dafür trägt, dass sie allein die Schönste ist und bleibt. Psyche nun, eine Weltliche und die dritte Königstochter eines Herrschers, gelangt zu großem Ruhm wegen ihrer unvergleichlichen Schönheit. Ganze Pilgerströme eilen zu dem Schutzort, an den ihr Vater sie zusammen mit ihren Schwestern mehr oder weniger verbannt hat, um sie dort aufzusuchen, sie zu bewundern, ihr zu huldigen und auch, um ihren Segen zu empfangen. Aphrodite, die auserkorene

Göttin der Schönheit und Liebe, reagiert zornig und verlangt, der Vater und König solle sie mit einem hässlichen, dämonartigen Wesen vermählen. Sie übergibt Amor die Aufgabe, über diesen Vorgang zu wachen und ihn zu kontrollieren. Amor aber verliebt sich in Psyche, darf sie jedoch nicht sehen, um die Mutter nicht im Stich zu lassen, ihr die Treue zu halten und um sie an ihrem verletzlichsten Punkt zu schützen.

Amor erbringt das Opfer der Verzichtleistung, sich einer erfüllenden, beglückenden Liebesbeziehung mit Gründung einer bekennenden Elternschaft zu erfreuen, damit seine Mutter nicht mit dem tiefen Schmerz ihrer eigentlichen Verlorenheit in der Welt in Berührung kommen muss. Er rettet Psyche schließlich vor der Erfüllung des ihr angedachten Schicksals und beginnt, dem Gebot der Mutter zum Trotz, eine leidenschaftliche Liebesgeschichte mit Psyche unter dem strikten Gebot, sich gegenseitig nicht erkennen und ansehen zu dürfen. Psyche, die inzwischen schwanger von Amor ist, will indes, angestachelt von ihren neiderfüllten Schwestern, wissen, mit wem sie es zu tun hat. Bewaffnet mit einem Messer und einer Öllampe will sie den schlafenden Amor überlisten. Bei seinem Anblick im Schein der Lampe verliebt sie sich noch einmal tiefer in ihn. Jedoch passiert ihr ein Missgeschick. Sie verletzt Amor ungewollt mit einem Tropfen des heißen Öls, sodass er erwacht und sie zornentbrannt zunächst auf Nimmerwiedersehen verlässt.

Hier zeigt sich die Folge des unvermittelt ans Licht gekommenen Tabubruchs, der den mit der Mutter Aphrodite geschlossenen, beidseitig unbewussten Treuevertrag infrage stellt. Letztendlich führt dies bei Amor zur Aufgabe des Eigenen, zum Verrat am Selbst. Psyche ist untröstlich und setzt mit großer Beharrlichkeit alles daran, um ihn zurückzugewinnen, und durchläuft dabei einen Reifungsprozess, der sie erst fähig macht, eine ebenbürtige Beziehung einzugehen.

Die gemeinsame Tochter Voluptas sorgt dafür, dass das Thema »unvereinbarer Kampf der Geschlechter im Gegeneinander«, das zum ursprünglichen Leid in seiner Familienclan-Geschichte geführt hat, aufrechterhalten bleibt.

Auch wenn eine schleichende, sukzessive Progression im positiven Sinne zu verzeichnen ist, indem die anrührende Liebesgeschichte von Amor und Psyche, die Gelehrte, Schriftsteller und Künstler über Jahrhunderte hinweg beschäftigt hat, ein glückliches Ende findet, ist doch ein weiteres Verhaftetsein des jeweiligen nachkommenden Individuums Fakt. Dieses auserkorene Individuum dient als Garant dafür, dass der unvollendete Formenkreis[19] aufrechterhalten bleibt, um Aussicht darauf zu haben, irgendwann geschlossen werden zu können.

Hier setzt die Logik an, mit der wir arbeiten, indem wir den ganz spezifischen Generation-Code herausfinden, der sowohl das leitende Oberthema als auch den individuell geprägten Umgang damit in sich birgt.

Kaiser Augustus, ehemals Octavius

Oktavius, ein Großneffe des überragenden Julius Caesar, wurde von diesem aus Ermangelung eines eigenen, leiblichen männlichen Nachkommen adoptiert. Der missliche Umstand, der unbedingt auf diese Weise kompensiert werden sollte, war dazu gedacht, den Machterhalt des römischen Patriziergeschlechts der Julier zu sichern, um eine Form von Unsterblichkeit sowie Schutz vor Untergang zu erreichen. Macht und willentlich manipulierender Eingriff als schicksalsabwendende Maßnahme zur Sicherung des Erbes und damit der Fortdauer der Herrschaft des sich selbst erhöhten Geschlechts sollten die Maßnahmen bewirken.

Die Endlichkeit, eine Erfahrung, die eine der existenziellen psychologischen Unausweichlichkeiten darstellt, mit denen der Mensch sich arrangieren und auseinandersetzen muss,[20] schien auf diese Weise gebannt werden zu können. Hier wird eine sich selbst verliehene göttliche Grandiosität als Form der Angstbewältigung sichtbar. Die Fixierung auf eine kindliche Entwicklungsstufe (siehe auch

Kapitel 13) deutet auf einen eklatanten Mangel von sicherheitsgebenden Grenzen und identifikationsstiftender Orientierung durch die Eltern hin. Die vollzogene Selbsterhöhung, die das menschliche Maß nicht anerkennt und einen gottähnlichen Status verleihen soll, wo angemessene Demut fehlt, stellt kein gutes Modell dar. Eine gesunde, reife, erwachsene Selbstbegrenzung fehlt.

Zurück zum Geschehen. Trotz der »umsichtigen« Vorkehrungen geht die Rechnung zunächst nicht auf. Brutus, der in Caesar einen väterlichen Freund und seinen Mentor sieht, wird von diesem im Gegenzug in seinem Testament als rechtmäßiger Erbe eingesetzt; dennoch stirbt Caesar durch dessen Hand. Viele politische Wirren und kriegerische Auseinandersetzungen folgen. Alles dreht sich mehr oder weniger um das Gerangel, die Nachfolge Caesars betreffend. Octavius macht sich diese Umstände zunutze, indem er sich vor dem Volk, das sich nach Klarheit und Eindeutigkeit sehnt, und den um ihre Positionen fürchtenden Senatoren als Retter darstellt. Er beruft sich dabei auf seine Eigenschaft als Caesars Sohn, woraus hervorgehe, dass er der einzig rechtmäßige Nachfolger sei.

Mit viel diplomatischem Geschick lässt er sich zum Alleinherrscher ausrufen, ändert seinen Namen um in Augustus, der »Erhabene«, und begründet damit die unumstößliche Herrschaft der Julier. Das Thema der Unbesiegbarkeit pflanzt sich fort, und zwar doppelbödig. Leibliche, nicht standesgemäße Söhne werden auf verschiedensten Wegen ausgeschaltet, Adoption als Mittel der Wahl, weil kontrollierbar und steuerbar, eingesetzt. So adoptiert auch Augustes, der später zusätzlich den Titel »Der Göttliche« führt, seinen Nachfolger Tiberius. Sinngemäß soll er zu diesem gesagt haben: »Tiberius, wir beide haben gut vorgesorgt, mit allen uns zur Verfügung stehenden Mitteln, für unsere Sicherheit zu garantieren. Niemand wird uns ausschalten können!«[21]

Hier kommt die vom Familienclan gewählte Bewältigungs- und Überlebensstrategie zum Ausdruck, die Gefahr durch allumfassende (göttliche) Alleinherrschaft zu bannen – die Gefahr nämlich, durch die Unbeherrschbarkeit von Umständen oder Personen ausgeschaltet oder existenziell vernichtet zu werden. Nimmt man das Motto »Niemand, auch nicht ein leiblicher Sohn wird jemals über mir stehen!« als Botschaft Caesars, so könnte dieser dem Überrundungsverbot seines Vaters – »Du darfst nicht weniger besorgt um die Erhaltung unserer herausgehobenen besonderen Machtposition sein, als ich es gewesen bin« – treu und zugleich überkompensatorisch mit dessen Lösungsformel Folge geleistet haben.

Anna Freud

Anna, die jüngste Tochter von Sigmund Freud, dem Begründer der Psychoanalyse, war diesem ihr Leben lang treu ergeben. Sie nötigte ihn, ähnlich wie Athene den Vater Zeus, zu keinem Vergleich mit einem männlichen Nachkommen und war buchstäblich wie diese, seine Kopfgeburt, untrennbar mit ihm verbunden. Ihre Wahl, eine asexuelle Lebensgemeinschaft mit einer Frau einzugehen und selbst keine Kinder zu gebären, stellt somit ein – vermutlich unbewusstes – Opfer dar. Sie schränkt die volle Entfaltung ihrer Weiblichkeit ein, um die Rettung des Vaters sicherzustellen. Worin besteht nun diese Rettung? Hier könnte man eine gewagte Hypothese aufstellen. Abhängigkeit, in welcher Form auch immer, scheint für Freud eine nicht integrierte Größe gewesen zu sein, auf die er in unreifer, grandioser Form reagieren musste.

Als Mann, der nicht wie die Mutter Frau werden konnte und diese in ihrer Ohnmacht deshalb als omnipotent, die eigene Selbstständigkeit untergrabend erlebte, musste er ein Denkmodell erschaffen, das ihm eine Pseudoautonomie garantierte. Seine Tochter Anna, in ihrer Eigenschaft als geniale Kinder- und Jugendlichentherapeutin, konnte in dieser Eigenschaft seine eigentliche Wunde bearbeiten, ohne dass sie ihm als Frau (Verlust-)Angst machte – anders als die Mutter, von der er abhängig war.

Seine Mutter, als dritte Frau seines Vaters, hatte nach Sigmund, als er gerade erst zwei Jahre alt war, ihren erstgeborenen Sohn Julius verloren. Es ist anzunehmen, dass sie eigentlich in Trauer war, die aber keinen Raum einnehmen konnte, weil bereits die nächste Schwangerschaft sich ankündigte. Sigmund wird nicht die notwendige, altersentsprechende Spiegelung und Beachtung bekommen und sich gleichzeitig als ritterlicher Beschützer der Mutter ein notwendiges Maß an Zuwendung gesichert haben. Der sexuell umtriebige Vater, der der Mutter noch vier weitere Kinder bescherte, scheint möglicherweise den Grundstein zu Freuds Forschungsinteresse an dem Wesen und der Bedeutung der Sexualität für das Leben des Menschen gelegt zu haben. Ein Junge muss sich, ob er will oder nicht, aus der Symbiose mit der Mutter lösen. Ob er dank seiner Autonomieentwicklung schon ablösebereit ist, ist dabei unerheblich. Er muss eine männliche Rolle übernehmen.

Zu Freuds Zeit war der Vater, mit dem nun die Identifizierung geschehen musste, eine eigentlich unbekannte Person, war aus dem Kinderzimmer verbannt und sollte, frei nach Freud, darin auch nichts zu suchen haben. Es hätte die ungeteilte, dringend von ihm gebrauchte Aufmerksamkeit der Mutter geschmälert. Der Übergang, der nichtsdestotrotz vonstattengehen musste, stellte somit keine wirklich einladende Alternative dar.

Der Verlustschmerz und auch Groll gegen die Mutter, dass sie tatsächlich einem unterschiedlichen Geschlecht angehörte (Unterschied = Trennung), musste mit einem Pseudogewinn, nämlich mit einer Scheinunabhängigkeit kompensiert werden. Die Frau musste »entmannt«, »kastriert«[22] und damit uninteressant gemacht werden, um ein Mindestmaß an männlicher Identifikation zu sichern. Es wäre sicherlich ein interessantes Forschungsprojekt, hierzu die Schriften *Drei Abhandlungen zur Sexualtheorie* (1905), *Jenseits des Lustprinzips* (1920) und *Das Unbehagen in der Kultur* (1930) zu befragen.

Andreas Maneros hat sich in seinem Buch *Irrsal, Wirrsal, Wahnsinn* in ungewöhnlicher, interessanter und aufschlussreicher Weise dem Wesen der Archaik und dem Selbst in seiner interdependenten

Seins-Form – Gemeinschaftszugehörigkeit und individuelle Selbstentfaltung – gewidmet.[23] Die übergeordnete Thematik – Abhängigkeit versus Unabhängigkeit – unter dem Leid- und Leitthema »Sexualität als alles bestimmender Trieb« diente Freud vermutlich als eine Form der Bewältigung, um mit dem frühkindlich erlebten Drama einer zu frühen Entwöhnung von der Mutter fertig zu werden. Unter dem Ansatz »das Kind füllt die Lücken«, den wir in unser Konzept eingearbeitet haben, lässt sich das besondere Vater-Tochter- Verhältnis von Anna und Sigmund verstehen und entschlüsseln.

Die Vorherrschaft des Patriarchats im viktorianischen Zeitalter, dessen Diktat sich auch Sigmund Freud als Mann unterordnen musste, hat seine Reaktionsform, wie sie einmal von ihm beschrieben wurde, nämlich die klare Bewusstheit einer inneren Identität zu erlangen, die die Heimlichkeit der gleichen seelischen Konstruktion impliziert, geprägt. Hinzu kam prägend, dass Freud speziell als Jude noch einmal mehr empfindliche Blessuren, Degradierungen, Erniedrigungen und eine damit einhergehende Hilflosigkeit hinnehmen musste.

Mit diesen geschilderten Beispielen soll noch einmal der Generation-Code, den es zu lösen gilt, in seiner ganzen Tragweite verdeutlicht werden, damit das menschliche Sein im Einklang mit seiner Umgebung und im angemessenen Umgang mit dem Planeten Erde dem lebendigen Leben dient und Ausbeutung und Vernichtung Einhalt geboten wird. Hier kann jedes Individuum dazu seinen Beitrag leisten, Selbstwirksamkeit anstelle von Ohnmacht, Resignation und Hilflosigkeit erfahren und Sinnhaftigkeit fühlen. Viktor E. Frankl, der Begründer der Logotherapie und Existenzanalyse, hat in seiner Weise die Bedeutung der Essenz der menschlichen Existenz hervorgehoben, indem er das *Verantwortlichsein und eine Mission zu haben* als etwas unbedingt Wesentliches bezeichnet.

6 Das Identifizieren des archaischen Grundkonflikts

Wie in den vorhergehenden Abschnitten angeklungen, haben wir uns dem »Mysterium« der Lebensunzufriedenheit angenommen. Dieser Lebensunzufriedenheit, die gekennzeichnet ist von dem Gefühl einer endlosen Anstrengung, dem Sog des Getriebenseins, des Ausgeliefertseins, eines immer wieder neu unzureichenden Erlebens, wollten wir helfend begegnen. Die geheime (eigentlich nur hinter vorgehaltener Hand) geäußerte Angst, in Wahrheit ein Niemand zu sein, und dass es sich bei allen geleisteten Tätigkeiten sowieso nur um einen Bluff handele, wollten wir lindern und relativieren helfen.

Die heiße Spur, die wir verfolgten, war die Annahme, dass es etwas leidenschaftlich Antreibendes geben müsse, nämlich ein Ziel zu erreichen, das trotz aller Bemühungen nicht gelingen will. Welche Erfolglosigkeit trotz »aller Liebesmüh« zeigte sich hier? Worum könnte es sich handeln?, fragten wir uns. Wir stießen schließlich auf den sogenannten archaischen Grundkonflikt. Unsere langjährigen therapeutischen Erfahrungen in der Anwendung integrativer Behandlungsmethoden und die Möglichkeit, bei unseren Patienten über eine geraume Zeit – teilweise über Jahre – Entwicklungsprozesse beobachten zu können, halfen uns dabei, diesen genauer zu erforschen und letztendlich zu identifizieren. Wir kamen zu dem

Schluss, dass es sich hierbei um ein universelles, alle Menschen betreffendes, einschließendes, seit Urzeiten bestehendes Thema handeln musste. Nämlich: »Warum kann ich den Glanz im Auge von Mama/Papa nicht erzeugen, obwohl ich doch alles dafür tue?« Während wir diese Fährte weiter verfolgten, kamen wir zu der Annahme, dass das Kind, um sein Ziel zu erreichen, sich der ungelösten Probleme von diesen beiden, aus deren Zusammenschluss es hervorgegangen ist, bemächtigen müsste.

Auf der Basis der umfassenden Forschungsergebnisse und Publikationen der intrapsychischen und systemischen psychologischen Wissenschaft, sowie nicht zuletzt der neuerlichen Befunde der Hirnforschung, folgerten wir, dass unbewusste Rettungs- und Schutzmaßnahmen von dem Kind ergriffen werden müssten, um rückwirkend heilen und glückliche, gesunde Eltern für sich erhalten zu können. Von hier war es nun nicht mehr schwer zu erahnen, dass das existenziell abhängige Kind seine Lösungs- und Überlebensstrategie entwickeln würde, indem es die empfindlichsten, verletzbarsten und wundesten Punkte der Eltern vermeidet. Wir entwickelten die sogenannten Schlüsselfragen, um zu diesem machtvollen Geschehen Zugang zu finden (siehe auch die Fallvignette in Kapitel 4).

Die Schlüsselfragen zum Treuevertrag

Da das Kind aufgrund seiner Abhängigkeit von Mutter und Vater und des gleichzeitigen Hinstrebens nach Autonomie und Entfaltung zunächst die Wunde der Eltern »heilen« muss, schien es uns notwendig, diese Wunde aufzuspüren. Nachdem sich das Selbstbild eines Kindes an dem Selbstbild der Mutter und des Vaters orientiert beziehungsweise davon geprägt wird, setzten wir uns zunächst mit der Bedeutung der Identifikation des Kindes der Tochter mit der Mutter, der Sohn mit dem Vater und ihrem Einfluss auf die Identitätsbildung des Kindes auseinander. Unser Bestreben war es, durch eine bestimmte Fragestellung Zugang zum unbewussten Wissen zu finden, welches uns Hinweise geben konnte, welche Persönlichkeitsanteile des Kindes zur Rettung seiner Eltern geopfert werden beziehungsweise im Sinne einer überbetonten Ausbildung von Persönlichkeitsanteilen zu stark entwickelt werden mussten (siehe auch Kapitel 10). Da es im Menschen ein tief verankertes Streben nach Weiterentwicklung gibt, erschien uns die Vorstellung, ein Kind wolle es eigentlich besser machen als die Mutter/der Vater, einleuchtend. Worin könnte es also besser werden, mehr erreichen, welche nicht gelebten Anteile der Eltern müsste es eigentlich ausprägen und so weiter. So ist auch die häufigste, schnelle Reaktion, die eine Gegenentwicklung betont, entweder: »Aber ich bin doch schon ganz anders als meine Mutter/mein Vater, habe einen ganz anderen Weg eingeschlagen«, oder aber, in Überkompensation: »Ich bin schon längst viel überzeugender und besser im Umgang mit meinem Leben, meiner Lebensthemenbewältigung.« Die Wunde berücksichtigend, dürfte das Kind aber hier genau diese Überrundung nicht vornehmen, müsste es hinter der Mutter/dem Vater zurückbleiben, um sie an ihrem schmerzlichsten Punkt nicht zu berühren. Schließlich kann sich das abhängige Kind keinen geschwächten Elternteil leisten, wenn dieser mit seiner Wunde konfrontiert würde.

Beim gleichgeschlechtlichen Elternteil:	› **Als Sohn/Tochter:** Worin darf ich meine Mutter/meinen Vater nicht überrunden?
Beim gegengeschlechtlichen Elternteil: Tochter zum Vater	› **Tochter:** Worin darf ich meinen Vater nicht enttäuschen?
Beim gegengeschlechtlichen Elternteil: Sohn zur Mutter	› **Sohn:** Worin darf ich meine Mutter nicht im Stich lassen?

So kamen wir schließlich auf die Frage in Bezug auf den gleichgeschlechtlichen Elternteil, wie in Kapitel 4 angedeutet.

Das Überrundungsverbot, die Schlüsselfrage zum gleichgeschlechtlichen Elternteil

Wir wussten, dass wir hier mit einer ungewöhnlichen Frage den kognitiven, rationalen, aber spontan reagierenden Teil der Person irritieren müssten, um näher an die Ressource des Unbewussten heranzukommen. Um die gravierende Bedeutung für die Identitätsbildung zu berücksichtigen, die die Identifikation mit dem gleichgeschlechtlichen Elternteil hat, nahmen wir also das Thema Überrundung. Wie bei einem kreisförmig angelegten Parcours bleibt das Geschehen ewig gleich, gestaltet sich endlos, ist ein geschlossenes System, und trotzdem kann man den Eindruck gewinnen, man könne individuell gestaltend eingreifen.

Die Frage an den gleichgeschlechtigen Elternteil lautet:
»Worin darf ich meine Mutter/meinen Vater, in Beziehung zu ihr/ihm stehend, nicht überrunden?«

In einer kurzen Entspannungsversenkung und Imaginationsanleitung, in der man eine diese Frage beantwortende Szene vor dem inneren Auge auftauchen lässt, wird diese Szene in der weiterführenden Arbeit mit Rollenspielern aufgestellt, um am Ende das sogenannte Überrundungsverbot herausschälen zu können (siehe Fallvignette).

Hier offenbart sich die fundamentale Abhängigkeit, die einer echten authentischen Selbstverwirklichung und Entfaltung entgegensteht.

Das Überrundungsverbot, das sich in verblüffender Weise in seiner Auswirkung auf alle Lebensbereiche der betreffenden, ja, betroffenen Person bezieht und alle Scheinunabhängigkeiten, seien sie noch so geschickt getarnt (siehe Kapitel 11), wird so entlarvt.

Der schmerzlichste Punkt im Leben der Mutter/des Vaters

Zur Veranschaulichung hier ein Beispiel:

Eine bildschöne, groß gewachsene, wohlproportionierte junge Frau, wir nennen sie Nadine, kommt mit dem Symptom »Scheidenkrampf« zur Behandlung. Es ist ihr unmöglich, vaginalen Geschlechtsverkehr zu haben. Sie fühle sich als Mogelpackung, denn sie erwecke den Eindruck, sie sei eine ganz normale, gesunde Frau, in Wirklichkeit aber sei sie verschlossen und unzugänglich auf der körperlichen Ebene, was keiner sehe oder ahne. So fühle sie sich wie eine Betrügerin, auch sich selbst gegenüber.

In der oben erwähnten Szene taucht ihre mit ihr hochschwangere Mutter auf, die sie nicht hergeben, loslassen, der Welt schenken will. Wie sich in der weiteren, später noch genauer beschriebenen Arbeit mit den Ahnen zeigen sollte, hatte die Mutter von ihrer Mutter, also die Großmutter von Nadine, drei Verlobte im Krieg verloren und hing von daher dem magischen Glauben an, ihre Liebe sei von tödlicher Auswirkung. Ihre Tochter – Nadines Mutter – war das Produkt einer notgedrungen eingegangenen, leidenschaftslosen Ehe. Lieber hätte die Großmutter ein Kind von einem ihrer geliebten Verlobten empfangen. In der unbewussten Treue zu Mutter und Großmutter hat die Patientin sich »entschlossen«, zum einen für die Mutter gar nicht da zu sein, um in Verwechslung mit dieser ihr den immerwährenden Schutz einer bergenden, mütterlichen Gebärmutter zu geben, und zum anderen für die Großmutter gar nicht erst empfängnisbereit zu sein, um keinen todbringenden Schaden anzurichten.

In dem oben erwähnten Überrundungsverbot offenbart sich der schmerzlichste, verletzlichste, wundeste Punkt der Mutter/des Vaters, so wie er sich in der subjektiven Wahrheit des Kindes innerlich abgebildet und verankert hat. Es kommt vor, dass der Protagonist sich in der Szene als Erwachsener sieht, was immer darauf hindeutet, wie belastend oder bedrohlich und überwältigend, auch tabuisiert das Geschehen ist, um das es geht. Er darf augenscheinlich nicht zu klein sein, sonst könnte es zu einem Zusammenbruch kommen. Um das zu vermeiden, tritt die dem menschlichen Organismus innewohnende psychologische Ökologie in Kraft. Diesen diagnostischen Hinweis gilt es, in der weiteren Arbeit zu berücksichtigen und entsprechend interventionstechnisch zu behandeln. Wie aus den bisherigen Ausführungen schon deutlich geworden ist, wird mithilfe des »Anzapfens« des unbewussten Wissens, das jedem Menschen innewohnt, unweigerlich die nicht verheilte Wunde oder die weiterhin stark beeinträchtigende »Narbe« der Mutter/des Vaters sichtbar. Die Aufrechterhaltung, die über Reinszenierungen immer wieder garantiert wird, dient letztendlich dem gesunden Wachstumsimpuls, aber begünstigt natürlich auch weitere Chronifizierung und Strukturerstarrung der letztlich lebensfeindlichen, den freien Energiefluss und die autonome Authentizität blockierenden Überlebens- und Bewältigungsstrategien.[24]

Eine passgenaue, fokussierte Lösung des ursächlichen Problems soll gefunden werden. Dafür ist die präzise Herausfilterung des Codes vonnöten.

Unser Ansatz scheint hier besonders geeignet durch die Erreichung eines gewissermaßen neutralen Zustands des Gehirns, in dem es bereit ist, neue Informationen aufzunehmen, alte Wunden zu beeinflussen, ja, zu löschen. So können gute gegenwärtige Erinnerungen vor die alten geschoben und implantiert werden.

Das Treuegebot – die Schlüsselfrage zum gegengeschlechtlichen Elternteil

Wie im Vorangegangenen angedeutet, haben wir uns bei der Schlüsselfrage zum gegengeschlechtlichen Elternteil für eine Aufteilung entschieden und somit in der Formulierung die Gender-Thematik berücksichtigt. Im Gegensatz zur Gleichgeschlechtlichkeit nimmt das Mädchen zum Vater wie auch der Junge zur Mutter eher eine Rolle ein. Nach der engen Symbiose mit der Mutter, die für das Baby und Kleinkind so wichtig ist, wie man aus der Bindungsforschung weiß, und durch die für die frühen, ungestört ablaufenden Primärprozesse des Hirnaufbaus, die für die Entwicklung des Urvertrauens so unerlässlich sind, ist es für das Kind notwendig, den nächsten Entwicklungsschritt vollziehen zu können, um weiter zu reifen, nämlich eine zuverlässige Nähe zum gegengeschlechtlichen Elternteil aufzubauen. Mithilfe der Rollenübernahme wird der Geschlechtsunterschied – als das Trennende – überbrückt. Die Rollenvorstellungen von Mann oder Frau sind natürlich stark von den gesellschaftlichen, sozialpsychologischen Umständen und Verhältnissen geprägt. In unserer westlichen Gesellschaft hat es diesbezüglich in den letzten Jahrzehnten große Vor- und Rückwärtsbewegungen gegeben. Der Zweite Weltkrieg mit seinen verheerenden Folgen auf allen Gebieten und Einflussnahme auf alle Lebensbereiche hat besonders bei den Männern viel zu einer relativen Identitätsverunsicherung, das eigene Geschlecht betreffend, beigetragen. Um Orientierung zu finden, wird gern wieder auf »altbewährte«, vielleicht aber auch biologisch nicht ganz von der Hand zu weisende traditionelle Normen, Formen und Muster zurückgegriffen.

Vor dem Hintergrund dieser Überlegungen lautet die Schlüsselfrage für den Mann an seine Mutter: »Worin darf ich meine Mutter, in Beziehung zu ihr stehend, nicht im Stich lassen?« Und für die Frau an ihren Vater: »Worin darf ich meinen Vater, in Beziehung zu ihm stehend, nicht enttäuschen?«

Genau wie bei der Arbeit mit der sogenannten Überrundung wird auch hier über das Medium der gelenkten Imagination eine Aufstellungsarbeit mithilfe von Rollenspielern durchgeführt, um die Grundvoraussetzung für die erlebnisorientierte Intervention, die «Ahnenreihe«, zu schaffen. So wird das besonders die Geschlechtsidentität bestimmende, beeinflussende spezifische Treuegebot herausgefunden, das ebenfalls den schmerzlichsten Punkt des jeweiligen Elternteils berührt, und gibt eindeutige Hinweise auf den Generation-Code.

7 Das Heilserum und die Macht des unvollendeten Kreises

Jeder Mensch spürt tief in sich den Wunsch, etwas rund zu bekommen. Es erscheint so elementar, gesetzmäßig, ja offensichtlich genetisch vorgegeben, eine noch offene Form schließen zu wollen, und die große innere Zufriedenheit, die daraus entsteht, der *Click of Closure*[25], wird in den Gedächtnissystemen unseres Gehirns gespeichert. Wiederholt erfahren führt dies zu einer harmonischen Persönlichkeitsentwicklung, aber je weniger in sich runde, abgeschlossene Themen/Formen ein Mensch in sich trägt[26], desto umtriebiger, rationalistischer, unruhiger, aber auch aktionistischer ist er am Werk und reibt sich auf. Diese »Baustellen« – abgesperrt mit rot-weißen Plastikbändern – begünstigen auch die in der Psychologie bekannte Reaktionsform der sogenannten Negativ-Versorgung. Obwohl im wahrsten Sinne des Wortes ungesund, gehört sie zu jenen tief im Körper verankerten Mustern.

Die Erstellung des Heilserums

Die riesengroße Aufgabe nun, die Defizite der Ahnen bis ins jüngste Glied auszugleichen, ja, ausgleichen zu müssen, um einen inneren Frieden erreichen zu können, lässt es buchstäblich auf der Hand liegen, dass hier Abhilfe geschaffen werden muss, um der Überforderung und Selbstausbeutung einen Riegel vorzuschieben. In diesem Sinne ist unsere Intervention entstanden, ein sogenanntes Heilserum zu »brauen«. Während sich in der Arbeit mit den Ahnen, Generation für Generation, das Drama entfaltet, findet der Protagonist das Fehlende, das damals hätte da sein müssen, damit in dieser Generation dem jeweils Betroffenen kein Mangel, kein Defizit entstanden wäre. Mit Unterstützung der Therapeuten und Rollenspieler in den Positionen der Ahnen und unter Nutzung der Energie des kollektiven Unbewussten wird hier das Heilserum hergestellt und verabreicht. In frappierender, unmittelbar erlebbarer Weise wird diese Energie im Rahmen der Gruppe freigesetzt, strukturiert und für die betreffende Person nutzbar gemacht.

Geheilte Bindungen – das Heilserumband der Generationen

Symbolisch wird das nun befreite Potenzial der ideal versorgten Ahnen mit einem »Heilserumband« in die nächste Generation weitergegeben. Dieses Band, das immer erst nach der passgenauen Versorgung des jeweiligen Vorfahren in der jeweiligen maßgeblichen Generation weitergereicht wird, vermittelt einen sinnlichen Eindruck – visuell wie haptisch. Wie eine frisch durchblutete Nabelschnur, die eine angemessene Versorgung des Fötus im Mutterleib garantiert, oder aber auch eine »freigepustete« Wurzel, durch die der nährende Saft nun wieder fließen kann, vermittelt das Band akzentuiert und sichtbar die Botschaft: »Ja, so hätte es sein sollen, und so ideal versorgt wie jetzt hätte unser nun entfaltetes Potenzial bis zum jüngsten Glied unseres Clans vordringen können. Seine gesunde, authentische Entwicklung hätte unter einem guten Stern gestanden!«

Die Transaktion unfertiger, unabgeschlossener, un(auf)gelöster Themen (wie sie bereits beschrieben worden sind), wird so unterbrochen, eine unselige Vererbung wie auch Weitergabe gestoppt. Eine wesentliche Grundlage ist hier die Hypothese, dass der Mensch eigentlich zum Glücklichsein begabt ist, wenn die wesentlichen Grundbedürfnisse hinreichend abgedeckt sind. Unbewusst, so kann man annehmen, weiß jedes Individuum genau, was es idealerweise eigentlich gebraucht hätte, um diesen Zustand zu erreichen. Eine kleine Wiederholung sei hier erlaubt:[27]

Platz = Daseinsberechtigung → selbstverständliches Sein → Verbundenheit mit sich selbst und anderen.
Nahrung = Körperlich wie seelisch satt sein → innerlich gefüllt sein → gutes Selbstwertgefühl → des eigenen Wertes bewusst sein.
Schutz = Selbstschutz → Entspannung → für sich eintreten können → Konflikte ertragen können.
Unterstützung/Halt = Stärkung/Halt → Selbstwirksamkeit → Überzeugung, dass es Lösungen geben wird.
Grenzen = Vertrauen in die Möglichkeit, Bedürfnisbefriedigung in der Welt zu finden → Wissen um die Begrenzung von Gefühlen und Bedürfnissen → Achtung eigener und fremder Grenzen → Nein sagen können.

Ideal versorgte Ahnen haben nun selbst diese passgenaue Beantwortung ihrer Grundbedürfnisse erfahren. Individuell herausgearbeitet, können sie jetzt für ihre Kinder so da sein, wie diese es gebraucht hätten. Umstände, Personen, Schicksale sind nun in der Vorstellung des Protagonisten so, wie sie eigentlich hätten sein sollen, und können dem tief verwurzelten Gefühl von Gerechtigkeit und Ausgleich im Familienclan gerecht werden. So wie bei der Urgroßmutter von Andreas (siehe Kapitel 4), die jetzt mit einem als selbstverständlich erfahrenen Platz in ihrer Familie ein Gefühl von in sich ruhender Daseinsberechtigung verspürt und dies, statt der traumatischen Verletzung, in die nächste Generation weiterreicht.

Die Wirkung des Heilserums

Im Gegensatz zur Pesso-Therapie wird beim Generation-Code die Versorgung durch ideale Personen, wann immer möglich, wieder in eine *ideal versorgte (reale) Person* integriert, da unserer Meinung nach nur so eine wirkliche Glaubhaftigkeit der veränderten Vergangenheit annehmbar wird. Die Treue zum eigenen Familienclan, die im Generation-Code so deutlich wird, kann nicht – wenn auch an die ideale Ahnenreihe – Anschluss finden. Das Heilserum soll das Fehlende in idealer Weise ersetzen, die Lücken mit Idealem schließen und ausfüllen. Erst wenn alle versorgt sind, wird es (fast) immer möglich, das *Potenzial der realen Eltern* zu sehen. So darf die neue Erfahrung, selbst versorgt zu sein, als Erinnerung in die Seele einziehen, darf der eigene Kern, die echte Abstammung trotz aller idealen Veränderung bleiben. Nur in Ausnahmefällen, wenn die Bedrohung durch eine reale Person zu existenziell oder zu stark verletzend war, dass keine Veränderung angenommen werden kann, wird sie durch den Einsatz einer idealen Person ersetzt. Dies gilt insbesondere für Themen von Gewalt, Misshandlung, Missbrauch oder starker Vernachlässigung.

Ziel ist: »Lernen, Abhängigkeit anzunehmen, um Autonomie erfahren zu können. Das ist Lebenskunst!«

8 Die Wunden heilen – die Geschichte der Ahnen neu erfinden

Könnte man in der Zeit zurückreisen, würde man einiges anders machen. Hätte man auch noch die Macht, Kriege zu verhindern, Krankheiten und Katastrophen abzuwenden, würden wir das tun. Vor allem jetzt, wo wir wissen, dass im genetischen Gedächtnis alles abgespeichert und an uns weitergereicht wurde, würde eine solche Möglichkeit Heilung für das gesamte Familiensystem bedeuten.

»Aber es war ja nicht so …« Diesen Satz hören wir öfter, wenn wir von unserem Konzept mit der idealen Ahnenversorgung berichten. Und natürlich können wir nicht die Zeit zurückdrehen, wird die Geschichte bleiben, wie sie war. Wir können aber unsere Sicht darauf verändern und die Fähigkeit unseres Gehirns nutzen, die es uns ermöglicht, uns unabhängig von Ort und Raum emotional in der Zeit zu bewegen. Albert Pesso beschreibt dies als Fähigkeit, auf verschiedenen Zeitebenen gleichzeitig fühlen zu können. So können wir hier sitzen und an eine aufregende Begegnung in der Vergangenheit denken. Der Körper produziert sofort ähnliche Gefühle wie damals in jener Situation. Wir wissen aber, dass wir uns im Hier und Jetzt befinden und »nur« eine Erinnerung haben.[28] Während wir also Zeuge werden, wie der Urgroßvater, als Kind mit einer idealen, liebevollen Mutter ausgestattet, zum Leben erblüht, fühlen wir uns in ihn ein, so wie wir das normalerweise mit unserem Gegenüber tun. Wir fühlen hier im Jetzt, was der Urgroßvater in einer hypothetischen Vergangenheit 1897 erlebt. Wir sind tatsächlich auf einer Zeitreise, aber nicht wir versorgen ihn, wir werden lediglich als Zeugen emotional berührt, wie er von genau der richtigen Person zur richtigen Zeit ideal und passgenau versorgt wird. Das genetische Gedächtnis wird, so stellen wir uns das jedenfalls vor, rückwirkend emotional (also auch mit einem neuen Stoffwechselcocktail aus Glückshormonen) geflutet. Oft ist der gesamte Seminarraum von dieser Heilenergie erfüllt. Die körperliche Erfahrung verankert dieses Erlebnis im Gehirn, wo es als »Alternative« zur alten Erinnerung abgespeichert wird. Bei der eigenen Versorgung am Ende der Arbeit mit der Botschaften-Reihe wirkt das so über die Generationen weitergegebene Heilserum und macht es uns möglich, die Erfahrung des heilenden Gegenbildes mit ideal versorgten Eltern – die jetzt die Eltern sein können, die wir gebraucht hätten – emotional zuzulassen. Jede Zelle des Körpers erlebt diese neue, heilende Energie, den sichtbaren Kraftzuwachs, die Entspannung der Muskeln, die einfach loslassen dürfen, ein Körper, der nehmen darf, zulassen darf, sich hingeben darf. Die stimmige Antwort auf bisher unbeantwortete Bedürfnisse wird glaubhaft, weil die Mutter, der Vater in dieser Arbeit als ebenso versorgt erlebt wurden. Indem wir teilhaben und nun heile Eltern als die unseren umfassend, annehmend begreifen, wird auch unser Potenzial durch die Zuversichtsperspektive, die sich offenbart, erweckt.

Die weibliche Ahnenreihe – die männliche Ahnenreihe

Die Aufstellungsarbeit der Ahnenreihen basiert auf der Integration verschiedener Aufstellungstechniken, wie die der Systemischen Familienaufstellung, der Systemischen Strukturaufstellung und der von uns entwickelten, auf dem Hintergrund der Theorie vom Generation-Code aufbauenden Aufstellungsform.

Vor Beginn der Aufstellungsarbeit wird in einer angeleiteten Imagination ein Treffen der männlichen oder weiblichen Ahnenreihe an einem bestimmten Ort, von dem man sich überraschen lassen soll, »arrangiert«. Der Protagonist beobachtet hier die Kommunikation und Interaktion zwischen den Generationen sowie die der einzelnen Ahnen mit sich selbst, wobei auch Botschaften und/oder Prämissen »gehört« werden können. Hierzu wird dann ein Bild erstellt, das vor dem Start der Arbeit den Rollenspielern und restlichen Gruppenmitgliedern gezeigt und erklärt wird.

Wie in Kapitel 4 bei der Darstellung der Fallvignette angerissen, bevorzugen wir bei der Bearbeitung und Befragung der gleichgeschlechtlichen Ahnenreihe eine Stuhlformation, bei der die Generationsvertreter, also die männliche oder weibliche Ahnenreihe hintereinander auf Stühlen Platz nehmen, so wie die Ahnen einer aus dem anderen »hervorgegangen« sind. Dort fühlen sie sich in die Position ein, während der Protagonist sich hinter jeden Vertreter stellt und in Ich-Form die bewussten, sowie aus dem Unbewussten auftauchenden Informationen über den jeweiligen Ahnen, seine Lebensumstände, die Legende über dessen Charakter, dazugehörige Mythen und Verschiedenes mehr zum Besten gibt. Anschließend geben alle ihre intuitiv wahrgenommene und in ihnen auftauchende Botschaft weiter, die sie an ihren Sohn oder ihre Tochter, an den Urenkel oder die Urenkelin und an den Enkel oder die Enkelin richten. Hier wirkt die Fähigkeit der »repräsentierenden Wahrnehmung«, die es den Rollenspielern offensichtlich ermöglicht, als systemfremde Personen Gefühle oder Körperempfindungen wahrzunehmen, die zum Thema des Aufstellers passen und sogar in Empfindungen, Haltungen und Denkweisen überzeugend stimmig erscheinen (siehe auch Kapitel 13).

Um deutlich zu machen, dass diese Botschaften immer und ständig in uns wirken, auch wenn wir dies nicht merken, lassen wir die Ahnen gleichzeitig im Chor sprechen. Der reaktive Impuls des Protagonisten, wie auch immer er ausfällt, lässt eindeutige diagnostische Schlüsse zu, die den weiteren therapeutischen Umgang bestimmen und in enger Abstimmung mit dem Klienten ausgeführt und begleitet werden. So passiert es, dass sich ein Protagonist plötzlich energielos und gelähmt und von den Botschaften wie »gefesselt« fühlt. Oft »erkennt« jetzt der Protagonist Zusammenhänge, die ihm so vorher noch nie bewusst waren. Eine kurze Erfahrung dieses Zustands reicht jedoch, um einen neuen Schritt zu wagen. Vom Therapeuten unterstützt, führt nun der Protagonist von Generation zu Generation, lässt mithilfe der Rollenspieler und seiner eigenen Erkenntnisse die Lebensumständen der jeweiligen Ahnen wach werden und erlebt, wie diese prompt und ressourcenfokussiert durch heilende Gegenbilder ersetzt werden.

Oft ist der Protagonist erstaunt über seine emotionale Anteilnahme am Schicksal seiner Vorfahren und versteht auf einer tieferen Bewusstseinsebene, wie sein eigenes Lebensthema mit den Lebenserfahrungen dieses Vorfahren zusammenhängt. Es wird jedoch nur so lange im Leid »verweilt«, wie es für diesen wichtigen Erkenntnisprozess notwendig ist, um dann rasch mit der idealen Versorgung des Ahnen zu beginnen und Schritt für Schritt die Erstellung des Heilserums voranzutreiben.

Die Ahnenreihe des gegengeschlechtlichen Elternteils

Der wesentliche Unterschied zur eben beschriebenen Aufstellung besteht bei der Ahnenreihe des gegengeschlechtlichen Elternteils darin, dass die vorhin geschilderte, unbewusste, »zugeteilte« Rollenübernahme auch in der Imaginationsanleitung eine Rolle spielt. Um das zu verdeutlichen und erlebbar zu machen, soll sich vorgestellt werden, dass die Weitergabe eines Päckchens (einer Mitgift) im steten Wechsel der Geschlechter geschieht. Also stellt sich der Mann vor, er erhält es von seiner Mutter, diese von ihrem Vater (seinem Großvater mütterlicherseits), dieser von seiner Mutter (der Urgroßmutter mütterlicherseits) und so fort. Die Frau stellt sich die Ahnen und Ahninnen väterlicherseits genauso vor: den Vater, seine Mutter, deren Vater, dessen Mutter etc. Auf das anschließend erstellte Bild werden dann unter Umständen auch aufgetauchte Partner gemalt. Wir haben festgestellt, dass diese, wenn sie sich in der Imagination zeigen, oft eine wichtige Bedeutung in Bezug auf die gegengeschlechtliche Ahnenreihe haben und deshalb einen Platz bekommen müssen. Die bildliche Darstellung des erwähnten Päckchens und auch seine Art, von hinten nach vorn zum Protagonisten zu gelangen, sind ebenfalls wesentlich, und eine weitere Intervention nach der Imaginationsübung besteht darin, das imaginäre Päckchen körperlich zu erfahren und sich vorzustellen, was in ihm verpackt zu sein scheint. Dies ermöglicht den Betreffenden eine leibliche Erfahrung mit der »Last«, die sie geerbt haben, und enthüllt nicht selten psychosomatische Beschwerden wie Rückenschmerzen oder spezielle somatische wie psychische Belastungen, die bereits über einen längeren Zeitraum, manchmal schon in vorherigen Generationen bestanden (siehe hierzu auch Kapitel 4).

Manchmal sind es auch wunderbare Schätze, die im Päckchen weitergereicht werden, die aber nicht oder nur im Dienste der Ahnenversorgung genutzt werden dürfen. Wenn noch ein zweites Päckchen wie in unserer Fallvignette dazukommt, kann es wichtig sein, dass sich jemand in beide Päckchen einfühlt und die jeweilige Botschaft entschlüsselt wird.

Der Therapeut oder Leiter der Sitzung erhält ebenfalls wichtige Informationen über den transgenerationalen Prozess der Weitergabe und seine tiefere Bedeutung für den Protagonisten.

Hier stellen wir nun, die Szene, so wie sie aufgemalt worden ist, mit allen Personen, aber auch ihren abstrakten Elementen auf, um den komplexen, unübersichtlicheren Vorgang zu erfassen. Neben Symbolhaftem wie einem Fluss oder einer Standuhr können auch Nacktheit einer Person oder der um eine Person gemalte goldene Lichtschein aufgestellt und ebenfalls mit einer Person besetzt werden, die sich hier einfühlt. Der Einfluss dieser Elemente auf das System ist oft sehr wichtig und kann so deutlich werden. Wie bei der gleichgeschlechtlichen Ahnenreihe stellt sich auch hier der Protagonist hinter die Rollenspieler und berichtet in Ich-Form über die entsprechenden Ahnen.

Wieder werden die von den Repräsentanten in den Rollen oder abstrakten Elementen wahrgenommenen Gefühle, Körperwahrnehmungen, Denkweisen oder Impulse als Botschaft formuliert und gemeinsam ausgesprochen. Das weitere Vorgehen ähnelt der Arbeit mit den gleichgeschlechtlichen Ahnen, wobei der Aspekt des weitergereichten Päckchens eine besondere Rolle einnimmt. Auch hier hat sich jemand eingefühlt und eine Botschaft ausgesprochen.

Bei dem anschließenden Aussprechen der Botschaften kann es manchmal unverhofft zu überraschenden Bewegungen kommen, wie zum Beispiel, dass abstrakte Elemente wie Wälder, Meer oder gar symbolträchtige Gebilde wie Stonehenge manchmal gar in Ermangelung von aufgetauchten Menschen in den Prozess integriert werden müssen.

Die Ahnenreihe des gegengeschlechtlichen Elternteils in seiner konkreten Anschaulichkeit und Bedeutung ist den genauen Schilderungen der umfangreichen Fallvignette in Kapitel 4 zu entnehmen.

9 Das Opfer für Mutter und Vater

Bei aller Hingabe des Kindes, das versucht, das Schicksalsrad zugunsten seines Clans zum Guten zu drehen, ist es unausbleiblich, dass es dafür Opfer bringt. Teile seiner Persönlichkeit können sich dadurch nur kümmerlich oder gar nicht richtig entfalten, vergleichbar mit einem Garten, in dem bestimmte Pflanzen sich raumgreifend vermehren und die anderen verdrängen oder in den Schatten stellen. Dabei kommt es unweigerlich dazu, dass das Selbst in seiner Entfaltung und Entwicklung beeinträchtigt wird. Zu dem, was es eigentlich geworden wäre, kommt es so nicht. Zu groß ist seine Abhängigkeit, zu existenziell sein Angewiesensein auf Eltern und Bezugspersonen, denen es gut gehen muss, damit das Kind erhält, was es braucht.

Wie in den vorangegangenen Kapiteln erläutert, ist das leidenschaftliche Unterfangen des Kindes, die Eltern zu stärken und zu heilen, eine kräfteraubende Sisyphusarbeit, und es »bedient« sich der kindlichen Grandiosität, um der Ohnmacht zu entfliehen. Das Kind erlebt sich so nicht als Opfer, alles ist ihm möglich – und da verzichtet das eine gar auf seine (seelische) Geburt, um durch seine »fehlende Existenz« die Eltern vor Überforderung, auf welchem Gebiet auch immer, zu schützen. Das hat zur Folge, dass die komplette Selbstverleugnung zum Schutz des Selbst perfekt aufgebaut und ein

Scheindasein kreiert werden muss. Ein anderes schützt Mutter/Vater mit dem Verzicht auf Selbsterkenntnis und eigene Profilierung, um die Größe, die ersehnte Orientierung und erwachsene Überlegenheit nicht »anzukratzen«. Und selbst der gern gesehene Sonnenschein, das Kind, das immer lacht und dem es doch eigentlich gut gehen müsste, steht hier im Dienste der Eltern und Ahnen. Wenn sie nur stabilisiert werden können, während das Kind so fröhlich und zufrieden erscheint, wird es seine traurigen, unzufriedenen oder aggressiven Seiten verleugnen beziehungsweise als gesunde Schutzmechanismen gar nicht erst entwickeln.

Eine Fülle verschiedenster Lösungen und das Erfinden teilweise kurios anmutender Symptome, ganz individuell ausgeprägt, werden perfekt geformt und ausgestaltet. Das Fatale ist: Je mehr ein Kind sich in dieser Weise verausgabt – und das ist eine Gesetzmäßigkeit –, desto weniger kann positiv Nährendes aufgenommen werden. Die Grandiosität ermöglicht manchem Kind, ein Scheinbild von sich zu entwickeln, indem es nichts braucht, sich selbst alles ist und eine Pseudoautonomie entwickelt, mit der es sogar gelingt, glücklich zu sein. Doch wird dieser Mensch später für andere unerreichbar, ein in sich abgeschlossenes System sein. Bei anderen kommt es zu einer immerwährenden Opferhaltung, die später auch der Erwachsene in Form von Projektionen auf die Umwelt verschiebt und mit »passenden«, bestens »geeigneten« Personen fortsetzt. Wer kennt sie nicht, die chronisch Zu-kurz-Gekommenen? Es bildet sich ein Teufelskreis (vergleiche das Stichwort Negativversorgung – Anstreben des *Negative Click of Closure* mit dem Ergebnis einer sogenannten »idealen Opferidentität)«.

Auch wenn hier vielleicht der Eindruck entsteht, jeder sei von Geburt an ein Opfer seiner in ihm Ohnmacht auslösenden Eltern, sozusagen nicht in der Lage, sich zu einem glücklichen Menschen zu entfalten, muss verstanden werden, wie archaisch sich dieser Konflikt von existenzieller Abhängigkeit und dem Drang nach Entfaltung auf die Identitätsbildung auswirkt. Die Fähigkeit des Menschen, glücklich zu sein, besteht ja nicht darin, ständig euphorisch und gut drauf zu sein. Sie besteht in der Fähigkeit, mit allen Gefühlsfacetten im Einklang zu sein, also lebendig, fühlend, ob angenehme oder unangenehme Gefühle. Ein glücklicher Mensch muss seine Trauer oder Angst nicht verleugnen, und seine wahre Stärke liegt darin, dass er schwach sein darf. Er kann die Nähe einer intimen Beziehung zulassen, die Abhängigkeit einer Liebesbeziehung eingehen, da er den anderen nicht als Ersatz für das eigene Ich braucht und auch bei Trennung und Verlust nicht verloren geht. Doch meist hat das Kind genau das geopfert, was es braucht, um wirklich glücklich zu sein. Es fehlt ihm ein Teil seines Selbst, und im Laufe des Lebens wird sein Verlust immer stärker spürbar sein.

Sich das geopferte »Selbst« zurückzuholen, fühlt sich wie ein Verrat an Mutter und Vater an. Es ist der Moment, in dem die Auflösung des Treuevertrages am deutlichsten spürbar wird. Die Begriffe Mutter»mord« und Vater»mord« erfahren hier im Erleben ihre Berechtigung. Für das Individuum scheint es so, als würde es mit dem Entzug seines erbrachten Opfers, seines Verzichts, die betreffende Elternfigur umbringen. Die reale Vater- beziehungsweise Mutterlosigkeit, die im Erwachsenenleben ein zu akzeptierender Fakt ist, wer will sie schon? Das Akzeptieren der Tatsache, ein abgegrenztes Einzelwesen zu sein, also allein zu sein, wer will das schon? Dennoch ist es für die Reifung der Persönlichkeit und ihrer Authentizität und Verantwortlichkeit für das eigene Leben unverzichtbar, genau das zu leisten.

Das erbrachte Opfer identifizieren und als das Ureigene reintegrieren

Für eine Unterbrechung dieses dramatischen, auf Dauer destruktiven Geschehens erfanden wir die Intervention der Opfer-Arbeit als wichtigem Baustein im Gesundungsprozess der Stammbaumwurzeln. Mit Hilfe einer gelenkten Imagination kann der Protagonist in tiefer Entspannung sein erbrachtes Opfer für Mutter und/oder Vater symbolisch auftauchen lassen.

Oft kommt es vor, dass die Beteiligten ihr aufgetauchtes Symbol nicht gleich deuten können, das unbewusste Wissen muss erst in einer explorierenden Arbeit erforscht und emotional erfahren werden.

Die Arbeit mit Triade und Zeitlinie

Um auf therapeutische Art und Weise eine Reintegration zu erreichen, haben sich zwei Formen als hilfreich und effektiv in ihrer Wirkung erwiesen: die Triadenarbeit und die Arbeit mit der Zeitlinie (Timeline, NLP).

Die Triadenarbeit

Der Begriff der Triade wurde von Salvador Minuchin[29] bekannt gemacht und bezeichnet das Beziehungssystem von drei Personen zueinander. Das primäre Dreieck Mutter-Vater-Kind spielt für die Entwicklung eines Menschen eine zentrale Rolle. Lebenslang werden alle Formen von Triaden (zum Beispiel Schule-Lehrer-Schüler/Bruder-Schwester-Vater/Oma-Mutter-Tochter usw.) gebildet und von dieser ersten Erfahrung geprägt sein. Auch Themen wie Sexualität, Tabu, Sünde oder Rollen wie Opfer, Retter, Täter entfalten eine ganz besondere Dynamik. Übertragungen und Projektionen aller Art haben hier ihren Ursprung

In einer Triade kann es leicht zur Bildung von Allianzen und Koalitionen kommen, oft geschieht es, dass sich zwei verbünden und sich das gegen die dritte Position/Person richtet und Letztere somit Gefühle von Ausgeschlossensein entfaltet. Positionen und Personen können dabei natürlich auch je nach Funktionsnotwendigkeit und Perspektivveränderung wechseln. In der Systemischen Aufstellung kann man statt Personen auch abstrakte Elemente aufbauen, um zum Beispiel Erkenntnisse darüber zu erlangen, wie ein

Symptom – oder wie in unserem Fall ein für Mutter oder Vater erbrachtes Opfer – sich auf diese Beziehung auswirkt. Dabei ist die Wechselwirkung genauso wichtig wie der Perspektivenwechsel beim Einnehmen der unterschiedlichen Positionen. Hierbei sammelt der Protagonist nicht nur wertvolle Erkenntnisse, sondern erhält die Möglichkeit, die hinter der Beziehungskonstellation versteckten und verdeckten Konflikte aufzuspüren. So kann es zum Beispiel sein, dass eine Mutter sich mit ihrem Kind gegen den Ehemann verbündet und es damit für einen von ihr nicht gelösten Paarkonflikt »benutzt«.

Wir haben die Triadenarbeit bei Professor Martin Kirschenbaum, einem amerikanischen Psychologen und Psychotherapeuten mit europäischen Wurzeln, der sich besonders um die Aspekte der gesunden Wachstumsimpulse bemüht und die wachstumsorientierte Paar- und Familientherapie weiterentwickelt hat, kennengelernt. Als angehende Familientherapeuten in Ausbildung durften wir seine fantastische und bewegende, erlebnisorientierte familientherapeutische Arbeit erleben und erlernen. Später hat Ingrid Alexander auch mit ihm als Assistentin zusammengearbeitet und anschließend viele Jahre in seinem Lehrinstitut als Supervisorin und Lehrtherapeutin mitgewirkt. Er war zudem Traumaexperte und entsprang der Palo-Alto-Schule, an der auch Virginia Satir lehrte, die bekannte Begründerin und Pionierin der Familientherapie. So lehrte er uns beispielsweise die Arbeit mit dem unbewussten Dreieck, das auf dem analytischen Gedanken beruht, dass sich nach den ersten »wilden« Entwicklungsjahren im Alter etwa von acht bis 14 eine ruhigere Latenzphase anschließt, in der sich Strukturen setzen, die später mithilfe dieser Methode in einer Entspannungsversenkung »angezapft« werden können. Dabei können wichtige Hinweise für den Wachstumsschritt im Hier und Jetzt erfahren werden und auch der Zusammenhang von individualpsychologischen Entwicklungsprozessen mit dem System Familie und dessen Einfluss auf die Persönlichkeitsbildung hergestellt werden. Wir entstehen aus der Vereinigung von zweien und ergeben ein Drittes. Fritz Perls, der Begründer der Gestalttherapie, hat mit seinen verschiedenen Stuhltechniken weitreichend alle möglichen Therapeuten und weiterentwickelten Konzepte maßgeblich beeinflusst, weil sie so hilfreich und klarheitsfördernd Strukturen, Positionen, Rollen, Ego States etc. sicht- und (er-)fühlbar machen.

So werden für diese Arbeit drei Stühle in Form eines gleichschenkligen Dreiecks im Raum aufgestellt. Einen für den Protagonisten, einen für Mutter oder Vater und einen für das Opfer, das in Form eines Symbols »Platz nimmt«. Mit dabei ist sein ausgewähltes Symbol für das in der vorherigen Arbeit erfahrene Heilserum. Dies ist insofern von Bedeutung, da es die Arbeit mit dem Opfer und der neuen Entscheidung, es zurückzunehmen, erleichtert und die aufkommenden kindlichen Schuldgefühle mildert. Die hat es nämlich, weil es jetzt mit dem Schmerz des Verlustes in Berührung kommt und sich damit konfrontiert und ihn endlich bewältigen will. Das Heilserum dient dabei als Ressource und aktiviert die körperlich erlebte, neu erworbene und implantierte Erinnerung an das, was damals hätte da sein müssen – die nachträgliche, aber auf der Zeitebene im richtigen Alter aufgenommene ideale Versorgung. Das alte Leid noch einmal vor Augen kann der Protagonist jetzt auch die Alternative wahrnehmen und die ideal versorgten Eltern ganz anderes reagieren und handeln sehen. Die Angst, einen »Mord« an Mutter oder Vater zu verüben, wenn es sich selbst entwickeln würde, so wie es das Kind einst befürchtet hatte und den es durch sein Opfer verhindern wollte, relativiert sich und schrumpft altersentsprechend auf ein normales Maß zurück. Der Mount Everest wird zu dem Maulwurfshügel, der er jetzt ist.

Die arbeitende Person nimmt nun, auf dem Stuhl sitzend, den sie für sich ausgewählt hat, Kontakt damit auf, was die Existenz in dieser Triade bei ihr auslöst. Nacheinander fühlt sie sich auch in die anderen Positionen ein. Sie wird dort dann interviewt und therapeutisch geleitet. Es werden sowohl systemische Perspektiven in ihrer Wirkung auf das Individuum als auch das intrapsychische Geschehen in Augenschein genommen und ausgewertet. Manchmal kann es vorkommen, dass an dieser Stelle noch einmal eine ideale Nachversorgung eingebaut werden muss, damit das erbrachte Opfer zurückgenommen und der Teil, der die Eigenverantwortung des Elternteils anspricht, in erwachsener Form zurückgegeben werden kann. Nicht selten taucht die Beziehung des Elternteils zu einem seiner Elternteile auf, von dem er schwer verletzt wurde. Meist wird dies auf dem »Opferstuhl« deutlich, und so kann es zum Beispiel vorkommen, das der Protagonist sich seiner Entschädigungsbemühungen für diese Person bewusst wird beziehungsweise erkennt, wie viel er deshalb von sich selbst aufgegeben hat.

Die passgenaue therapeutische Begleitung erfordert den Einsatz unterschiedlichster Methoden (Gestalt-, Familien-, Körper-, Hypnotherapie etc.).

In einer sehr berührenden Arbeit nimmt am Ende der Protagonist sein Opfer wieder zurück und lässt damit das, was wir Mutter«-mord« und Vater«mord« nennen, zu. Der Schmerz darüber, Mutter und Vater doch nicht retten zu können, wird trotz der in der Botschaften-Reihe erlebten Elternversorgung noch einmal spürbar. Gleichzeitig fühlt der Protagonist die Trauer darüber, so lange auf diesen Teil seines Selbst verzichtet zu haben. Das Opfer nun wieder ganz zu sich zu nehmen, ist ein großer Schritt in Richtung Autonomie, der bislang aus besagten Gründen nicht möglich erschien. Diese Ganzwerdung ist ein fast »heiliger Moment«, der Heilung durch das Loslassen des blockierenden Treuevertrages ganzheitlich spürbar werden lässt.

Die Arbeit mit der Zeitlinie

Die Methode der Timeline-Arbeit ist als therapeutische Technik bereits seit den Siebzigerjahren bekannt, und zwar durch die beiden Pioniere John Grinder und Richard Bandler, Begründer des Neurolinguistischen Programmierens (NLP). Zudem entdeckte der Hypnotherapeut Tad James in den Achtzigerjahren zufällig, dass die bloße Vorstellung der Zeitachse genügt, um eine therapeutische Wirkung zu erzielen, und dass die zu einem Ereignis gehörenden negativen Emotionen verschwunden waren, wenn eine bestimmte Position über der Zeitachse überschritten wurde. Laut Tad James sowie Bandler und Grinder organisiert jeder Mensch seine Erinnerungen in der Zeit auf einer Art Linie, der Zeitachse (Timeline), die, im Raum dargestellt, dem Protagonisten dabei hilft, Erinnerungen beziehungsweise Prägungen zeitlich zuzuordnen und durch ressourcenfokussierte Arbeit positiv zu verändern. Beim »Change History«, wie diese Veränderung genannt wird, geht es darum, statt der Version, wie es in der Vergangenheit tatsächlich war, die Version, wie es hätte sein können, wenn man damals schon die Ressourcen von heute gehabt hätte, sozusagen rückwirkend mithilfe der Progressionstechnik einzuspeichern.

Unsere Arbeit mit der Zeitlinie ist eine Abwandlung der Timeline-Arbeit. In unserer Version wird das Heilserum, als Symbol und körperlich verankert, mit auf die Reise in die Vergangenheit genommen, um Station für Station die Situationen noch einmal bewusst wahrzunehmen. Vor allem jene Momente, in denen es besonders gravierend war, wie sich die für Mutter oder Vater geopferten Persönlichkeitsanteile auf eigene Entscheidungen und die Lebensgestaltung prägend ausgewirkt haben, können jetzt mit der neuen Energie des in der Botschaften-Reihe erworbenen, selbst »gebrauten« Heilserums durchflutet werden. Das Symbol für das erbrachte Opfer und das Symbol für die für den gegengeschlechtlichen Elternteil bisher übernommene Rolle werden ebenfalls mitgenommen.

Zuvor wird der Protagonist aufgefordert, im Raum zu bestimmen, wo seine Vergangenheit und wo seine Zukunft angesiedelt ist. Mit Hilfe von Klebeband oder Kreide markiert er dann seinen Lebensweg in Form einer Linie, die in seiner Vergangenheit beginnt, wobei betont wird, dass man nie wissen kann, wie weit diese, das Opfer betreffend, zurückliegt und in seine Zukunft führt, ebenfalls mit dem Hinweis, dass deren Ende ungewiss ist. Diese Linien fallen sehr unterschiedlich aus und geben nonverbal Auskunft über einschneidende Veränderungen, Abbiegungen, Art und Weise von individuell Verarbeitetem etc.

Der nächste Schritt beinhaltet den Start rückwärts in die Vergangenheit und beginnt auf der eigenen Zeitlinie in der Gegenwart. Von der Seminarleiterin, dem Seminarleiter begleitet, geht es in die Vergangenheit, wo Erfahrungen und Erlebnisse wieder auftauchen, in denen das Opfer spürbar erbracht und die Rolle »gespielt« wurde, bis zu dem Zeitpunkt, wo es das erste Mal geschah. Unterwegs ist es dann oft immer wieder nötig, wegen des Aufkommens teilweise heftiger Gefühle, sich des Heilserums samt des Ortes im Körper, wo es verankert wurde, bewusst zu werden.

Wie zwischendrin schon immer wieder angeklungen und erläutert, ist der Einbezug des Körpers mit körpertherapeutischen Methoden von immenser Bedeutung, da kein Gefühl, das wir als Menschen empfinden, ohne eine Resonanz und körperliche Reaktion vonstattengeht. Unser Körper ist der materialisierte Verankerungsort. Das mitgenommene Symbol und die spürbar gewordene Körperzone können durch Berührung emotional aktiviert werden und wirken dann beruhigend. Wenn der Punkt auf der Zeitlinie erreicht und es spürbar ist, dass dies die Situation ist, wo das Opfer das erste Mal erbracht wurde, werden dort vorher ausgewählte Rollenspieler für Mutter und Vater aufgestellt. Der Protagonist dreht sich um, und nun folgt der Akt der bewussten Zurückgabe der Rolle sowie der Zurücknahme des Opfers. Am Ende soll es so sein, dass die Eltern, in diesem Fall natürlich bevorzugt der gegengeschlechtliche Elternteil – inzwischen ja ideal versorgt –, den Segen für das Fortschreiten ihres Schützlings auf seinem Lebensweg in authentisch autonomer Form erteilen. Damit ausgestattet wendet sich dieser um und lässt, in Richtung Zukunft gehend, alle Geschehnisse von dieser neuen, idealen Anreicherung durchfluten, bis er wieder im Jetzt angekommen ist. Ein Schritt in die Zukunft darf von dort aus noch gemacht werden, um schon erspähen zu können, was mit dieser neuen Daseinsform sich an Möglichem auftut. Den Abschluss bildet dann die Benennung eines Wunsches, eines Impulses: was jetzt gut wäre, zu erfahren oder zu tun. Kürzlich war es zum Beispiel der Wunsch einer Protagonistin, gemeinsam mit der Gruppe zu dem Lied »Für mich soll's rote Rosen regnen« von Hildegard Knef zu singen und zu tanzen.

Dieser kleine Wachstumsimpuls wird auf diese Weise leiblich erfahren und zieht somit als neue Erfahrung fest verankert in die Gedächtnissysteme des Gehirns ein.

Während die Triaden-Arbeit dabei hilft, die Bedeutung des Symbols für das erbrachte Opfer herauszuarbeiten und dem Bewusstsein zugänglich zu machen, fokussiert die Arbeit mit der Zeitlinie mehr die Bewusstwerdung jener Situationen und Momente, in denen der Protagonist als Erwachsener und früher als Kind das Opfer erbrachte, also auf diese Seiten seiner Persönlichkeit verzichtete. Beide Arbeiten sind sehr hilfreich und ermöglichen die Integration des bisher Ausgelagerten.

Der Verrat an den Eltern

Was hat es mit dieser radikalen Formulierung des Mutter- oder Vater»mordes« nun auf sich, die wir ursprünglich gewählt haben, um das dramatische Geschehen – das Entlarven des Generation-Codes, die Entdeckung des darauf aufbauenden Loyalitätsvertrages mit seiner überaus bindenden, das Leben maßgeblich bestimmenden Auswirkung sowie mit der bewussten Kündigung desselben – angemessen auszudrücken?

Wir haben in der konsequenten Anwendung unseres Konzeptes durchweg die Erfahrung machen können – übrigens auch an uns selbst –, dass das Auflösungsbestreben des beschriebenen Treuevertrages dem Gefühl entspricht, als würde man Mutter/Vater ermorden und ihnen den Dolch ins Herz stoßen. Der Eindruck, man würde sie verraten, breitet sich bedrückend, das Gewissen belastend, aus. Hier muss sorg- und achtsam therapeutisch vorgegangen werden. Schließlich ist ja innerlich die sicherheitspendende Gewissheit entstanden, dass mit dem Einhalten des Vertrages eine Überlebenschance sowohl für die Gemeinschaft der Vorfahren als auch für die daraus hervorgegangenen Eltern und das daraus entsprungene Individuum gegeben ist.

Die Erfahrung der ursprünglich existenziellen Abhängigkeit als Kind sitzt wie eingepflanzt in unserem Kern und macht oft die Vorstellung einer Mutter- oder Vaterlosigkeit selbst im Erwachsenenalter unmöglich. Selbst dann, wenn man, getragen von Selbstliebe, die Verantwortung für das eigene Erwachsensein übernehmen kann und will, fällt das Loslassen der Eltern in ihrer Funktion als Existenzgaranten schwer. Erst die Erkenntnis, dass eine Rückversorgung der Eltern eine ineffektive und energieverschleißende Tätigkeit und eine »Erlösung« der Ahnen nicht wirklich machbar ist, kann dabei helfen, sie in die wohlverdiente Pensionierung zu entlassen, und damit Energie und Kraft freisetzen. Eigenes Potenzial, Fähigkeiten und Qualitäten können dann endlich wertgeschätzt und in den eigenen Dienst gestellt werden. Erst wenn ich die Eltern loslasse und damit beginne, mich selbst zu »beeltern«, entsteht Selbstliebe. Wir meinen damit nicht die narzisstische Liebe, die das Selbst erhöht, indem sie andere herabsetzen muss. Wir meinen nicht den heute oft verbreiteten Egowahn, der Selbstliebe mit egoistischer Ellenbogenmentalität verwechselt und sich zunehmend ausbreitet. Wir meinen jene Liebe, wie sie in dem folgenden Text nicht deutlicher ausgedrückt werden kann und die das wahre, das unverstellte Selbst meint und es möglich macht, dass wir den anderen ebenso wahrhaftig lieben können.

Als ich mich wirklich selbst zu lieben begann[30]

Als ich mich wirklich selbst zu lieben begann, habe ich verstanden, dass ich immer und bei jeder Gelegenheit zur richtigen Zeit am richtigen Ort bin und dass alles, was geschah, richtig ist. Von da an konnte ich ruhig sein. Heute weiß ich, das nennt sich *Vertrauen!*

Als ich mich wirklich selbst zu lieben begann, habe ich verstanden, wie sehr es jemanden beschämt, ihm meine Wünsche aufzuzwingen, obwohl ich wusste, dass weder die Zeit reif noch der Mensch dazu bereit war und auch wenn ich selbst dieser Mensch war. Heute weiß ich, das nennt sich *Selbstachtung!*

Als ich mich wirklich selbst zu lieben begann, konnte ich erkennen, dass emotionaler Schmerz und Leid nur Warnungen für mich sind, gegen meine eigene Wahrheit zu leben. Heute weiß ich, das nennt man *Authentisch-Sein!*

Als ich mich wirklich selbst zu lieben begann, habe ich aufgehört, mich nach einem anderen Leben zu sehnen, und konnte sehen, dass alles um mich herum eine Aufforderung zum Wachsen war. Heute weiß ich, das nennt man *Reife!*

Als ich mich wirklich selbst zu lieben begann, habe ich aufgehört, mich meiner freien Zeit zu berauben, und ich habe aufgehört, weiter grandiose Projekte für die Zukunft zu entwickeln. Heute mache ich nur, was mir Spaß und Freude bereitet, was ich liebe und was mein Herz zum Lachen bringt, auf meine eigene Art und Weise und in meinem Tempo. Heute weiß ich, das nennt man *Ehrlichkeit!*

Als ich mich wirklich selbst zu lieben begann, habe ich mich von allem befreit, was nicht gesund für mich war, von Speisen, Menschen, Dingen, Situationen und von allem, das mich immer wieder hinunterzog, weg von mir selbst. Anfangs nannte ich das gesunden Egoismus, aber heute weiß ich, das ist *Selbstliebe!*

Als ich mich wirklich selbst zu lieben begann, hörte ich auf, immer recht haben zu wollen, so habe ich mich weniger geirrt. Heute habe ich erkannt, das nennt man *Einfach-Sein!*

Als ich mich wirklich selbst zu lieben begann, habe ich mich geweigert, immer weiter in der Vergangenheit zu leben und mich um meine Zukunft zu sorgen. Jetzt lebe ich nur mehr in diesem Augenblick, wo alles stattfindet. So lebe ich jeden Tag und nenne es *Vollkommenheit!*

Als ich mich wirklich selbst zu lieben begann, da erkannte ich, dass mich mein Denken armselig und krankmachen kann. Als ich jedoch meine Herzenskräfte anforderte, bekam mein Verstand einen wichtigen Partner, diese Verbindung nenne ich *Herzensweisheit!*

Wir brauchen uns nicht weiter vor Auseinandersetzungen, Konflikten und Problemen mit uns selbst und anderen zu fürchten, denn sogar Sterne knallen manchmal aufeinander und es entstehen neue Welten. Heute weiß ich, das ist *das Leben!*

10 Die Scheinidentität

Die Entwicklung der Scheinidentität ist uns nicht bewusst. Sie entsteht in einem kaum wahrnehmbaren inneren Prozess, der schon im Mutterleib beginnen kann. Durch unsere biologische Mitgift und die einzigartige Fähigkeit des Menschen, sich von Anfang an auf die Lebensumstände, die Bezugspersonen, die Umgebung mit allem, was dazugehört, einstellen zu können, läuft ein unbewusstes Programm zur eigenen Überlebenssicherung und der des Familienclans ab. Je jünger der Mensch, desto besser stellt er sich um, passt er sich an. Wir können dies gerade sehr eindrücklich bei den Kindern sehen, die mit oder ohne Familien aus ihren Heimatländern fliehen mussten und sich hier in einem neuen Land niederlassen wollen. Für eine bessere Zukunft sind sie bereit, vieles aufzugeben, und es werden kulturelle Veränderungen in ihren Familien passieren, die über Jahrzehnte nicht denkbar gewesen wären. Für diese Zukunft wird sich nicht nur angepasst, werden nicht nur Traditionen und Werte verlassen, es werden auch hinderliche psychische Prozesse, wie zum Beispiel die Folgen von erlebten Traumata, verdrängt, denn das Leben geht weiter.

Der Dokumentarfilm »Die Kinder von Aleppo« zeigt dieses Thema auf bedrückende und berührende Weise. Dazu reiste Reporter und Filmemacher Marcel Mettelsiefen undercover nach Syrien und

Die Scheinidentität

Das Kind mit seinem Bedürfnis nach „heilen“ Eltern übernimmt nicht nur die fehlende Rolle für den Elternteil, sondern entwickelt darüber hinaus diese fehlenden Anteile für sich selbst:

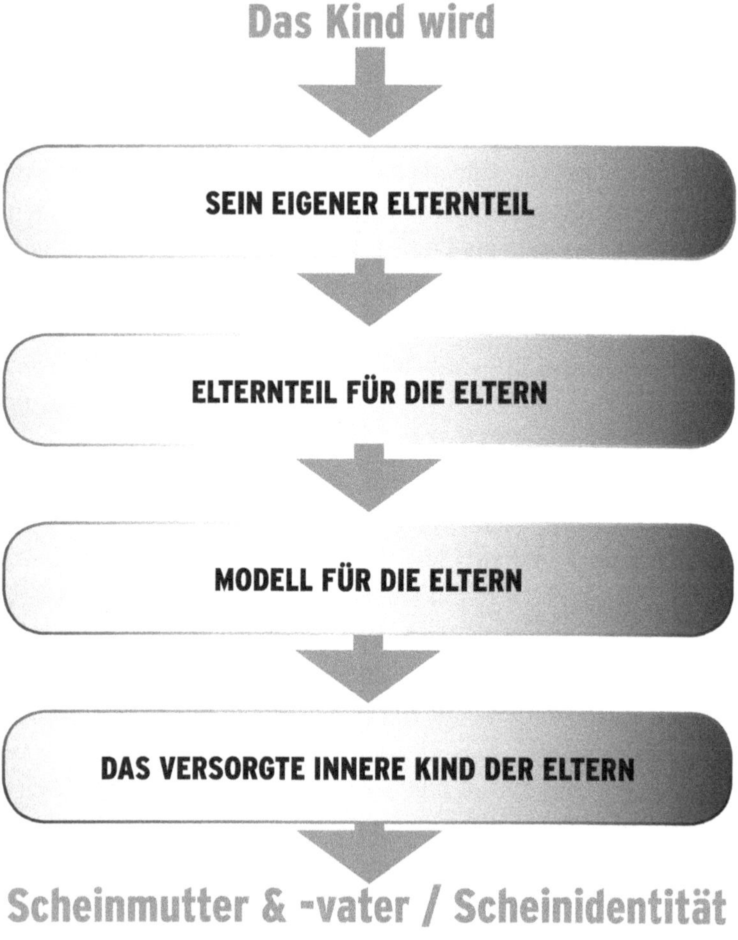

begleitete eine Familie über mehrere Monate bei ihrem Abschied aus der Heimat und auf ihrem Weg nach Deutschland. Für sein Werk erhielt er den Emmy Award und den Grimme-Preis 2015. So bringt die kleine Tochter ihrer Mutter morgens zwei Tassen Kaffee, da das Kaffee-Ritual zwischen dem Elternpaar eine fast heilige Zeremonie am Morgen darstellte und der Mutter jeden Tag das Herz aufs Neue bricht, weil das Schicksal des Vaters bis heute ungewiss ist. Die kleine Tochter fühlt, wie ihre Mutter den Vater so sehr vermisst, will ihn ihr so gern ersetzen. »Mutter ist nicht glücklich hier, aber wir«, sagen die Kinder. Sie werden ihre Mutter nicht zusätzlich mit der eigenen Trauer belasten, denn auch sie vermissen den Vater. Aber die Trauer hat nicht viel Platz, wenn man damit beschäftigt ist, neue Wurzeln zu schlagen, um eine neue Zukunft zu erschaffen. Auf unterschiedliche Weise versuchen die vier Kinder, nach vorne zu blicken, der Mutter den Vater zu ersetzen und ihr neues Leben selbst zu meistern.

Erst später im Leben oder manchmal erst eine Generation später bahnt sich das Nicht-Verarbeitete seinen Weg.

Das Kind füllt die Lücken

Wir gehen also davon aus, dass es ein tiefes Wissen in jedem Menschen darüber gibt, was er braucht, um ein zufriedenstellendes, glückliches und ausgewogenes Leben in Balance führen zu können. Wir nehmen an, dass es in jedem Individuum einen Kern gibt, der Ausdruck der Seele zu sein scheint und nach Vervollkommnung und Weiterentwicklung strebt (mehr dazu in Kapitel 10). Um seelisches Wachstum zu ermöglichen, werden dafür notwendige Überlebens- und Bewältigungsstrategien entwickelt. Das Kind weiß zudem auch, was die Eltern brauchen, um gute Eltern sein zu können.

Damit das Kind sich nicht verloren in der Welt fühlt, muss es die Mutter/den Vater groß sein lassen.

Die Erschaffung der Scheinmutter/ des Scheinvaters

Die sogenannte Scheinmutter oder der Scheinvater ist eine Konstruktion, ein Fantasieprodukt des Kindes, das aus seiner Not und dem Wunsch nach gesunder Entwicklung entsteht. Um die unzulänglichen oder belasteten Eltern zu scheinbar perfekten Eltern zu machen, wird für jede Lücke, jeden Mangel das Nötige erfunden, kreiert und ausgelagert. Die Konstruktion von Scheinmutter/ Scheinvater entsteht dadurch, dass man die Mutter/den Vater an ihrem/seinem schmerzlichsten Punkt der jeweiligen Biografie schont. Um ein Aufgehobensein in der Welt zu erreichen, werden defizitäre Elternfiguren unbewusst mit kindlicher Fantasie angereichert und damit vervollständigt.

Was im pathologischen Fall dazu führen würde, dass die Ich-Haut, also der Schutz um den inneren Kern eines Menschen, durchlässig ist, es keine, oder keine klare psychische Begrenzung zwischen dem Ich und dem Anderen gibt. Das kann bereits bei kleineren Störungen in den empfindlichen Entwicklungsphasen in jedem Menschen zu einer inneren Verwischung der Grenzen führen (siehe dazu Kapitel 2: »Wenn die Grenzen zwischen den Generationen verschwimmen«).

Die fehlenden Qualitäten, die man von den Eltern gebraucht hätte, beginnt man selbst auszufüllen und zu entwickeln. Die wichtigsten Elemente dieses »Ausgleichschutzes« sind die folgenden vier.

Das Kind wird zu seinem eigenen Elternteil

So entwickelt das Kind eine scheinbare Bedürfnislosigkeit, verschließt seine eigenen Wünsche und Gefühle in sich und beginnt, sich selbst zu versorgen. Dies geschieht natürlich auf unreife Art und Weise (Fixierung auf die jeweilige Altersstufe, wo der Mangel sowohl transgenerational als auch biografisch am gravierendsten war). Um die Eltern zu schonen, kommt es zu einer verfrühten pseudoautonomen Entwicklung, hinter der jedoch eine Blockierung der altersgemäßen Autonomieentwicklung verborgen bleibt. Im Beispiel der Flüchtlingsfamilie aus dem genannten Dokumentarfilm kann man dies eindrucksvoll sehen, wie unterschiedlich und je nach Alter, Geschwisterposition und Geschlecht hier die Kinder auf jeweils eigene Weise die Mutter schonen und sich selbst und sogar noch die Geschwister versorgen.

Es ist wichtig, derartige Prozesse als »normalen« Teil der menschlichen Entwicklung zu verstehen und zu begreifen, dass diese Fähigkeiten Überlebensstrategien sind, die das irdische Leben in unserer realen Welt ermöglichen. Trotzdem hat jede Überlebensstrategie ihren Preis, fordert sie ein Opfer, verhindert sie nicht die Narbenbildung an den Wurzeln. Und so schrumpft die Fähigkeit zu nehmen zunehmend und verhindert damit auch zukünftige Bedürfniserfüllung durch andere. Über Generationen hinweg führt dies zusammen mit neuen Erfahrungen in jeder Generation zu Vernarbungen und Verformungen der Stammbaumwurzeln. Das bedeutet, dass selbst unter äußerlich besten (Umwelt-)Bedingungen keine optimale Versorgung der Grundbedürfnisse geschehen kann, wenn die verletzten Wurzeln nicht ausreichend behandelt wurden.

Eltern für die Eltern

Durch eine Identifikation mit dem »verwundeten« Elternteil nimmt das Kind unbewusst an dem Versuch teil, die Eltern zu heilen. Das Kind »beeltert« die Eltern, nimmt die im Leben der Eltern fehlende Rolle für diese ein und versorgt sie auf jede erforderliche Weise, auch wenn es für die Aufgabe noch viel zu unreif ist. So versucht es, die Eltern zu trösten, emotional für Mutter oder Vater da zu sein. Die von den Eltern und Vorfahren im Kind deponierten »Seelenkapseln« beinhalten das unbewusste Wissen um alle Defizite, Verluste, Schulden und Traumata. Durch die Übertragung der für den Erwachsenen unerträglichen Gefühle auf das Kind entsteht in diesem sozusagen ein perfektes »Drehbuch« mit individueller Rollenbeschreibung, die es zu besetzen gilt. Hat der Elternteil beispielsweise als Kind eine wichtige Person verloren, wird die Tochter oder der Sohn versuchen, sie zu ersetzen. War es als Kind von den Eltern nicht gewollt, wird es auf einer bestimmten (psychisch-seelischen) Ebene nicht seinen Platz im Leben einnehmen. Konnte der Vater seinen Berufswunsch nicht umsetzten, wird das Kind dies für ihn versuchen. Oder wie im Beispiel der syrischen Familie versuchen die Kinder der Mutter den Ehemann zu ersetzen. Das Kind tut dies aus Liebe und voller Hingabe für seine Bezugspersonen. Doch da die Elternrettung nicht oder nur unmerklich gelingen kann, bleibt das Kind auch als Erwachsener auf seinen unerfüllten Bedürfniswünschen sitzen, fühlt sich als unzureichend und wird dies wiederum auf die eigenen Kinder, Partner und Freunde projizieren. Sein tiefes Verlangen, doch noch zu reifen, sich selbst zu entfalten, steht jedoch der als Kind erlebten Enttäuschung über nicht erfüllte Bedürfnisbefriedigung gegenüber. Der Treuevertrag mit den Eltern verhindert auch hier, dass Liebe gelebt und Glück spürbar wird.

Modell für die Eltern

Das Kind wird zum Vorbild für die Eltern und entwickelt modellhaft für diese Qualitäten und Fähigkeiten, die ihnen fehlen. Hiermit versucht das Kind, den Eltern zur Reife und Kompetenz zu verhelfen, damit diese zu den Eltern werden, die es für seine eigene gesunde Entwicklung gebraucht hätte. Erlebt beispielsweise eine Tochter ihre Mutter als dem Vater unterlegen, sieht, wie die Mutter von diesem dominiert wird und sich in die Opferrolle begibt, wird sie selbstbewusst dem Vater entgegentreten. Sogar auf die Gefahr hin, von ihm ebenfalls verletzt zu werden, »zeigt« sie nun der Mutter, wie sie dem Vater aufrecht und stark entgegentreten kann, und muss dabei ihre eigene Unterlegenheit als Kind verleugnen. Selbst wenn so ein Verhalten zu gefährlich ist, wird die Tochter Wege finden, die es ihr ermöglichen, hier anders als die Mutter zu sein. Durch die

Treue und das Gebot, die Mutter an ihrem wundesten Punkt nicht zu berühren, wird sie aber auch hier die Mutter nicht wirklich überrunden.

Oft haben wir beobachtet, dass Menschen später einen »Gegenentwurf« zur elterlichen Paarbeziehung wählen. Hier würde also eher die Frau den Mann dominieren, und trotzdem ist ihre Chance, glücklicher als die Mutter zu werden, gering. Sie wählt zwar einen schwachen Mann, anders als der Vater, langweilt sich aber vielleicht mit diesem. Der Kompromiss wird gelebt, aber die Sehnsucht nach einer erfüllten, reifen Partnerschaft bleibt genauso unerfüllt wie die der Mutter.

Das ideal versorgte Innere Kind der Eltern

Das Kind fungiert als Inneres Kind der Eltern, auf das diese jeweils das Bild ihres ideal versorgten Inneren Kindes projizieren. Sie versuchen auf diese Weise, den eigenen erlittenen Mangel zu kompensieren. Das Kind entspricht weitestgehend diesem Wunschbild auf Kosten der eigenen authentischen Selbstentfaltung.

Hatte die Mutter beispielsweise keinen Vater, der sie als Kind ausreichend hätte bestätigen können, wird sie viel Wert darauf legen, dies ihrer Tochter zu ermöglichen. Vielleicht sucht sie bei der Partnerwahl dann eher den Vater für die Tochter und damit auch für ihr eigenes unversorgtes Inneres Kind aus. Gelingt es diesem Mann nun, der gemeinsamen Tochter wirklich dieser ersehnte Vater zu sein, identifiziert sich die Mutter mit der Tochter und erlebt sozusagen stellvertretend die Versorgung ihres eigenen Inneren Kindes in der Tochter.

Die kleine Tochter, die diese Sehnsucht der Mutter spürt, nimmt sozusagen diese Rolle des ideal versorgten Inneren Kindes der Mutter ein, um die Mutter nachträglich zu heilen.

Obwohl natürlich hierbei tatsächlich eine gute Versorgung auch für die Tochter stattfindet, wird diese wie auch die Mutter nicht wirklich ausreichend satt. Es ist nicht die richtige Person zur richtigen Zeit mit der passgenauen Antwort für genau dieses Kind, sondern das Kind übernimmt in seiner Identität diese unversorgten Anteile der Mutter in sein eigenes Selbst. Dabei hat es ja diesen Vater, den die Mutter nie hatte – eine völlig andere Ausgangssituation als die der Mutter als kleines Mädchen. Für diese Rolle des ideal versorgten Inneren Kindes der Eltern muss man also Fähigkeiten, Eigenschaften und Persönlichkeitsanteile entwickeln, die man dann als eigene Identität begreift.

Bei all diesen Formen des Ausgleichschutzes für die Eltern bildet sich die sogenannte »Scheinidentität« heraus. Diese Identität steht aber kompensatorisch beziehungsweise komplementär in Bezug zu Mutter/Vater, das heißt in independenter Beziehung. Das bedeutet, dass die gesamte Persönlichkeitsentwicklung aus der Balance gerät. Verbiegungen und Verrenkungen entstehen, um dieses Dilemma auszugleichen.

Das Muster dieser Überlebenspriorität wird auf alle Lebensbereiche projiziert (Beziehungen, Beruf, die eigenen Kinder, Vorlieben …). Die Reifung der eigenen Persönlichkeit gerät ins Abseits, da sie nicht von Bedeutung erscheint.

Die Reintegration der ausgelagerten, in den Dienst der Elternrettung gestellten eigenen Anteile ist Ziel und Grundvoraussetzung, um die eigene Lebensenergie wieder für sich selbst zur Verfügung zu haben. So wird es erst möglich, zu werden und zu sein, wer man ist, und in guter Verbindung zu sich selbst verantwortungsvoll die Steuerung des eigenen Lebensschiffes zu übernehmen.

Scheinidentität und Burn-out – das neurotische Feuer brennt

Das Brennen des neurotischen Feuers, wie wir es nennen, sorgt dafür, dass wir uns selbst und den eigenen Körper ausbeuten und überfordern. Auch als Erwachsener will das omnipotente Innere

Kind in jedem Fall die Eltern retten und ihnen das für sie Nötige und Heilende bringen. Das Kind möchte die Antwort für seine Eltern sein, sie für ihr Leid entschädigen, um endlich selbst geheilt zu sein und reife Eltern zu haben. Dafür nimmt das Kind und später der Erwachsene anhaltenden Stress aufgrund von Überaktivität auf sich, nimmt keine Rücksicht auf den eigenen Körper, überhört ernsthafte Anzeichen, überfordert sich fortlaufend und sorgt nicht für die nötige Regenerierung. Nicht nur körperliche Grenzen werden hierbei überschritten, sondern auch psychische und seelische.

Das neurotische Feuer brennt durch die unerschütterliche Überzeugung des kleinen Kindes, das aus seinem Größenwahn heraus meint, alles hinbekommen zu können. Der Erwachsene verausgabt sich dann zum Beispiel beruflich oder in ehrenamtlichen Projekten, auf die er die Elternrettung projiziert hat. Aber auch gegenüber Partnern, Freunden und den eigenen Kindern kommt es dazu, dass eigene Grenzen immer wieder überschritten werden. Die Entfremdung vom Selbst sorgt dafür, dass der Erwachsene sich selbst ausbeutet und alles in den Dienst der Elternrettung stellt. Wir können uns leicht vorstellen, dass hier als Folge sowohl seelische und psychische als auch körperliche Symptome entstehen.

Oft können wir bei unseren Arbeiten beobachten, dass vor allem somatische Beschwerden oft einen direkten Zusammenhang mit den Familienthemen aufweisen. Wie zum Beispiel im Fall von Andreas und seiner Tochter Lisa, wo sich Kopfschmerzen, Bauch- und Magenschmerzen seit mehreren Generationen weiter »vererben«.

Neuere wissenschaftliche Forschungen zeigen immer deutlicher, wie sich seelische und körperliche Symptome und Verhaltensweisen von einer zur anderen Generation übertragen. Dies gilt vor allem für die sekundäre Traumatisierung/Traumaweitergabe. Eltern, die selbst traumatisiert sind oder starke Verlusterfahrungen erlebt haben, geben ihren Kindern, auch ohne selbst zu Tätern zu werden, ihre Verletzungen weiter, weil die Kinder dies bei ihren Eltern erspüren.[31] Da diese transgenerationale Weitergabe bereits in der frühesten Kindheit, insbesondere in den Bindungsjahren (null bis fünf) stattfindet, speichern diese Kinder die Seelenkapseln meist ohne bewusste Bilder oder verbalisierte Erinnerungen. Hier »erinnert« sich dann der Körper in Form von psychosomatischen Störungen (siehe auch das Kapitel *Liebe kann man vererben,* S. 35).

Überlegungen zu Identität und Scheinidentität

Mit dem Thema Identität haben sich im Laufe des letzten Jahrhunderts viele Wissenschaftler aus den verschiedensten Disziplinen sowie Dichter und Schriftsteller befasst. Hierbei kam es auch zu Kontroversen und Diskursen, diskrepante Standpunkte wurden eingenommen. Eine wesentliche Auseinandersetzung hat bis heute Relevanz und hatte ebenso Einfluss auf die Namensgebung »Scheinidentität« als einem Bestandteil unseres Konzepts. Hierbei handelt es sich um die Frage nach dem Unterschied zwischen dem Selbst und seinem Einfluss auf die individuelle Identitätsbildung mit wechselnden »Ich-Haftigkeiten«[32], beziehungsweise ob man überhaupt von einem einmaligen, unverwechselbaren Selbst oder Kern ausgehen kann. Oder aber man folgt der Vorstellung, dass sich ähnlich einer Zwiebel im Laufe des Lebens Schicht um Schicht ablösen lässt und am Ende nichts mehr übrig bleibt. Schon in der Antike und bei den alten Römern wurden hierzu unterschiedliche Meinungen vertreten. Letztendlich scheint es eine Glaubensfrage zu sein, an der sich die Geister scheiden.

Aufgrund unserer langjährigen professionellen und auch persönlichen Erfahrungen gehen wir davon aus, dass das Ich mit seinen unterschiedlichen steuernden Funktionen identitätsbildend fungiert und/aber als Teilfunktion des Selbst zu verstehen ist. Bei Nietzsche lesen wir dazu: »Werde der, der du bist!«, und bei Goethe: »[…] So mußt du sein, dir kannst du nicht entfliehen« und weiter: »[…] Und keine Zeit und keine Macht zerstückelt, geprägte Form, die lebend sich entwickelt.«[33] Das Selbst wird verstanden als ewige, unzerstörbare, innere Gestalt eines jeden Wesens (im Hinduismus »Atman«, in westlichen Gefilden »Seele«). Nach dem Motto »Stärke durch das Selbst dein Selbst« nehmen wir an, dass es in jedem Individuum einen Kern gibt, der Ausdruck der Seele zu sein scheint. Diese strebt nach Vervollkommnung des »noch Offenen« und hat in diesem Sinne eine Aufgabe zu erledigen. Nach unserer Auffassung gibt es deshalb immer neu die Chance, selbstwirksam und einflussnehmend seelisches Wachstum (Progression) anzusteuern, anstatt in einer Reinszenierung zu verharren.

Die Grundannahme einer »Scheinidentität«, wie wir sie genannt haben und wie sie im Folgenden noch genauer definiert und beschrieben wird, soll aufzeigen, in welcher Gebundenheit wir uns befinden und wie wir Lösungsmustern, die ursprünglich einmal im Sinne von Überlebens- und Bewältigungsstrategien notwendig waren, verhaftet bleiben. Mithilfe der erlebnisorientierten Methode, die wir im Umgang damit entwickelt haben, können Befreiung und Entfaltung geschehen, dem wahren Selbst »auf die Sprünge« geholfen werden. Ausgangspunkt ist dabei, dass die Zukunft wissen will, was die Vergangenheit hätte fragen sollen.

Im Folgenden möchten wir Ihnen ein Beispiel für die Folgen transgenerationaler Weitergabe von Leid und Verlust für die Entwicklung einer Scheinidentität bei der Urenkelin einer Familie deutscher Kriegsflüchtlinge näherbringen.

Die mächtige Eiche und die kleine Walderdbeere – eine Fallvignette

Wir haben uns dafür entschieden, anhand einer Fallvignette aufzuzeigen, wie der Bewusstwerdungs- und Achtsamkeitsprozess vor sich geht und wie damit Symptombildungen wie von Depression und Burn-out heilsam vorgebeugt werden kann.

Es handelt sich bei diesem Beispiel um eine jetzt 67 und damals 53-jährige Frau, die zunächst mithilfe einer meditativen Imaginationsanleitung eine Szene vor ihrem inneren Auge auftauchen lassen konnte, die verdeutlicht hat, worin sie ihre Mutter schützen und wie sie den schmerzlichsten Punkt im Leben ihrer Mutter unberührt lassen, ihm komplementär begegnen konnte.

Szene zur Schlüsselfrage: Gutmütige Eiche und süße Walderdbeere

In der Szene ist eine kleine, süße Walderdbeere als Mutter und eine gutmütige Eiche mit großen Wurzelfüßen als Tochter zu sehen. Die Umkehrung der Rollen ist offensichtlich. Es will schier unmöglich scheinen, diese Mutter als groß zu erleben, also muss sie großgezogen, führend an die Hand genommen werden. Mit äußerst überfordernder Anstrengung ist in diesem Fall die Tochter befleißigt, die Mutter zur Nachahmung zu motivieren, um damit die Großwerdung und Reifung der Mutter zu erreichen. In der folgenden weiteren Arbeit wurde klar, dass eine seit Jahrzehnten eklatante Mutterlosigkeit in der Ahnenreihe das Schicksal bestimmt hatte.

Die weibliche Ahnenreihe

Auch hierzu wurde eine bildhafte Szene imaginiert. Hier ist als »Endglied« in der mütterlichen Ahnenkette die betroffene Tochter als Waldschrat zu sehen, der den kindlich-grandiosen und unumstößlichen Beschluss fällt: »Die brauchen eine Mutter!« Wir haben es hier ganz eindeutig mit einer Rückwärtsversorgung zu tun, die typischerweise und gesetzmäßig erfolgt.

Die Urgroßmutter der Klientin, so berichtete diese, verübte Selbstmord, nachdem sie an ein und demselben Tag die Todesnachrichten von ihrem Ehemann und dem Sohn erhielt, die auf den Schlachtfeldern des Ersten Weltkriegs gefallen waren.

Zu diesem Zeitpunkt war ihre Tochter zwölf Jahre alt und verlor mit einem Schlag Vater, Mutter und den Bruder. Diese Tochter, also die Großmutter der Klientin, verstarb im Alter von nur 28 Jahren an den Folgen der Schwindsucht. Ihre Tochter, die Mutter der Klientin, ist zu dem Zeitpunkt gerade fünf Jahre alt, als sie Halbwaise wird.

Die Botschaften dieser belasteten Mütter an ihre Tochter beziehungsweise Enkelin und Urenkelin zeigen eindrücklich, wie sich hier Leid und Hoffnung für die nächste Generation vereinen. Die Entstehung der Scheinidentität wurde sichtbar eingeleitet. In der Folge von Vater- beziehungsweise Ehepartnerverlust durch Krieg und dessen Auswirkungen auf die Mädchen/Frauen hat das heroisch anmutende Kind (die Klientin als nahezu geschlechtsloser Waldschrat) versucht, die Notwendigkeiten auszufüllen. Sie bemühte sich, gleichzeitig Mutter für ihre eigene Mutter zu sein, die als verlassenes fünfjähriges Mädchen dringend auf Bemutterung angewiesen war. Sie versorgte auch die Großmutter, die zwölfjährig mit dem Trauma des Verlusts aller wichtigen Bezugspersonen alleine dastand, als auch noch ihre Mutter freiwillig aus dem Leben schied. Neben einer Mutter, die für ihr Kind da ist, musste die Klientin auch die fehlenden Männer (Ehegatte/Vater/Bruder) ersetzen. So entstand ein überhöhter idealer Anspruch an das Ich, nämlich konstruktiv, engagiert und kämpferisch für die unverbrüchlichen menschlichen Werte einzustehen.

Der Beschluss des grandiosen Kindes

Die Auswirkungen einer von solch schwerem Verlust geprägten Ahnenkette konnte nur ertragen und gehalten werden, wenn die Klientin sich in grandiose Lösungen für dieses Leid rettete. In der Versenkung zum Beschluss des grandiosen Kindes tauchte hier die Klientin selbst als Zwölfjährige (also in dem Alter, in dem die Mutter ihrer Mutter war, als deren Mutter Selbstmord beging) vor der Freiheitsstatue in den USA auf. Der Beschluss der Zwölfjährigen hat die Gestalt einer erwachsenen attraktiven Frau (einer etwa 32-Jährigen, also vier Jahre älter als die verstorbene Großmutter), die aufrecht und selbstbewusst platziert, selbstverständlich, so mutet es an, vor der Freiheitsstatue Stellung bezieht.

Der früh entstandene Anspruch der jungen Klientin, das fehlende Erforderliche, was zum gesunden Heranreifen und Erwachsenwerden gebraucht wird, zu entwickeln und zu lehren, wird hier sichtbar. Als Vorbild diente der Klientin die Mutter der Familie Trapp, Maria Augusta, eine österreichische Sängerin und Schriftstellerin. Diese gründete 1935, als die Familie ihr gesamtes Vermögen verlor, mit den Kindern ihres Mannes (fünf Töchter, zwei Söhne) einen Familienchor, mit dem es ihr immer wieder gelang, die Existenz der Familie zu retten. Da ihr Ehemann aufgrund seiner politischen Haltung nach dem Anschluss Österreichs an das Dritte Reich mit großen Schwierigkeiten rechnete, emigrierte Mutter Trapp zunächst ohne den Ehemann in die USA. Hier wurden die Trapps Weltstars.

Die Protagonistin hatte die Verfilmung der wahren Lebensgeschichte von Augusta Maria Trapp gesehen. Mit der Stärke und Tüchtigkeit dieser Frau, die bereits mit drei Vollwaise war, der es aber immer wieder gelang, ihr eigenes und das Leben ihrer Kinder und Stiefkinder zu retten, wurde sie zu einem Vorbild für die eigenen grandiosen Lösungsideen der Klientin als Kind. Man könnte also resümieren, dass hier der geschlechtslose, aber doch eher männlich wirkende Gnom wieder auftritt. Er nimmt die unbewusste Zuschreibung an, mutiert hier aber in die Gestalt einer mutigen, überlebensfähigen und tüchtigen Frau, die gleichzeitig auch Mutter von zehn Kindern ist. Dies scheint den Versuch der Klientin auszudrücken, das männlich/weibliche Prinzip in sich selbst in vorbildlicher Form zu vereinen und damit in überfordernder Anstrengung – viel zu früh – das Prinzip der fehlenden Mütter- und Väterlichkeit zu ersetzen.

Die Scheinidentität als Gestalt

Hier begegnen wir der in der gelenkten Meditation erschienenen, gestaltgewordenen Scheinidentität. Eine wohlwollende, in sich ruhende, junggebliebene Alte ist dort zu sehen, die sich vertrauenerweckend für die Bedürftigen und Hilfesuchenden zur Verfügung stellt. An dieser Stelle sei angemerkt, dass die Klientin, die ihre Ahnen auf die Couch »gezwungen« hat, nach Berufswünschen wie Primaballerina (hingebungsvolle, ausdrucksstarke Tänzerin), Ärztin oder kompetente Buchhändlerin, über den Weg der lesenden Kinderkrankenschwesternschülerin und frustrierten, empörten examinierten Schwester zur Diplom-Sozialpädagogin eine zufriedene Psychotherapeutin geworden ist.

Brief an die Scheinidentität

Ein an die Scheinidentität geschriebener Brief offenbart in frappierender Weise, dass sich das Unbewusste des in Wahrheit zu kurz gekommenen, unterversorgten und überforderten Kindes annimmt, das im Unterbewusstsein agiert. In kindlicher Schrift bedankt sich da eine Mama (siehe Absender) in der Schrift einer etwa zehnjährigen Schülerin bei der Scheinidentität. Hier wird deutlich, dass diese eine geniale Erfindung des Kindes ist, um sich selbst in umfassender Form zu versorgen, indem es den Mangel der Generationen berücksichtigt. Die gesamte Bedürftigkeit kann so zurückgestellt werden, und Erwachsenenfähigkeiten können »undercover« erworben werden. Wie schon erwähnt, hat die Mutter der Klientin im Alter von fünf Jahren ihre Mutter verloren, die wiederum zeit ihres Lebens tapfer darauf gewartet hat, von ihrer Mutter abgeholt zu werden. Die Klientin hat nun wiederum versucht, diesem (bei einem frühen Verlust einer Bezugsperson gesetzmäßig auftretenden) »himmlischen Sog« entgegenzuwirken, sie ihm zu entziehen, sie auf Erden glücklich zu machen und ihre kindlichen Bedürfnisse zu erfüllen und damit zu erreichen, sie mütterlich an sich zu binden (eigentlich eine Konkurrenz zur himmlischen Großmutter). Letztendlich verfolgt sie die unbewusste Absicht, selbst mütterlich versorgt zu sein.

An

Schülerin Ingrid Klein
Kassel
Absender: Mama

Liebes Ingridchen!
Heute ist der 22. Mai 1999, und ich will Dir Danke sagen für all Deine Mühen, die Du unternommen hast, mir dabei zu helfen, den Schmerz darüber, dass ich mich nicht wirklich verstanden gefühlt habe, nicht zu heftig empfinden zu müssen, mich in meiner Ernsthaftigkeit nicht ernst genommen zu fühlen und mir nicht klein und hilflos vorzukommen usw. Du hast viel geleistet, hast Deine Bedürfnisse nach Unterstützung zurückgestellt, hast versucht, alles zu wissen, obwohl das doch ganz unmöglich war. Schließlich bist Du ja erst zehn Jahre alt! Du hast Dir alles abverlangt, wovon Du geglaubt hast, dass es hilfreich und nötig sei, damit alle sich wohlfühlen können. Auf diese Weise habe ich auch den Beruf ergreifen können bzw. mich dort hineinentwickeln können, der mich bis zum heutigen Tag erfüllt und glücklich macht. Du hast dafür gesorgt, dass ich beliebt bin, dadurch, dass Du eine große Aufmerksamkeit in mir geschult hast für die Not und die Belange der anderen. Ich habe durch Dich erfahren, mit wenig auszukommen, das heißt, die Aufmerksamkeit auf das zu lenken, was ich schon alles habe und alles Schönes da ist. Nur selten musste ich dadurch Frustration und Ärger über die Unzulänglichkeiten des Alltags und des Lebens spüren. Diese Genügsamkeit, die Du Dir angeeignet hast, hat mir zu einem ungeheuren Durchhaltevermögen, einer Stehaufmännchen-Mentalität verholfen. Du hast versucht, schon ganz groß zu sein und niemanden wirklich zu brauchen in dem Sinne, dass es ohne ihn nicht geht, sodass Du vielleicht zu kurz gekommen bist. Das tut mir sehr leid

für Dich. Ich bin jetzt groß, dafür hast Du gesorgt, sodass ich jetzt für Dich sorgen kann. Auch wenn ich bei Dir durch eine so gründliche Schule gegangen bin, muss ich noch sehr viel lernen, wie das eigentlich geht. Ich danke Dir für alles, ich hab Dich sehr lieb!
Deine Mama

Die Intervention des therapeutischen Tanzes als Hilfestellung für die Integrationsarbeit, die nun folgt, hat zur Folge, dass die ausgelagerten, ressourcenspendenden Fähigkeiten »schuldlos« reintegriert werden können, und statt sie der ganzen Welt in projektiver, automatisierter Form zur Verfügung zu stellen, können sie nun im Hier und Jetzt sowohl zum eigenen als auch zum Wohl der anderen eingesetzt werden.

Die vorprogrammierte Verausgabung im Sinne der ausgleichenden Gerechtigkeit[34] und der damit einhergehenden Erfahrung der vergeblichen Liebesmüh mit ihrer lebenshemmenden Wirkung wird durch die ganzheitliche, »maßgeschneiderte« Erfahrung gestoppt, weil jetzt durch die Bewusstwerdung auf allen Ebenen ureigene Potenziale gezielt und vom »Erwachsenen-Ich« sozusagen »beaufsichtigt« zum Einsatz kommen können.

11 Der kindliche Größenwahn – das grandiose Kind

Die passionierte Identifikation des Kindes mit dem unbewussten Loyalitätskontrakt und das leidenschaftliche Feuer, mit dem es bemüht ist, diesen zu erfüllen, führt oft – ja, geradezu in der Regel – zu einer Fixierung auf der Alters- und Entwicklungsstufe, die bei dem Übernahmezeitpunkt des Auftrags maßgeblich war. So kann man sagen, je größer der Mangel, das Trauma, die Überforderung etc. zu einer bestimmten Zeit während des Entstehens und Aufwachsens des jeweiligen Individuums waren, desto intensiver kompensiert es mit kindlichem Größenwahn und der entsprechenden Reife nach dem Motto: »Ich bin der Mittelpunkt der Welt, alle Bezugspersonen kreisen um mich wie Planeten um die Sonne. Alles ist auf mich bezogen. Ich kann alles.«

Grandiosität und unbewusste Allmachtsfantasien gehen dabei auf der Verhaltensebene eine Symbiose ein. Sie sind nicht primär Abwehrformen pathologischer, neurotischer Natur, sondern sie stehen in einem direkten Zusammenhang mit der infantilen, existenziellen Symbiose des Kindes, das sich seine »Scheineltern« aufbauen muss, indem es deren Defizite heilen »will«, die bedingt durch die ungelösten menschlichen Dramen, Verletzungen etc. transgenerational weitergegeben wurden. So können Angst- und Ohnmachtsgefühle unter Kontrolle gebracht und ausgeblendet werden. Die zur

Identitätsentwicklung gehörenden Prozesse von Selbsterkenntnis und Selbstgestaltung werden auf diese Weise – praktisch unbemerkt – eingefärbt. Die spezifische Bewältigungs- und Coping-Strategie entwickelt sich nach Art des Umgangs mit den für das entsprechende Kind als bedeutsam und/oder schwierig empfundenen Lebensereignissen und Lebensphasen.

Coping-Reaktionen können sich rein innerpsychisch abspielen. Sie sind dann auf Gefühle und Gedanken begrenzt. Etwa wenn der Versuch gemacht wird, den zunächst als hoch eingeschätzten Bedeutungsgehalt einer Situation oder deren Folgen in einer Art Uminterpretation herunterzuspielen oder auch aufzubauschen (Opfergehabe), sich von der Anforderung kognitiv zu distanzieren, evtl. auch emotional, in Aktivitäten (ausagierender Aktionismus) zu manifestieren und sich selbst aus der Verantwortung zu entlassen. Coping erfüllt (nach Richard S. Lazarus) damit verschiedene Aufgaben:

- den Einfluss schädigender Umweltfaktoren reduzieren und die Aussicht auf Erholung verbessern
- negative Ereignisse oder Umstände ertragbar machen beziehungsweise den Organismus an sie anpassen
- ein positives Selbstbild aufrechterhalten
- das emotionale Gleichgewicht sichern
- befriedigende Beziehungen zu anderen Personen aufrechterhalten, fortsetzen

Es geht dabei um die Gesamtheit aller Bemühungen und Anstrengungen einer Person, die sich in einer wichtigen, im Sinne von Brisanz und/oder auch überfordernden sowie belasteten Situation befindet, in der sie (durch Fixierung auf eine unreife Entwicklungsstufe) eigentlich nicht über adäquate Anpassungsmöglichkeiten verfügt. Welche Coping-Reaktion in einer bestimmten Situation »gewählt« wird, hängt von folgenden Faktoren ab:

- allgemeiner Gesundheitszustand, persönlicher Grad an Vitalität und Reife (auch entwicklungspsychologisch gesehen)
- Grad der psychischen und/oder physischen Belastung
- Bereich, von dem die Belastungen ausgehen
- Zeitfaktor

Die Situationsanforderung wird zwar durch das intensive Bemühen bewältigt, geht aber auf Kosten der Authentizität und wirkt symptombildend. Es kommt sozusagen zu einer Verschmelzung mit dem archaischen Grundkonflikt, eine sogenannte omnipotente Instanz entsteht und bleibt auch im Erwachsenenalter Bestandteil der Identität.

Die Spanne möglicher Reaktionen reicht von Flucht und Vermeidung bis zu einer selbstbewussten und selbstbestimmten aktiven Auseinandersetzung mit der Herausforderung, basierend auf einem oftmals ebenfalls unbewussten, »beinharten« kindlichen Beschluss, der eng mit der individuellen Scheinidentität verbunden ist, wie etwa: »Ich werde so und so sein und so und so verfahren, dann wird …!« Zu Hilfe kommen hierbei dem Individuum selbst eingepflanzte, archaisch anmutende (alttestamentarisch verfahrende: »Auge um Auge, Zahn um Zahn«) Elterninstanzen, die es zu unermüdlichem, eifrigem Einsatz anleiten.

In unserem Fallbeispiel von der mächtigen Eiche und der kleinen Walderdbeere (siehe Kapitel 10) beschließt die Protagonistin, die sich hier als Eiche und die Mutter als kleine und süße Walderdbeere sieht, dass sie aufgrund der fehlenden Mütter in ihrer gesamten weiblichen Ahnenreihe selbst zur Mutter für alle wird. Die Überzeugung des grandiosen Kindes, »ich kann jedermanns Mutter sein«, schließt auch mit ein, dass die Protagonistin selbst keine Mutter in Anspruch nimmt. Als »Big Mama« ist sie fortan für alle da, weiß immer Rat und Tat und ist überzeugt, dass niemand dies besser kann als sie selbst.

Schon als Kind darf sie nicht kindlich sein, sich keine kindlichen

Gefühle leisten und kennt keinen Neid, keine Gier, keinen Trotz. Man kann sich schon denken, dass dies eine Überforderung darstellt für ein Kind und die Protagonistin wohl so manches Mal leer ausging. Das Angebot an alle, hier eine immer gewährende Mutter zu finden, sorgte dafür, dass die Protagonistin später ständig im Einsatz war und jeden, der um Hilfe bat, versorgte. Keinen verwunderte es, dass sie den Beruf der Therapeutin wählte und diesen mit Leidenschaft ausübte. Der Auflösung ihres Generation-Codes ist es zu verdanken, dass die Protagonistin nicht im Burn-out landete und inzwischen als »(Projektiv-)Mutter« auf ein normales und gesundes Maß zurückgeschrumpft ist. Nun sagt sie auch mal »Nein!«, erkennt ihre eigenen Grenzen an und sorgt als Mutter liebevoll für sich selbst. Von ihr als Therapeutin profitieren Patienten jetzt allerdings noch wesentlich mehr als früher, da sie nun – mit gesundem Abstand – die Heilung der Betroffenen fördert und nicht mehr selbst die Antwort für alle sein muss.

Die Entstehung von Pseudoautonomie und Entität

An diesem Beispiel wird deutlich, auf welche Art und Weise sich eine sogenannte Entität entwickelt und schließlich als geschlossenes System besteht. Eine Entität, in sich schlüssig und geschlossen, ist in der Philosophie ein ontologischer Sammelbegriff für alles Existierende beziehungsweise Seiende. So gehören Gegenstände, Eigenschaften, Prozesse zur Klasse der Entitäten. Die skizzierte psychische Entität ist aus dieser Sicht denn auch kein Abbild von irgendetwas, sondern ein subjektives Konstrukt. Das Allgemeine findet sich nach dem Generation-Code insofern wieder, dass eben jeder Mensch mit dem archaischen Grundkonflikt, der die authentische Identitätsentwicklung blockiert oder verfälscht, seinen persönlichen Umgang finden muss. Eine zusammenhängende Gruppe von Vorstellungen über unterschiedliche Persönlichkeitsmerkmale, und wie diese in der Regel innerhalb einer Person organisiert sind, wird kreiert. Das Selbst als autonome Entität, definiert im Sinne abstrakter innerer Merkmale: wie Persönlichkeitseigenschaften, Fähigkeiten, Qualitäten und Einstellungen.

Man könnte abschließend eine Metapher für das Geschilderte postulieren, nämlich: *Die Entität*, als das vom grandiosen, mitunter größenwahnsinnigen Kind, selbstge(er)schaffene Universum, in dem nichts fehlt, alles seinen Platz hat und erklär- und verstehbar ist, lebt und agiert darin mit der omnipotenten Instanz als ihm/ihr zuarbeitendem/r »Verwaltungsbeamten/in«, mit der entsprechenden Überlebens- und Bewältigungsstrategie als Chefassistentin. Das System ist so perfekt, der zugrundeliegende Konflikt, der den Weg zum authentischen Selbst-Sein blockiert hat, braucht nicht gefühlt und aufgedeckt zu werden.

Nach den Ausführungen zur Wesenhaftigkeit des grandiosen Kindes mit seiner gravierenden Bedeutung für die psychotherapeutische Arbeit – auch im Rahmen der Therapieseminare zum Generation-Code – folgt an dieser Stelle ein weiteres Fallbeispiel zur anschaulichen Erklärung.

Kurt, ein Mittvierziger, hochgewachsen, mit geradezu gestählten Beinen, die an das Weltwunder »Der Koloss von Rhodos« erinnern, erarbeitete in der ersten Aufstellung zur Schlüsselfrage »Worin darf ich meine Mutter, in Beziehung zu ihr stehend, nicht im Stich lassen?« das Treuegebot: »Du darfst mich darin nicht im Stich lassen, indem du nicht weniger unabhängig und mannhaft bist, als ich es sein musste und wollte, um nicht mit meiner Bedürftigkeit in Berührung zu kommen!«

Im Folgeseminar, wo es inhaltlich um die nachträgliche Versorgung der Ahnen durch den Einsatz idealer Umstände, Personen etc. gehen sollte, kam es zu einer Blockierung. Kurt konnte aus seiner gewohnten Rolle – der umfassende Versorger für alle und jeden, quasi die Antwort auf jegliche auftauchende Lücke zu sein – nicht heraus. Zu früh, schon bereits im Mutterleib, als ungewolltes Kind, entstanden durch einen Zufall, gezeugt von einem Mann, der kein Vater sein wollte und konnte, hat sich bei ihm die zuvor beschriebene Entität entwickelt. Die Scheinunabhängigkeit, die ihm als Überlebens- und Bewältigungsstrategie das Gefühl gegeben hat, sich komplett selbst versorgen zu können und nichts zu brauchen (»splendid isolation«) und dadurch einen Unverletzlichkeitsstatus zu haben, musste er in der Situation, wo es darum ging, über die nachträglich optimal versorgten Ahnen ein dementsprechendes Heilserum an- und aufzunehmen, geradezu felsenfest verteidigen und in ihrer Uneinnehmbarkeit beweisen.

Im Erkennen, dass es hier nicht um einen simplen Widerstand, mit Machtgehabe einhergehend, handelte, sondern um das grandiose Kind, ausgestattet mit genial funktionierenden omnipotenten Kompetenzen, das abzuholen war, war es möglich und nötig, eine psychotherapeutische Extraarbeit in den normalen Strukturablauf einzubauen. Das sich reich ausgestattet glaubende, aber eigentlich arme, bedauernswerte Kind in Kurt brauchte zunächst eine passgenaue Versorgung, um (s)ein Heilserum überhaupt annehmen zu können.

Kurt konnte sodann einen weiteren Schritt machen, um der Erkenntnis näher zu kommen, und lernte seine Abhängigkeit anzunehmen, um Autonomie zu erfahren.

Das introjizierte Introjekt

Wenn Ahnen Täter waren

In unserer Arbeit begegnen uns immer wieder auch »Täterfamilien«, die uns zeigen, dass nicht nur Opfer ihre traumatischen Erlebnisse und Wunden weitergeben, sondern dass auch Vorfahren, die Täter waren oder zu Täterfamilien gehörten, auf unterschiedliche Weise ihre Erfahrungen weiterreichen. Auch wenn es noch immer ein schwieriges Thema zu sein scheint, müssen wir diese Möglichkeit der Weitergabe in nächste Generationen sehen und benennen.

Professor Dr. med. Luise Reddemann ist Nervenärztin, Psychoanalytikerin und Pionierin der Diagnostik und Behandlung traumabedingter psychischer Störungen und beschreibt in ihrem aktuellen Buch *Kriegskinder und Kriegsenkel in der Psychotherapie* die Folgen der sogenannten schwarzen Gefühle.[35]

Es sind Gefühle, die unsere Vorfahren durch die »Schuld des Mitmachens, die Scham des Wegsehens, den Hass auf die anderen und sich selbst, die Angst vor Rache und Gewalt, Trauer über den Verlust und die Verzweiflung vor dem Nichts«[36] entwickelten und meist schweigend an die folgenden Generationen weitergaben. Aktive und passive Täter, die letzteren auch als moralische Täter bezeichnet, weil sie einfach wegsahen und mitliefen, konzentrierten sich ab 1945 auf den Wiederaufbau, vergruben Schuld aus Scham und konnten allenfalls die Opferseiten offen zeigen. Scham ist ein quälendes Gefühl, selbst die Schuld des Überlebenden kann zu lebenslangen Selbstbestrafungswünschen führen. Auch diese Schuld wird weitergereicht und soll von den folgenden Generationen mitgetragen, ausgeglichen und endlich zur Befreiung der schuldbelasteten Ahnen führen.

Kinder von gewalttätigen Eltern nehmen diese Täteranteile der Eltern ebenso in ihre Psyche auf wie die hinter deren Verhalten liegenden Ursachen. Von Patienten, deren Väter und Mütter selbst Täter waren oder durch eigene Ohnmachtserfahrungen erst später gegenüber ihren ihnen ausgelieferten Kindern zu Tätern wurden, wissen wir, wie schmerzlich und grauenvoll diese Täteranteile in sie hineingeprügelt wurden oder durch Missbrauch von ihnen Besitz genommen haben. Manche von ihnen wurden später wiederum auch zu Tätern gegen andere, wie zum Beispiel ihre Partner und Kinder. Ein Kreislauf der Gewalt, der nicht zu enden und sich wie ein Virus hemmungslos auszubreiten scheint. Dieses Phänomen war auch zwischen 1945 und 1965 zu beobachten und wird in dem Buch *Die geprügelte Generation* von Ingrid Müller-Münch[37] eindrucksvoll beschrieben.

Viele und in der Mehrzahl sicherlich Frauen richten jedoch diese Täteranteile gegen sich selbst. Selbstverletzendes Verhalten, Essstörungen, Sucht – die Gewalt gegen den eigenen Körper hat viele Ausdrucksformen. Ein weiteres Phänomen ist die Delegation dieser Täterschaft an Partner, Söhne oder Töchter, die dann wiederum Gewalt antun, das alte Trauma wiederholen und damit Opfer und Täter zugleich sind. In ihrem Buch *Vererbte Wunden* beschreiben die Autorinnen um Marianne Rauwald sehr differenziert, wie so etwas vor sich gehen kann.[38]

Die sogenannte Identifikation mit dem Aggressor, wie man sie als Folge bei Opfern kennt, die Folter, Missbrauch und andere Formen extremer Gewalt erlebten, stellt eine Schutzfunktion der Seele dar, die sich vor der Vernichtung des Selbst nur noch auf diese Weise »retten«, das Ausmaß der (nicht aushaltbaren) erfahrenen Ohnmacht nur so überleben kann. Indem ich mich mit dem Täter identifiziere, aus seiner Position auf das Geschehen blicke, fühle ich die Ohnmacht nicht, werde ich wieder (scheinbar) handlungsfähig. Das furchtbare Gefühl der Kontrolllosigkeit, das vernichtende Gefühl des Ausgeliefertseins braucht als Gegenmaßnahme Kontrolle um jeden Preis. Diese Täteranteile werden jedoch nicht immer offensichtlich weitergereicht.

Wir beobachten immer wieder, dass sich Opfer- und Täteranteile in den Kindern von Tätern und Opfern in ein und derselben Person wiederfinden. Als bestünde die Aufgabe des Nachfahren darin, diese Gegensätze irgendwie zu integrieren, um eine Befreiung der Ahnen, ob Täter oder Opfer, zu erreichen. So erlebten wir bei einer magersüchtigen Patientin, deren Essstörung sich besonders dadurch auszeichnete, dass sie sich mit Zwangshandlungen quälte, wie stundenlangem Stehenmüssen, weil es doch Kalorien verbrauche, einem übertriebenen sportlichen Tagesprogramm, mit dem sie sich kleine Mahlzeiten am Abend »verdienen« musste. Das Korsett aus Kontrolle und Selbstbestrafung, das fast keinen Platz für lebendige Impulse zuzulassen schien und mit dem die Patientin sich selbst gegenüber Täterin und Opfer zugleich war, zeigte nach der Entschlüsselung des Generation-Codes der weiblichen Linie eine ins Auge fallende Übereinstimmung mit dem Erbe der Großmutter: das Drama, welches die Großmutter der Patientin als Kind erleben musste, als sie mit acht Jahren nach dem Tod der Mutter als einziges Kind beim Vater verblieb und von diesem täglich sexuell missbraucht wurde. Ihre Mutter, die sie bis zum achten Lebensjahr als eine ständig schwangere Frau erleben durfte, die ein Kind nach dem anderen gebar und schließlich an einer Fehlgeburt verblutete, schien ihrem rücksichtslos und sexuell ausbeutenden Ehemann ausgeliefert zu sein. Als Pubertierende entwickelte die Großmutter dann eine Bulimie, weil sie angeblich attraktiv für den Freund, später den Ehemann sein wollte.

Das Erbe einer so schwer traumatisierten Mutter und Großmutter ist nachvollziehbar von einem von Ausbeutung und Leid geprägten Frauenbild gezeichnet, in dem sich Ohnmacht und das Gefühl, als Frau dem Mann mit seinen Trieben ausgeliefert zu sein, zu einem wenig lohnenden Vorbild eignen. Eine rückwirkende Rettung der Großmutter und damit eine Möglichkeit, sich doch noch als Frau entfalten zu können, gelingt nur durch das Wiedererlangen der Kontrolle über das eigene Leben. Dieses ist aber in Form einer Verschiebung an die Kontrolle über den »ausgebeuteten« Körper gebunden, der nun bei der Patientin mit dem Symptom der schweren Magersucht Ausdruck findet. Sie selbst ist nun Ausbeuter und missbraucht den eigenen Körper, quält und straft ihn und hat gleichzeitig ihre Triebe, wie den Drang zu essen, aber auch Sexualität und andere Lustbestrebungen unter Kontrolle. Es ist der tägliche Kampf zwischen Urgroßvater und Urgroßmutter, die letztlich ihrem sexuell rücksichtslosen Mann zum Opfer fiel. Und der Kampf der missbrauchten Großmutter, die sich identifizieren musste mit dem Täter und ihm einfach nur noch als Objekt zur Verfügung stand. Ausgezogen aus dem eigenen Körper, die eigenen Grenzen nicht wahren dürfend, konnte sie ihrer Tochter weder Vorbild noch Schutz sein.

Diese – die Mutter unserer Patientin und ebenfalls in den therapeutischen Prozess einbezogen – wurde von ihrer Mutter nicht ausreichend beschützt, war oft dem eigenen Vater und seinen Prügelattacken ausgeliefert. Auf diese Weise war die Großmutter indirekt Täter und erlebte die Tochter in ihrer Rolle. Auch sie entwickelte eine Essstörung mit strengem Diäthalten, Abführmittelmissbrauch und übertriebenem sportlichem Training.

Das In-sich-Aufnehmen von (Täter-)Objekten wird über die sogenannte Introjektion, eine psychische Verarbeitungsform, bei der die Erfahrungen und Bilder von und mit den Objekten im Außen – das heißt in der Regel mit den Bezugspersonen, von denen man in erster Linie abhängig ist – nach innen genommen werden. Auch traumatische Erlebnisse und die beteiligten Personen, die sie verursachen, bilden sich in den jeweiligen Introjekten ab. So ist die sogenannte Identifikation mit dem Aggressor wie oben beschrieben eine der möglichen Verarbeitungsformen. Bei der im Zusammenhang mit Identifikationsgeschehen stehenden sogenannten Inkorporation geht es um eine viel früher stattfindende, vom Individuum, das noch keine Individuation erfahren hat, noch nicht fassbare unspezifische Form der Aufnahme des Außen nach innen auf der Ganzkörperebene.

Diesen Prozess der Einverleibung des Täterobjektes und die Identifikation mit dem Opfer mit dem Versuch, das Drama in sich selbst zu wiederholen, um es endlich zu bewältigen, scheint ein Heilungsversuch auch über Generationen hinweg zu sein, indem auf das unbefriedete Drama, das nicht gelöste Thema in verschiedensten Erscheinungsformen aufmerksam gemacht wird. Ähnlich wie bei einer »normalen« Traumafolgestörung, deren Symptome ebenfalls einen Versuch darstellen, das Erlebte endlich verarbeiten zu können, aber nicht wie dort in Form von Reinszenierungen, die das Trauma immer wieder erneut beleben und damit wiederholen, sondern in der total vereinnahmten Nach-innen-Nahme desselben, um schützende Kontrolle auszuüben.

Die bewachte Giftkapsel im Körper

Diese Art von heilender Linderung durch Verschließung des Bösen, der Einkapselung des giftigen Erlebten, allerdings ohne Zugang zu dem Schlüssel zu haben, führt zur Herausbildung des *introjizierten Introjekts.* Auch hier scheint der Heilungsversuch zu einer Art Wiederholung zu führen. Ein Ziel unserer Arbeit ist es, unterscheiden zu lernen zwischen dem Schmerz und der Ohnmacht der Vorfahren und dem eigenen Schmerz und Ausgeliefertsein.

Die Inkorporation als Begleiter der Introjektion sorgt dann dafür, dass das Unverdauliche als Unlustquelle fremdkörperhaft in der Psyche bleibt, als ein wesentliches Element von Traumatisierung.[39]

Im Rahmen der Arbeit mit dem Generation-Code hat sich nun, empirisch beobachtbar, herausgestellt: Je früher die Verstörung durch zerstörerische, der gesunden Entwicklung widerstrebende Einwirkungen stattfindet, desto mehr wird »das erfahrene Böse« inkorporativ »unschädlich« gemacht, indem es, um weder einem selbst noch der Welt dort draußen Schaden zufügen zu können, eingekapselt wird. Es verbleibt dann, wie erwähnt, als Fremdkörper im Organismus, allerdings nicht frei flottierend, sondern festgesetzt, sozusagen eingeschweißt. Das geschieht auf individuelle Weise, den biografischen und Ahnenhintergrund berücksichtigend und in speziellen Körperregionen, beispielsweise als *Giftkapsel in der Leber* oder als *feststeckendes Messer* im Kopf. Dies verstehen wir dann als das introjizierte Introjekt. Das jeweilige Individuum versteht sich unbewusst natürlich als Experte für die Hütung und Bewachung des gefährlichen Potenzials, denn nur es selbst kennt es von Kindesbeinen an. Hier entsteht eine »Zusammenarbeit« mit dem grandiosen, in Anbetracht der Schwere der Traumata, oft auch größenwahnsinnigen, auf einer sehr frühen Entwicklungsstufe fixierten Kind.

Es ist zu beobachten, dass, je weiter der Heilungsprozess hin zum autonomen, authentischen Erwachsenen voranschreitet, sich diese Bewältigungsstruktur offenbart. Wie ein verriegelter Hochsicherheitstrakt in einem Gefängnis für Schwerstverbrecher widersteht sie allen Versuchen der altersentsprechenden, vernünftigen Öffnung und Entsorgung der »unseligen Einlagerung und Einkerkerung«.

Wie nun damit therapeutisch umgehen?

Wir sind hier noch im Experimentierstadium. Wegen der Thematik der Inkorporation bietet es sich an, dem Phänomen buchstäblich körperlich zu Leibe zu rücken. So scheint es nützlich, sich der »Verankerungsstelle« imaginativ zu nähern, das Gebilde in seinem » So-Sein« zu erfassen und körperlich zum Ausdruck zu bringen, es dadurch in seiner tiefen Bedeutung erfahrbar zu machen und eine Transformation einzuleiten.

Hypnotherapeutisch kann dann zum Beispiel die bereits erwähnte »Giftkapsel«, die ja eine Verseuchung des gesamten Organismus durch Versiegelung verhindert hat, von ihrer positiven Absicht her »gepackt« und durch Wertschätzung transformiert werden in eine kräftige, reinigende, immer wieder neu sprudelnde Quelle, die am Ende des Prozesses wiederum an einer gemeinsam zu findenden Körperstelle verankert wird.

Zum Abschluss dieser Erörterungen, möchten wir noch anfügen, dass wir über die Jahre den Eindruck gewonnen haben, dass das grandiose Kind maßgeblich den zunehmend infantilen Charakter und Zustand unserer Gesellschaft zu bestimmen scheint. War es am Anfang des Jahrhunderts noch eher so, dass ein Pendeln zwischen den Polen Anpassung an die Gemeinschaft mit Zugehörigkeitswillen versus Selbstverwirklichungs- und Unabhängigkeitsbestrebungen vorrangig war, so ist jetzt eher die Isolierung in einer eigenen, hermetisch abgeschlossenen Welt (Entität), gekennzeichnet von Pseudo-Individualisierung und Scheinautonomie, im Vormarsch. Die oft beklagte Egomanie, die sich unterstützt durch die medientechnischen Errungenschaften zunehmend ausbreitet, drückt im Grunde genommen die Befindlichkeit des in große Not geratenen Kindes aus. Verdeckt und in genialer Tarnung bekundet sie den eklatanten Mangel an überzeugender Berührungs- und Bindungserfahrung. Um seiner Selbsterhaltung willen hat das Kind sich entschieden, autark und damit unabhängig zu sein, ausgestattet natürlich nur mit der inneren Reife und den Ressourcen, die ihm zum Zeitpunkt seines Rückzugs, seiner vermeintlich klugen Entscheidung zur Verfügung standen.

Die geschilderte Grandiosität, der Größenwahn, die Grenzenlosigkeit bestimmen nun zunehmend, machtvoll und weltumspannend unser Menschengeschick.

So beschreibt auch Alice Munro, die Literaturnobelpreisträgerin, in ihren verstörenden Geschichten das Wesen solch wissender Kinder und deren endlose Einsamkeit. Mit leiser Genugtuung, die die Empörung über die Erwachsenen beinhaltet, die keine Orientierung mehr geben und hoffnungslos ignorant sind, übernehmen sie voller Verachtung die Regie.

12 Der Gewinn

Das Erlöschen des neurotischen Feuers – die verunsicherte Identität

Die Einhaltung des unbewusst abgeschlossenen Treuevertrages wird mit unbeirrbarem, unbestechlichem, geradezu sterbenswilligem Bestreben (»Nur über meine Leiche werde ich meinen einmal gefällten, eindeutig richtigen Beschluss loslassen!«) und eifrigem Engagement verfolgt. So befeuert, braucht sich das Individuum um Sinnfindung in seinem Leben keine Gedanken und Sorgen mehr zu machen. Wir wissen aber, dass der Mensch per se so geschaffen ist, dass er geradezu lebensnotwendig einem höheren Sinn entgegenstreben muss.[40] Die vorgestellte Arbeit begünstigt nun implizit vorübergehend einen Sinn-, ja, Sinnesraub, was zunächst mit einer erheblichen Identitätsverunsicherung einhergehen kann.

Bedauerlicherweise gibt es auch hier keine Ausnahme, was die Gesetzmäßigkeit »Kein Vorteil ohne Nachteil« (und auch umgekehrt) anbelangt. Wir haben aber die Erfahrung gemacht, dass der Vorteil überwiegt und die Ernüchterung, wenn sie angekündigt und vertretbar ist, in den psychodynamischen Prozess des Individuums getragen und eingeordnet werden kann. Auch heftige psychosomatische Phänomene tauchen während des umwälzenden Prozesses, der in der Persönlichkeit stattfindet – vergleichbar mit dem Umbau, der umfassenden Restaurierung eines Hauses –, auf.

Aus den Forschungen zur Körpertherapie[41] wissen wir, dass Gefühle, finden sie keinen adäquaten Ausdruck (weil zum Zeitpunkt des Entstehens nicht verarbeitbar), buchstäblich im Körper stecken bleiben und dort »gerinnen«. Der Körper dient als Träger und auch als untrüglicher, präziser Erinnerungsaufzeichner und -speicher. Der bereits erwähnte Loslass-Schmerz zeigt sich. Der Körper nimmt die Signale des Organismus wahr, dass jetzt der Zeitpunkt gekommen scheint, um die festgehaltenen Gefühle einordnen und integrieren zu können, und zeigt die Last, die er getragen hat. Das geht von schmerzenden, rot geschwollenen Schienbeinen, die metaphorisch die so empfundenen Tritte dagegen ausdrücken, bis zu rheumatischen Schüben als Ausdruck von festgehaltener Lebendig- und Beweglichkeit, bis zu Störungen im Verdauungstrakt, wo die psychischen Verdauungsschwierigkeiten gespeichert worden sind. Da kein Gefühl ohne eine körperliche Entsprechung einhergeht, ist leicht nachvollziehbar, wie viele von unerschöpflicher Vielfältigkeit geprägte Informationen »eingespeist« werden und ihre Wirkung im Hier und Jetzt haben. Je mehr alte Blockierungen gelöst werden können, desto freier wird der Energiefluss, und der Gesamtorganismus kann gesunden.

Nichtsdestotrotz kommen wir an dieser Stelle noch einmal auf das existenzpsychologische Thema der Sinnfindung, um das Bedürfnis des Menschen nach Spiritualität zu befriedigen, zurück. Nach Aufgabe der rückwärtigen Rettungsbemühungen für den Clan erlischt buchstäblich das »leidenschaftliche (neurotische) Feuer«, das sowohl viele Energien gebunden als auch freigesetzt hat, und zunächst scheint nur die erkaltete Asche übrig zu bleiben. Es folgt eine Zeit, in der man sich fragt: »Wer bin ich denn eigentlich, was macht mich aus, was kennzeichnet meine Persönlichkeit?« War man doch vorher ein ganz bestimmter Typ von Mensch gewesen, zum Beispiel mütterlich oder ein echter Spaßvogel, ein künstlerischer Exzentriker, ein entzückendes, bescheidenes Mäuschen etc., so scheint das jetzt alles nicht wirklich echt gewesen zu sein. Der nun eintretende, wenn auch vorübergehende Gemütszustand der Leere und Banalität muss entsprechend gedeutet und verständlich gemacht, der unweigerliche Aufstieg des Phönix aus der Asche angekündigt werden. Die Betonung liegt dabei auf der Wiederaneignung der bei dem Einhalten des Treuevertrages auch entstandenen Fähigkeiten und Qualitäten. Es ist ein Prozess des »Gesundschrumpfens«, der nun einsetzt, des »Weniger-ist-mehr«. Die verkümmerten oder gar nicht erst entfalteten Persönlichkeitsanteile erhalten dadurch nun eine Chance, zu gedeihen und sich auszuprägen. Dies der Ermutigung dienende Vorgehen ist bedeutsam auch im Hinblick auf den notwendigen nächsten Schritt, der jetzt erfolgen muss.

Das Loslassen des Gewinns

Jede Reaktionsbildung, auch die, die den nobelsten Motiven folgt, die ehrenrührig ist, hochherzigen Verzicht beinhaltet, eben auch dem psychischen Überleben dient, vergleichbar mit dem sogenannten sekundären Krankheitsgewinn, beinhaltet zwangsläufig auch immer einen Vorteil, nach dem Motto: »Keine *Neu*rose ohne Rose.« Dieser den Überlebens- und Bewältigungsstrategien implizite Vorgang verlangt nun, dass der ganz spezifische Gewinn des Protagonisten herausgearbeitet werden muss, um weitere Persönlichkeitsreifung zu fördern. Konnte man sich beispielsweise immer gut zurücknehmen, die eigenen Bedürfnisse jederzeit zurückstellen, hatte es wahrscheinlich zur Folge, dass man immer gern gesehen, in jedem Team willkommen und rundherum beliebt war. Gibt derjenige nun die Rolle des immer Braven dank der Nachreifung auf, sagt auch mal Nein, passt sich nicht mehr um jeden Preis an, so wird er damit rechnen müssen, auch mal anzuecken. Der Gewinn der neurotischen Überlebensstrategie des Angepasstseins muss aufgegeben werden, um den Reifeschritt zu einer authentischeren Lebensweise zu vollziehen.

Auch hier ist eine gelenkte Imaginationsmeditation ein hilfreiches Medium, um den Reichtum des unbewussten Wissens zu aktivieren. Je nach Zeit und Raum sowie (persönlichem) Bedarf kann hiermit im Rahmen des Seminargeschehens in unterschiedlicher Tiefe gearbeitet werden. Bei der gelenkten Imagination, die von C. G. Jung in die Psychotherapie als Behandlungsmethode eingeführt wurde, geht es darum, sich die inneren Bilder, die der Klient bei der Aufforderung zu einem bestimmten Thema sieht, zunutze zu machen. In einem gelenkten Wachtraum wird über die Bebilderung ein Weg gefunden, mit den unbewussten Prozessen des Imaginanden in Kontakt zu treten. Nach der Aufforderung, sich die vorgegebene Situation vorzustellen beziehungsweise als Szene aus dem Unbewussten auftauchen zu lassen und dabei mit großer Achtsamkeit einhergehende Gefühle sowie körperliche Reaktionen, Handlungsimpulse wie auch Eindrücke von Kontext und Atmosphäre wahrzunehmen, dient der Vorgang dazu, die Weisheit des Unbewussten »anzuzapfen« und sie für die bewusstseinserweiternde, heilende Persönlichkeitsreifung zu fördern und zu unterstützen.[42]

Wichtig ist aber auf jeden Fall, ein Symbol zu finden, das den ganz spezifischen Gewinn, den die betreffende Person aus ihrem Strategiesortiment gezogen hat, charakterisiert.

Das Opferritual

Den Abschluss der intensiven Integrations- und Transformationsarbeit bildet ein Ritual, bei dem die Protagonisten in kleinen Grüppchen gemeinsam vor einen geschmückten Altar treten und gleichzeitig einen vorgegebenen Text nachsprechen. Dieser beinhaltet in Kurzform zusammengefasst, worum es sich bei dem durchlaufenen Prozess gehandelt hat beziehungsweise zukunftweisend noch handeln wird. Bei feierlicher, die Andacht und die Ernsthaftigkeit der

Handlung unterstreichender Musik kann sich jeder für sich selbst die Zeit nehmen, dieses Ritual als Unterstreichung des Übergangs in der für ihn selbst passenden Bedeutung durchzuführen und auf dem Altar das Symbol des Gewinns bewusst zu opfern. Als erweiternde und unbewusst sinnliche olfaktorische Verankerung dient das Heilräuchern auf den auf dem Altar befindlichen Räuchergefäßen. Zuvor wurde von jedem Teilnehmer ein das eigene Wachstum fördernde Kraut oder Harz ausgesucht, das nun dargereicht wird. Hier wird von den Therapeuten wieder ein begleitender Text gesprochen.

In einer Abschlussrunde wird das gerade Erlebte miteinander ausgetauscht und der Abschied vorbereitet.

13 Interventionen und Methoden

Freud sagte in seinem Aufsatz »Die Wiederkehr des infantilen Totemismus« aus dem Jahre 1913, keine Generation sei imstande, bedeutsamere seelische Vorgänge vor der nächsten zu verbergen. Also müsse man sich fragen, »welcher Mittel und Wege sich eine Generation bedient, um ihre psychischen Zustände auf die nächste zu übertragen«. Generation-Code ermöglicht mit seinem bislang einzigartigen ganzheitlichen Konzept, genau diese Frage für den Fragesteller (Protagonist) erfahrbar zu machen. Nicht nur bezogen auf die Generation vor ihm, also die Eltern, sondern viel weiter zurück, mindestens jedoch bis zu den Urgroßeltern, entsteht so ein ganzheitliches Bild und macht die tiefe Bedeutung des »Bindungssystems Familie« deutlich.

In der Arbeit mit dem Konzept Generation-Code nutzen wir dazu, wie schon angerissen, verschiedene Interventionen und Techniken unterschiedlicher therapeutischer Schulen, die wir zum Teil für unsere Arbeit modifiziert haben.

Die Systemische Familientherapie

In der Systemischen Familientherapie geht man davon aus, dass Gefühle und Verhalten eines Menschen durch Regeln, Verhaltensmuster und Beziehungen innerhalb einer Familie geprägt sind – und das oft über mehrere Generationen hinweg, auch unter dem Begriff Symptomtradition bekannt. Bei einer Familienaufstellung werden Personen eines Familiensystems vom Protagonisten in der für ihn stimmigen Konstellation im Raum aufgebaut (es müssen nicht zwangsläufig die tatsächlichen Familienmitglieder sein, sondern es können auch Stellvertreter eingesetzt werden). Das bildhafte Stellen der Familie ermöglicht dem Therapeuten und Protagonisten eine neue Sicht auf das Familiensystem und die eigene Position darin. Durch das Einfühlen der Repräsentanten in die verschiedenen Personen auf den unterschiedlichen Positionen können Gefühle und Beziehungsqualitäten wahrgenommen, geäußert und durch die Möglichkeit einer sozusagen subjektiven Objektivierung auf einer tieferen Ebene verstanden werden. Hier zeigen sich die Beziehungsmuster der einzelnen Mitglieder miteinander, bisher verdeckte Konflikte, unbewusste Erwartungen und Delegationen werden bewusst gemacht.

Als Eckpfeiler unserer Arbeit dienen uns die Grundannahmen der Systemischen Therapie, die wir mit unserem Wissen über tiefenpsychologische Entwicklungsmodelle ergänzt haben und im Sinne einer integrativen Methode auch mit anderen hilfreichen Interventionen verbunden haben. Die Mehrgenerationenperspektive führte uns letztlich zur Entdeckung des archaischen Grundkonflikts mit seiner Notwendigkeit der Schließung eines Loyalitätsvertrages. Diese archaisch angepasste Scheinlösung führt zu einer ganz speziellen Verstrickung der einzelnen Familienmitglieder. Obwohl wir einige Elemente der Familienaufstellungen und der Systemischen Strukturaufstellungen nutzen, haben wir eine ganz eigene Form der Aufstellungsarbeit entwickelt.

Zum näheren Verständnis möchten wir Ihnen hier einen kurzen Einblick in die Methode der Systemischen Aufstellungsarbeit geben und auch die Unterschiede deutlich machen.

Die Ursprünge der Familienaufstellung

Die Ursprünge dieser Methode gehen auf Jacob L. Moreno und Virginia Satir zurück. Moreno entwickelte das sogenannte Psychodrama und daraus das Soziodrama. Hier übernehmen Rollenspieler im freien Spiel die Positionen der vom Protagonisten vorgegebenen Familienmitglieder. Die schauspielerische Inszenierung soll dem Protagonisten die Möglichkeit geben, sein Innenleben szenisch und in Interaktion mit anderen darzustellen und dargestellt zu sehen. So sollen über den Perspektivwechsel neue Lösungswege entwickelt werden.

In der Familienaufstellung übernehmen »Rollenspieler«, auch Repräsentanten genannt, die Positionen der jeweiligen Mitglieder des Systems, ohne jedoch aktive Handlungen durchzuführen. Sie repräsentieren die jeweilige Person und äußern ihre körperliche und gefühlsmäßige (Selbst-)Wahrnehmung, um dem Klienten Klarheit zu verschaffen.

In der Aufstellungsarbeit von Generation-Code werden Rollenspieler eingesetzt, die einerseits die jeweiligen Personen repräsentieren und ihre körperliche und emotionale Wahrnehmung der jeweiligen Position nutzen, um damit eine Botschaft an die nächste Generation zu formulieren. Dies geschieht jedoch ohne den Anspruch der Objektivität seiner Wahrnehmung, es wird eher als ein »Angebot« verstanden. Im weiteren Verlauf der Arbeit werden die Rollenspieler angehalten, bestimmte Sätze und Handlungen durchzuführen, die zuvor vom Protagonisten als heilend – nach dem Motto: »Ja, so hätte es idealerweise sein sollen!« – wie auch als richtig empfunden wurden. Eine freie schauspielerische Handlung ist nicht oder wenn, dann nur als vorsichtiges, gewissenhaft zu überprüfendes Angebot geduldet. Ausgehend von der Annahme, dass das Wissen zur Heilung in uns liegt, hilft der Therapeut dem Protagonisten, durch Spiegelung und emotionsfokussierte Fragetechniken eine passgenaue

Antwort für die hinter den krankmachenden familiären Mustern stehende Ursache zu finden und ein heilendes Gegenbild mit ideal versorgten Ahnen zu kreieren. So kann der Protagonist die familiären Themen und Zusammenhänge verstehen und gleichzeitig durch die lösungsorientierte und ressourcenfokussierte »Versorgung« erleben, welches Potenzial in dieser Familie verborgen liegt. Dies steht dem Protagonisten nun zur Verinnerlichung im Sinne einer »Implantierung« zur Verfügung.

Virginia Satirs Interventionsmethode der Familienrekonstruktion und der Familienskulptur sollte dem Protagonisten dazu verhelfen, ein umfassenderes Bild zur eigenen Biografie vor dem Hintergrund der Mehrgenerationenperspektive entwickeln zu können und somit ein neues Verständnis bezüglich seiner familiären Verstrickungen zu erlangen. Sie arbeitete gern mit realen Familienmitgliedern und fokussierte mit ihrer Arbeit die Stärkung von Selbstwert und das Trainieren gelingender Kommunikation.[43] Im Unterschied zum heutigen Familienstellen wurden in der Familienskulptur auch Mimik und Gestik in einem viel stärkeren Maß zugelassen und somit lebhafteres, freieres Agieren ermöglicht, welches das Wissen um die therapeutische Effektivität durch erlebnisorientierte Affektangebundenheit berücksichtigt.

In unserer eigenen familientherapeutischen Ausbildung durften wir durch unseren Ausbilder Professor Martin Kirschenbaum, den einstigen Schüler Virginia Satirs, die wunderbare Arbeit dieser Familientherapeutin aus zweiter Hand kennenlernen. Ursprünglich psychoanalytisch geschult, ergänzte Kirschenbaum Satirs Methode durch die Integration der intrapsychischen Vorgänge und Dynamik, auch auf Körperebene. Um die Wunde des jeweiligen Elternteils und den damit verbundenen Treuevertrag des Kindes zu entschlüsseln, haben wir uns im ersten Teil des Prozesses für die Skulptur-Arbeit entschieden und diese im weiteren Verlauf mit der Arbeit der

»Idealen Eltern« nach Albert Pesso und Diane Boyden verbunden. Wieder bestimmt hier der Protagonist, welche räumliche Zuordnung die einzelnen Teilnehmer seiner Skulptur zueinander haben, ordnet ihnen zudem auch Gestik, Mimik, Blickkontakte oder Körperberührungen zu. Vorausgegangen ist dieser Arbeit eine angeleitete Imaginationsübung, die das unbewusste Wissen des Protagonisten aktiviert hat.

Ivan Boszormenyi-Nagy mit seiner Kontextuellen Therapie[44] und Salvador Minuchin mit seiner Strukturellen Familientherapie[45], fokussiert auf dysfunktionale Grenzverletzungen von Subsystemen untereinander und innerhalb jedes Klienten, waren ebenfalls Therapeuten mit Einfluss auf die Entwicklung der Systemischen Aufstellungen.

Die Grundannahmen von Boszormenyi-Nagy, dass es sogenannte Verdienst- oder Schuldenkonten zwischen den Generationen gebe, die nach Ausgleich und Gerechtigkeit streben, haben auch unser Verständnis der transgenerationalen Weitergabe traumatischer und belastender Erfahrungen beeinflusst.

Stichworte sind Loyalität, Gerechtigkeit, Ausgleich, Erwartungen, Verdienst und Anspruch.

Wie bereits beschrieben, gehen auch wir davon aus, dass das aus Schuld, Trauma und Defiziten entstandene Leid einer Generation in Form von Erwartungen, Delegationen, Aufträgen, Vermächtnissen und darin enthaltenen Botschaften und Ansprüchen an nächste Generationen weitergegeben wird und auf Ausgleich drängt. Der von uns beschriebene Loyalitätsvertrag des Kindes mit seinem von kindlicher Grandiosität, zuweilen sogar von kindlichem Größenwahn geprägten, unbeugsamen, unbewusst gefassten Beschluss hat jedoch noch eine tiefere Dimension, nämlich der vom Kind ausgehende Heilungsversuch, der eine Progression für Individuum und den Familienclan zum Ziel hat.

Auch Milton H. Erickson mit seiner von ihm entwickelten Hypnotherapie hat die Entwicklung systemischer Familienaufstellungen beeinflusst und besonders durch die in der Trance aufgetauchten inneren Bilder. In der Familienaufstellung werden diese inneren aufgetauchten Bilder (im Gegensatz zur Hypnotherapie) im Raum gestellt (szenische Aufstellung).

Diese Methode nutzen auch wir als Grundlage für den Aufbau und als Gestaltungsinstrument der verschiedenen »Stationen« im voranschreitenden Prozess der Auflösung des Codes und stellen diese inneren Bilder, wie zum Beispiel bei der Szene zu den Botschaften der gegengeschlechtlichen Ahnenreihe.

Als Hypnotherapeutin hat Ingrid Alexander unterschiedliche Interventionen dieser Methode von Milton H. Erickson mit in die Entwicklung unseres Konzeptes einfließen lassen.

Drei unterschiedliche Aufstellungsmethoden

Im Folgenden befassen wir uns mit drei unterschiedlichen Formen der Systemischen Aufstellungsarbeit, die in unsere Arbeit eingeflossen sind.

Klassische Familienaufstellungen

Als der bekannteste Begründer der Familienaufstellungen gilt Bert Hellinger, der gleichzeitig aber aufgrund seiner phänomenologischen Grundhaltung sehr umstritten ist. Der größte Vorwurf bezieht sich auf die Tatsache, dass Hellinger sich als Leiter ein Bild von der Aufstellung seines Klienten mache, seine Deutungen dem Klienten vorgebe. Zudem sehe Hellinger sich als Lehrer, der die Ordnungsprinzipien kenne und diese dem Klienten lehren müsse. So wisse auch der Leiter besser, was der Klient brauche. Außerdem nehme Hellinger oft Partei für andere (ausgeschlossene oder unterdrückte) Mitglieder des Systems ein. So umstritten Hellinger auch sein mag, hat er doch einen wichtigen Einfluss auf die Systemische Aufstellungsarbeit gehabt. Hellingers drei benannte zentrale Systemeigenschaften und Dynamiken, welche das Gelingen persönlicher Beziehungen beeinflussen – nämlich Bindung, die Ordnungen sowie der Ausgleich von Geben und Nehmen – bilden heute für viele Therapeuten neben anderen wichtigen Annahmen einen zentralen Baustein im Fundament der Systemischen Aufstellungsarbeit und wurden fast unmerklich in die Systemische Therapie integriert.

In unsere Arbeit mit dem Generation-Code haben wir daher auch Teile einiger Bausteine integriert. Dennoch distanzieren wir uns wie viele systemische Fachverbände von der Grundhaltung Hellingers und von den daraus entstandenen, aus unserer Sicht für den Klienten schädlichen Praktiken. So sehen wir uns als Leiter natürlich in der Pflicht, den Prozess verantwortungsvoll zu begleiten, jedoch nicht in der Rolle des Wissenden, der über Falsch und Richtig entscheidet. Wir gehen auch nicht davon aus, dass es eine Ordnung und eine Wahrheit gibt, die der Leiter der Aufstellung wiederherstellen muss.

Vielmehr gehen wir davon aus, dass der Protagonist der Wissende seines Familiensystems ist und wir als Therapeuten ihm als helfende und fachlich gut ausgebildete Begleiter zur Seite stehen.

In einem auf den Protagonisten abgestimmten Tempo wird sein »Erkenntnisprozess« unterstützt, und die daraus folgenden Heilungsschritte werden behutsam herausgeschält. Die Haltung des Therapeuten ist dabei respektvoll, abwartend und moralfrei. Die konstruierte ideale Vergangenheit wird dem Protagonisten nicht von außen übergestülpt, sondern mit ihm zusammen und vor allem für ihn glaubhaft und nachvollziehbar entwickelt.

Systemische Strukturaufstellungen

In Systemischen Strukturaufstellungen (SySt) nach Matthias Varga von Kibéd und Insa Sparrer werden neben menschlichen auch abstrakte Elemente des Systems, wie zum Beispiel Ziele, Werte, Blockaden, Hindernisse oder Ideen, aufgestellt. Personen (Repräsentanten) übernehmen dabei die Rolle dieser Elemente und werden vom Protagonisten so aufgestellt, wie es seinem inneren Bild zum jeweiligen Thema entspricht. Neben sozialen Systemen werden auch psychische und biologische Systeme (innere Anteile, Körpersysteme, Symptome) aufgestellt.[46] Auch hier »fühlen« sich die Repräsentanten ein und äußern ihre Befindlichkeit.

In unseren Aufstellungen mit der Generation-Code-Methode kommt es wie weiter oben beschrieben vor, dass solche abstrakten Elemente oder Symbole in der zuvor durchgeführten Imagination beziehungsweise in der dabei visualisierten Szene mit den Ahnen auftauchen. Sie werden ebenfalls aufgestellt. In der Arbeit zum gegengeschlechtlichen Elternteil lassen wir zudem das »Päckchen, das ein jeder zu tragen hat«, die sogenannte Mitgift, mit seinem Inhalt auftauchen (hier wird das Lebensthema des Clans mithilfe des unbewussten Wissens des Protagonisten metaphorisch thematisiert), und es wird intuitiv geschaut, von wem, auf welche Weise und auch warum es in der Ahnenreihe nach vorne weitergegeben wird. Ein Repräsentant fühlt sich in dieses Element der Aufstellung ein und äußert seine Empfindung und Wahrnehmung.

Bei starken psychosomatischen Symptomen wird auch das Symptom, zum Beispiel der chronische Schmerz der Protagonistin, mit aufgestellt und durch eine Person repräsentiert. Oft »löst« sich das Symptom am Ende der Aufstellung während der sukzessiv fortschreitenden Entwicklung des heilenden Gegenbildes auf. Das bedeutet nicht, dass von diesem Moment an der Protagonist dauerhaft von seinem Symptom »befreit« und geheilt ist.

Der Heilungsprozess wird jedoch durch die Erkenntnisse über die Zusammenhänge des Symptoms mit dem in der Aufstellung deutlich gewordenen Familienthema unterstützt und durch die körperlich erfahrbare beziehungsweise erfahrene Wirkung des »Heilserums«, also der sofort spürbar veränderten Körperempfindung als ein erster Heilungsschritt empfunden, der nachhaltig wirkt.

Organisationsaufstellungen
Die Weiterentwicklung zur Organisationsaufstellung (durch Dr. Gunthard Weber und Klaus Grochowiak) entstand auf Basis der Erkenntnisse aus der Familienaufstellung. Organisationsaufstellungen sind ebenfalls dem Bereich der Systemischen Aufstellungen zuzuordnen. Es handelt sich um die räumliche Darstellung von Beziehungsstrukturen einer Organisation. Räumlich aufgestellt werden hier Unternehmens-Teamstrukturen, aber auch abstrakte Fragestellungen. Um einen Wachstumsprozess für ein Unternehmen in Gang zu setzen, werden hier unterschiedliche Möglichkeiten durchgespielt und den Beteiligten bewusst gemacht.

Drei Erklärungsversuche zur Funktionsweise von Aufstellungen

Repräsentierende Wahrnehmung
Hiermit ist die Fähigkeit des »Rollenspielers« oder Vertreters einer Person des Familiensystems gemeint, die dazu führt, dass derjenige körperliche Wahrnehmungen und Gefühle entwickelt, die zum Thema des aufgestellten Systems passen[47]. Peter Schlötter hat in einer Studie 2005 belegt, dass verschiedene Personen die Bedeutung einer bestimmten räumlichen Position ähnlich erleben und Positionen ähnlich interpretieren.[48]

Theorie des morphogenetischen Feldes
Rupert Sheldrake[49] beschreibt sogenannte morphogenetische Felder, die raumzeitliche Organisationsmuster darstellen und für die Entwicklung von Formen in der Natur verantwortlich sind. Diese Felder nehmen Gestalt an, entwickeln sich wie Organismen. Sie haben laut Sheldrake eine Geschichte und enthalten ein immanentes Gedächtnis, welches durch den Prozess der »morphischen Resonanz« entsteht. So könnten diese Felder mit anderen Feldern in Resonanz treten und sind in der Lage, sich weiterzuentwickeln. Dies

könne auch an die nächste Generation weitervererbt werden. Diese Informationsübertragung unabhängig von Raum und Zeit bedinge, dass ähnlich wie bei C. G. Jungs »Kollektivem Unbewussten« sich Phänomene verschiedener Zeiten an verschiedenen Orten beeinflussen können. Das, so argumentiert Sheldrake, sei auch bei Aufstellungen der Fall. So umstritten diese Theorie auch sein mag, weiß doch jeder Repräsentant von diesem beeindruckenden Phänomen kollektiven Wissens zu berichten.

Wissendes Feld und wissende Seele

Albrecht Mahr[50] beschreibt das »Wissende Feld« als ein geistig-energetisches Heilungsfeld, in dem die Beteiligten wie von einer geistigen Kraft geführt werden. Diese Kraft sei »trans-personal«. Hellinger nennt dieses Feld auch »Wissende Seele«, eine den Einzelnen übersteigende, steuernde und heilende Kraft, die den Menschen auf seiner Suche nach heilsamen Einsichten leite.

Unsere eigenen Erfahrungen liegen irgendwo in der Mitte dieser Erklärungsansätze. Wichtig erscheint uns die hilfreiche Komponente dieser »Phänomene«, die beim Protagonisten zu mehr Klarheit und dem Erkennen von Lösungsmöglichkeiten führen. Man muss nicht unbedingt in esoterische Regionen wandern, um eine bisher noch nicht nachgewiesene, aber persönlich erfahrene Lebenswirklichkeit einfach als solche anzuerkennen und zu nutzen. Die therapeutische Formel »Nutze, was wirkt« hat hier durchaus ihre Daseinsberechtigung.

Die Pesso-Boyden-Therapie (PBSP)

Pesso Boyden System Psychomotor (PBSP) ist eine Form der Körperorientierten Psychotherapie und Familientherapie, die seit Anfang der 1960er-Jahre von Albert Pesso und Diane Boyden Pesso entwickelt wurde. Die wichtigste Annahme dieser Methode ist die

Tatsache, dass die in frühester Kindheit erfahrenen Defizite in Bezug auf die Erfüllung der Grundbedürfnisse in Körper und Gefühlen gespeichert sind und über diese Ebenen auch später beeinflussbar bleiben. So kann im Verlauf einer therapeutischen Sitzung (im Setting der Gruppentherapie mit Rollenspielern) eine sogenannte Struktur werden, in der der Protagonist mithilfe von idealen Figuren die Möglichkeit erhält, heilende, passgenaue Erfahrungen zu machen, die als Alternative zu den prägenden frühen Erfahrungen in den Gedächtnissystemen des Gehirns gespeichert werden.[51]

Wie an verschiedenen Stellen bereits deutlich geworden, schätzen wir die von Albert Pesso und Diane Boyden entwickelte Methode sehr und haben einige Bausteine für unsere Arbeit übernommen beziehungsweise für unser Konzept passend weiterentwickelt.

Neben der Grundannahme über die Bedeutung der Erfüllung von Grundbedürfnissen für die gesunde psychische und physische Entwicklung des Menschen nutzen wir gern Pessos Gesprächstechnik des Microtracking, mit der wir die Architektur und Organisation des Bewusstseins für den Patienten erfahrbar machen und ihm einen Zugang zu den Erinnerungen und damit im Zusammenhang stehenden Gefühlen ermöglichen.

Besonders dankbar sind wir für die »Erfindung« der idealen Figuren, Personen, Umstände, die als die stimmige, absolut richtige Antwort auf das, was gebraucht wird, Heilungsprozesse in Gang setzen und die wir abgewandelt dafür nutzen, reale Eltern ideal zu versorgen, um sie somit zu glaubhaften, versorgenden Eltern zu machen.

Unseres Erachtens ist die Treue des Kindes zu seinen realen Eltern so stark, dass eine imaginierte ideale »Fremdmutter« (oder ein »Fremdvater«) nicht vom Kind angenommen werden kann. Die Erfahrung zeigt uns, dass die ideale Heilung der »verwundeten« Ahnen, vor allem wenn sie weiter zurückliegt, als glaubhaft angenommen werden kann und die daraus resultierende Versorgung durch die ideal genährte Mutter oder dem Vater als neue »echte« Erfahrung ebenfalls angenommen und integriert werden kann.

Weitere therapeutische Interventionen sind:

- Gestalttherapie
- Traumatherapeutische Interventionen
- NLP, EMDR, SE
- Imaginationstechniken, Meditationen
- Integrative Körpertherapie
- Hypnotherapie

14 Ein sicherer Boden für den Heilungsprozess

Generation-Code-Seminare in der Praxis

Generation-Code-Seminare bedürfen, wie alle gruppentherapeutischen Settings und Selbsterfahrungsseminare, besonderer Sicherheitsvorkehrungen, um die Verletzbarkeit des Einzelnen sorgsam zu schützen und eine wohlwollende, konstruktive Zusammenarbeit sowie einen würdevollen und respektzollenden Umgang miteinander zu gestalten.

Die Schaffung einer sogenannten »Möglichkeitssphäre«[52], in der Familientherapie auch unter »Anschlussmanöver« bekannt, sorgt für eine innere Haltung der Gruppenleitung, die Hoffnung erzeugt und zur Veränderung einlädt, ohne eine Erwartung an den Protagonisten zu haben, und ihn niemals (be-)drängt.

Da die Auflösung des Generation-Codes eine ganzheitlich wirkende und umwälzende Veränderung mit sich bringt und einen kontinuierlichen, wachstumsfördernden Prozess in Gang setzt, kommt es im Verlauf zu fast gesetzmäßigen Irritationen, an die Heilungsschritte gekoppelt sind, die einer behutsamen und aufmerksamen Begleitung durch einen empathischen und wachsamen Therapeuten bedürfen.

Für einen guten Ablauf der Arbeit in der Gruppe möchten wir

folgende, aus langjähriger Praxis entstandenen Anregungen weitergeben.

Im Lauf der Jahre, die wir nun schon mit unserer geschilderten Methode arbeiten, haben wir ganz bestimmte Merkmale bei fast allen der Gruppenteilnehmer im Seminarverlauf feststellen können. Die den vier aufeinanderfolgenden Wochenenden mit etwa 16 bis 20 Stunden Arbeitsprogramm pro Workshop-Seminar innewohnenden, impulsgebenden Einheiten lösen in ihrer Dynamik Prozesse aus, die hier chronologisch kurz skizziert werden sollen.

1. Seminar

Hier geht es zunächst darum, sich kennenzulernen und mit den anderen sechs bis zehn Teilnehmern eine Atmosphäre zu schaffen, die es ermöglicht, dass Vertrauen und Wohlwollen wachsen. Nur so können sich alle mit der eigenen Geschichte und ihren intimen Gefühlen und Problemen zeigen und zumuten.

Wichtig an diesem ersten Abend ist hier daher:
a) eine lockere, fröhliche, spielerische Atmosphäre der Selbstverständlichkeit herzustellen, die Vertrautheit erzeugt. Wichtig ist, mögliche Ängste und Fremdheitsgefühle auszuschalten, damit der nächste Schritt – nämlich der Gruppe über die Vorstellung der jeweiligen Mutter/Tochter-, Vater/Sohn-, Mutter/Sohn- oder Vater/Tochter-Beziehung mithilfe des Mediums Symbolkarten etwas sehr Privates und Intimes von sich zu offenbaren – als das Natürlichste der Welt gelingen kann. Eine Haltung der Offenheit wird durch die Kommunikation und Interaktion zwischen den LeiterInnen wie nebenbei modellhaft erlebbar gemacht. Humor dient als »Transportmittel« und wird als eine Form der konstruktiven Erleichterung, etwas zu verarbeiten und anzunehmen, eingeführt.

Vorgespräche mit wenigstens einer der beiden LeiterInnen sollten auf jeden Fall dazugehören. Auch Informationen darüber, wer wen woher schon kennt und über welchen Weg die Person Zugang zu diesem Seminar gewonnen hat, sollten gegeben werden. Hingewiesen werden muss ausdrücklich darauf, dass alles, was in diesem Rahmen geäußert und gehört wird, dem Verschwiegenheitsgebot nach außen unterliegt.

Schon am ersten Abend werden maßgebliche Impulse gesetzt, die implizit folgende Regeln enthalten:

1. Respektiere dich und respektiert euch gegenseitig.
2. Helft euch, wenn ihr darum gebeten werdet.
3. Seid dankbar.
4. Wisset, dass ihr geliebt seid, du geliebt bist – jeder ist so, wie er ist, okay.
5. Öffnet euch für körperliche Berührungen, aber wisset, das euer Nein jederzeit respektiert wird.
6. Versuche und probiere neue Dinge aus.
7. Zeige engagierte Anteilnahme.
8. Sei präsent dabei.
9. Übe dich in authentischem Ausdruck, etwa: Lache laut und träume groß.

Diese Grundhaltung erzeugt in der Tat schnell eine Vertrautheit, die erwähnt und auf deren Schutz für den weiteren Verlauf explizit hingewiesen werden muss. So kann die sogenannte Möglichkeitssphäre systematisch aufgebaut werden. Übergeordnete Gruppenregeln werden benannt:

1. Jeder übernimmt Verantwortung für sich selbst und die Gruppen«seele«.
2. Störungen haben Vorrang, um Blockierungen auszuschließen und den Energiefluss zu sichern.
3. Blockierung durch kindlich-regressive Muster müssen wahrgenommen und ggf. zur Sprache gebracht werden.
4. »Nein« sagen, aber auch das »Nein« des Gegenübers akzeptieren.

b) Transparenz über den weiteren Ablauf des Seminars und Raum für Fragen werden am Ende des Abends behandelt, zum Beispiel, dass es jeden Morgen vor Beginn der Einzelarbeiten in der Gruppe eine körpertherapeutische, zum Thema und/oder zur Gruppenstimmung passende Erfahrungsübung geben wird. Sinn und Zweck werden erläutert.

c) Der nächste Tag beginnt mit einem sogenannten kleinen »Check-in« und einer »Restesammlung« von dem, was vom Vortag und der Nacht übrig geblieben ist und jetzt Raum haben muss, damit der Weg frei und das offene Sich-einlassen-Können möglich sind.

Die dann folgenden Sequenzen bringen durch die szenische Umsetzung der maßgeblichen Situation mit Mutter/Vater und das sich in aller Regel einstellende tiefe Berührt-Sein, die Notwendigkeit mit sich, eine – so nennen wir es – *Zuversichts-Perspektive*, eine positive, glaubhafte Zukunftsaussicht einzuführen. Ziel ist dabei, für Ermutigung zu sorgen. Die Tiefe des Erlebens, unter anderem auch durch das sogenannte »Trittbrettfahren«, das heißt das intensive Miterleben, löst oft eine tiefe Betroffenheit, ja ein Erschrecken aus, das aufgefangen werden muss. Die genaue Beobachtung des Gruppengeschehens ist hier notwendig, um immer wieder für Balance durch Relativierung, Benennung und Einordnung (Psychoedukation) zu sorgen.

Das schriftliche Festhalten des Arbeitsergebnisses – eine Fotokopie der vom Protagonisten gewählten Symbolkarte, das entschlüsselte Treuegebot und die dazugehörigen, in der Szene herausgearbeiteten Botschaften – werden zusammen mit einer auf den Protagonisten zugeschnittenen wachstumsfördernden Hausaufgabe am Ende des Wochenendes ausgehändigt.

Die Ernsthaftigkeit des Prozesses wird so betont (Verankerung) und die Verbindung gehalten – bis zum nächsten Wochenende.

d) Kontinuierliche Befindlichkeitsüberprüfung, Bemühungen, die

Sicht des Protagonisten auf die Welt zu verstehen und nachzuvollziehen, sorgen für das nötige Geborgenheits- und Zugehörigkeitsgefühl und die Sicherheit, über eine eigene Kompetenz zu verfügen und selbstbestimmt Einfluss auf den Prozess nehmen zu können. Die Abschlussrunde sorgt auch an diesem Punkt noch einmal für Klarheit. »Was nehme ich mit, was lass ich hier!«

In diesem Zusammenhang wird manchmal schon zum Abschluss des ersten Seminars deutlich, dass es notwendig ist, eine fachliche Begleitung zur Nachbetreuung in Form von Einzelsitzungen und/oder eine kleine Gruppenarbeit unter Leitung anzubieten, auch in Selbsthilfeform, oder aber Benennung von selbstgewählten Tutoren auf Zeit, die Ermunterung zu Telefonkontaktaufnahme bei Bedarf.

Der angestoßene Prozess hat Tiefenwirkung, auf die hingewiesen werden muss, schon allein auch deshalb, um bestimmte übliche, Reaktionen, wie eine persönliche Verunsicherung, Scham- und Schuldgefühle dem »bloßgestellten« Elternteil gegenüber, aber auch somatische, das heißt auf die Körperebene verschobene Ausdrucksformen, als »normal« einstufen zu können.

2. Seminar

a) Hier ist die Eincheck-Runde am ersten Abend von besonderer Bedeutung, um die Teilnehmer von dort »abzuholen«, wo sie sind. In aller Ausführlichkeit muss hier Raum gegeben werden, um Verständnisfragen, Kritik, Selbstzweifel, in der Zwischenzeit Aufgetauchtes, das mit dem Prozess in Verbindung gebracht wird, und Ähnliches austauschen und behandeln zu können.

Auch Ermunterungen oder Störungen, die empfunden werden, zum Beispiel auch untereinander, ohne dass hiermit eine gruppentherapeutische Dynamik unterstützt und erzeugt werden soll, sollten angesprochen werden, wenn sie wahrgenommen werden.

b) Am Ende der Arbeit mit der sogenannten Botschaften-Reihe der Ahnen, die an diesem Wochenende behandelt wird, einhergehend mit dem Erstellen des Heilserums, wird darauf hinzuweisen sein, dass mit zum Teil heftigen Körperreaktionen zu rechnen ist. Alle möglichen Symptome, die im Laufe des Lebens des Protagonisten schon einmal zur Bewältigung von überfordernden Gefühlen auf den Körper metaphorisch verschoben worden sind, zu seiner »biografischen Reaktion« gehört haben, wie Rheuma, Migräne, Sinusitis, Hautausschläge etc., können jetzt verstärkt auftreten. Der sogenannte Loslass-Schmerz zeigt sich hier als Phänomen. Gemeint ist damit, dass das, was der Körper bisher übernommen, getragen und eingelagert hat, spürbar wird. Er, dieser »treue Diener«, »wittert buchstäblich Morgenluft« und zeigt die »Flurschäden«. Das Normale daran muss aufgezeigt und verstehbar gemacht werden und hat eine entdramatisierende Wirkung.

Wichtig ist, dass hier nicht von feststehenden Wahrheiten ausgegangen werden darf, sondern dass es sich um Hypothesen handelt, die aufgeworfen und gemeinsam überprüft werden. Nach dem Motto: »Hypothesen sind wie Netze, die der Fischer auswirft, um Fische zu fangen. Wer kein Netz auswirft, kann auch nichts fangen!«

c) Weiter muss beachtet werden, dass das grandiose Kind mit seinem unumstößlichen Beschluss und seiner »rechten Hand«, der omnipotenten Instanz, und nun auch noch im Besitz des Heilserums, sich erstarkt fühlt, doch noch sein Ziel erreichen zu können: die frühe Mutter/den frühen Vater im Hier und Jetzt zu dem Elternteil zu machen, den es damals gebraucht hätte, um nun eine Nachentschädigung auf ganzer Linie zu erlangen. Hier kann sich ein großes Missverständnis aufbauen und eine enorme Enttäuschungswut breitmachen, und Frustration kann dann die Motivation beeinträchtigen, den Weg zum authentischen Selbst weiterzugehen. Auch hier muss die Leitung achtsam beobachten, Wahrgenommenes zur Sprache bringen, sowohl vorbeugend aufklären als auch nachsorgend betreuen.

d) Andeuten kann sich nach diesem Seminar auch schon die Identitätsverunsicherung, weil es ja nun nichts mehr zu tun gibt. Das, wofür sich das Individuum ins Leben gestellt sah, ist des tieferen Sinns beraubt. Ein gewisses Gefühl von Ödnis, Leere und Banalität kann sich vorübergehend breitmachen. Das neurotische Feuer der Leidenschaft ist erloschen! Das Neue, das jetzt wachsen kann, ist aber noch nicht zu erkennen. Verständlicherweise fühlt sich das nicht gut und beglückend an und kann dazu führen, alles infrage zu stellen. Auch hier muss auf den geradezu gesetzmäßig eintretenden Ablauf, die dazugehörige Dynamik, hingewiesen und mit Gleichnissen und einleuchtenden Beispielen die tieferliegende Sinnhaftigkeit aufgezeigt werden.

Es ist von uns immer wieder beobachtet worden, dass dieser Prozess sich schleichend, sozusagen »under cover«, vollzieht, die bisher chancenlos gebliebenen Persönlichkeitsanteile anfangen zu keimen. Die Wandlung geschieht nahezu unmerklich, und das unbefriedigende Gefühl, von dem man geglaubt hat, es verzöge sich einfach nicht, verebbt mehr und mehr. Es ist wie nach einem Buschfeuer, das zuerst nur schwarze Asche hinterlässt, die öde und trostlos wirkt, doch schon nach ein paar Wochen ein neues Grün hervorbringt, das frischer und stärker leuchtet denn je zuvor.

3. Seminar

a) Die Zurücknahme des erbrachten Opfers, die sozusagen wie eine Kündigung des kindlichen Treuevertrages daherkommt, ist Aufgabe dieses Seminars und geht oft einher mit Scham- und Schuldgefühlen dem »verratenen« Elternteil gegenüber. Deshalb haben wir diesen Vorgang, der sich intra- und interpsychisch auch so anfühlt, »Mord« genannt. De facto geht es nun darum, sich mit der Mutter- beziehungsweise Vaterlosigkeit auseinanderzusetzen, Eigenverantwortung als Erwachsener für das eigene Wohlergehen zu übernehmen, ohne den Umweg über die Eltern-»Rettung« weiter zu beschreiten. Die Ungeübtheit und durch erlittenen Mangel auch die

Unfähigkeit, sich um die Bedürfnisse des eigenen Inneren Kindes zu kümmern, stehen jetzt als zu beachtendes Merkmal, als Ergebnis der bisherigen Arbeit im Raum, und auch hier ist es wichtig, zur Annahme von Hilfe und Unterstützung zu ermutigen und Fehlinterpretationen von Versagertum zu entkräften.

b) Ein weiteres Phänomen, ebenfalls signifikant auftretend, ist die Neigung, sich nach dem »Mord« des einen Elternteils idealisierend dem anderen zuzuwenden. Natürlich wieder ausgestattet mit der Kindessehnsucht, jetzt doch, nachdem man selbst »geläutert« und »weitsichtig« geworden ist, zur positiven Veränderung anregen zu können, um dann endlich an elterlicher Zuwendung »satt« zu werden.

c) Es kommt auch vor, dass im Familienkreis und auch der erweiterten Familie ein gewisses »Messiastum«, ein missionarischer Eifer, einsetzt. Das Gefühl, eine neue, scheinbar sinnstiftende Aufgabe gefunden zu haben, scheint das erloschene Feuer wieder zu entfachen und dient zur Ablenkung, für sich selbst die notwendigen Schritte in die wahre Autonomie zu tun.

4. Seminar

a) Die Entlarvung der Scheinidentität, die den anstrengenden, erschöpfenden Einsatz offenlegt, der einem geradezu psychischen und physischen Burn-out Vorschub geleistet hat, geht oft einher mit einer lustlosen Ermüdung.

b) Die »Gesundschrumpfung« der daraus geborenen überbordenden Persönlichkeitsanteile hat zunächst dann auch Gefühle von Kleinmütigkeit, des »Umsonst« zur Folge und verführt dazu, nach einem erneuten Zur-Kraft-Kommen »die letzte Bastion« fit zu machen und mit einem neuerlichen Akt vom Mehr desselben »in den Kampf zu ziehen«, ohne das als solches zu bemerken und einzubeziehen. Auch dieses Muster als eine durchaus übliche Reaktionsform muss erklärt und an Beispielen verdeutlicht werden, um Reinszenierungen vorzubeugen.

c) Immer wieder ist es wichtig, zwischendrin den Prozess mit seinen Klippen zu erläutern, in seiner Logik zu veranschaulichen und gleichzeitig darauf hinzuweisen, was schon parallel als Erfolg sicht- und spürbar ist, also die Schulung im Spürbewusstsein vorzunehmen.

d) Die Abgabe des Gewinns, den man aus den Überlebens- und Bewältigungsstrategien, die nun nicht mehr passend sind, gewonnen hatte, führt häufig zu Verwechslungen mit dem Opfer, das man doch zurücknehmen sollte und manchmal nur widerstrebend wollte. Hier sind immer wieder differenzierende Erklärungen und für das jeweilige Individuum ganz spezifische, unterstützende Rückmeldungen zu geben.

Wie bei jedem tiefen Heilungsprozess gibt es auch hier ein Wissen im Inneren, das uns sagt, dass wir uns auf dem richtigen Weg befinden.

15 Generation-Code for Kids

Mit dem Wunsch, unsere Methode nicht nur rückwirkend therapeutisch einsetzten zu können, sondern auch gegenwärtig für Familien zu nutzen, während hier gerade jetzt jene Treueverträge von Kindern mit ihren Eltern geschlossen werden, begann ich, Sabine Lück, 2010 mit der Weiterentwicklung unseres Konzeptes zum Generation-Code for Kids.

Als Familientherapeutin und praktizierende Kinder- und Jugendlichenpsychotherapeutin hatte (und habe) ich die besten Voraussetzungen, um genau dieser Frage nachzugehen, ob und wie hier positiv eingegriffen werden kann.

Schauen wir uns die Entwicklungsphasen eines Kindes genauer an, wird deutlich, auf welchem Boden der jeweilige Beschluss des Kindes in Bezug auf die Rettung seiner Eltern gereift ist.

Die Entwicklungsaufgaben des Kindes vor dem Hintergrund seines Generation-Codes

Kaum jemand hat sich so sehr mit der Identitätssuche des Menschen im Rahmen von Lebensphasen auseinandergesetzt wie Erik H. Erikson. Vielleicht auch deshalb, weil er selbst lange nicht wusste, aber vielleicht unbewusst ahnte, dass sein biologischer Vater ein anderer war als der, mit dem er aufwuchs. Erst als Erwachsener änderte Erikson seinen Namen und näherte sich damit seinem biologischen Vater an, einem unbekannten Dänen, der Eriksons Mutter schon vor seiner Geburt verlassen hatte.

Das Stufenmodell der psychosozialen Entwicklung von Erikson entstand 1959. Hier teilt er das Leben eines Menschen in acht Entwicklungsphasen ein, die von der Kindheit bis ins hohe Alter aufeinander aufbauen. In jeder Stufe gibt es eine psychosoziale Entwicklung, in der es für das Kind beziehungsweise den Jugendlichen und Erwachsenen einen Konflikt oder eine Krise gibt, die es zu überwinden gilt. Ist der Konflikt gelöst, so hat der Mensch ausreichend Rüstzeug entwickelt, um die nächste Stufe bewältigen zu können. Nach Erikson können die Konflikte der nächsten Stufe jedoch nicht angemessen bewältigt werden, wenn die Krise der vorherigen Stufe nicht gemeistert werden konnte. Nach Freud entsteht hier eine sogenannte Fixierung: Das Kind und später auch der Erwachsene bleiben an bestimmten Punkten ihrer psychosozialen Entwicklung auf dieser Reifestufe »stehen«. So kann es zum Beispiel bei einer Störung während des ersten Stadiums – Vertrauen versus Misstrauen (nach Freud die orale Phase) – zu einer Fixierung, also einem Stehenbleiben auf dieser Stufe kommen und die Entwicklung von Depressionen, Essstörungen oder anderen Süchten begünstigen. Gelingt der Übergang vom zweiten zum dritten Stadium, der Autonomie versus Scham und Zweifel, nicht, ist es wahrscheinlich, dass sich eine zwanghafte Persönlichkeit entwickelt, die stark ordnungsliebend und penibel ist. Je nachdem, ob eine hysterische, zwanghafte oder depressive Störung überwiegt, kann man sagen, dass die Betroffenen in ihrer Entwicklung auf einer dieser Phasen (teilweise) stehen geblieben sind. Erikson behauptet, dass ein in jener Phase nicht gelöster Konflikt ein Leben lang aktuell bleibt. Die Abbildung gibt einen kurzen Überblick über die acht Stufen nach Erik H. Erikson:[53]

Stufenmodell NACH ERIKSON

STUFE (ALTER)	PSYCHOSOZIALE KRISE	WICHTIGE BEZIEHUNGEN	PSYCHOSOZIALE MODALITÄTEN	PSYCHOSOZIALE TUGENDEN	FEHLANPASSUNGEN & MALIGNITÄTEN
0–1 Baby	Vertrauen versus Misstrauen	Mutter	bekommen und etwas zurückgeben	Hoffnung, Vertrauen	sensorische Störung, Zurückgezogenheit
2–3 Kleinkind	Autonomie versus Scham und Zweifel	Eltern	festhalten und loslassen	Wille, Bestimmtheit	Impulsivität, Zwang
3–6 Vorschulkind	Initiative versus Schuld	Familie	nachlaufen, spielen	Zweck, Mut	Rücksichts-losigkeit, Hemmung
~7–12 Schulkind	Eifer versus Unterlegenheit	Nachbarschaft und Schule	wetteifern, Dinge gemeinsam tun	Kompetenz	niedrige Virtuosität, Trägheit
~12–18 Adoleszenz	Ich-Identität versus Rollenverwirrung	Peers, Rollenmodelle	»man selbst« sein, sich teilen	Treue, Loyalität	Fanatismus, Zurückweisung
die 20er Junger Erwachsener	Intimität versus Isolation	Partner, Freunde	sich in einen anderen verlieferen und finden	Liebe	Promiskuität, Exklusivität
späte 20er bis 50er Mittleres Erwachsensein	Generativität versus »self-absorption«	Haushalt, Arbeitskollegen	»to make be«, sich kümmern	Kümmern	»overextension«, Ablehnung
50er und darüber Reifes Erwachsensein	Integrität versus Verzweiflung	die Menschheit oder »meine Leute«	sein weil man gewesenist, dem Nichtsein ins Auge blicken	Weisheit	Anmßung, Verzewiflung

Der archaische Grundkonflikt zeigt sich in jeder Reifestufe eines Kindes mit unterschiedlichen Anforderungen der in dieser Phase anstehenden Entwicklungsaufgaben und des damit im Zusammenhang stehenden Entwicklungskonflikts.

In diesem Buch konzentrieren wir uns nur auf die Phasen der Kindheit bis hin zur Pubertät, da bis zu diesem Alter aus unserer Sicht alle maßgeblich prägenden Verträge bereits geschlossen wurden. Trotzdem sind die Phasen im Erwachsenenalter ebenso wichtig und vor allem systemisch bedeutsam, wenn es um das Verständnis der Familiendynamik geht. Eine siebzehnjährige Mutter, die noch in der Phase der Identitätsbildung ist und vielleicht in dieser Zeit sowieso verunsichert und auf Bestätigung von außen angewiesen, kann wiederum den Konflikt des Kindes nach Sicherheit und Halt nicht so gut begleiten, wie sie es schon fünf Jahre später könnte, in der Phase, wo Partner und Neugründung einer Familie Lebensziele sind. Wenn es also gelingen könnte, Bindungs- und Bezugspersonen rechtzeitig mit in den therapeutischen Prozess einzubinden und die Treueverträge und den jeweils dazugehörigen Generation-Code zu entschlüsseln, wäre eine altersgerechte Entwicklung in Richtung authentischer Autonomie von vornherein noch möglich, könnte man vorbestimmte generationale Prozesse frühzeitig stoppen.

Stufe 1: Das Baby – Vertrauen versus Misstrauen

»Ich bin, was man mir gibt«

Die erste Phase, auch oral-sensorische Phase genannt, erstreckt sich über das gesamte erste Lebensjahr und noch ein bisschen länger. Eine besonders sensible Zeit, in welcher der Grundstein für die Bindungsfähigkeit eines Menschen gelegt wird. In dieser Phase muss der kleine Säugling aus der in der Symbiose erlebten Einheit mit der Mutter allmählich in eine Erfahrung des Von-der-Mutter-Getrennt-Seins hineinwachsen. Idealerweise geht dies ganz allmählich und wachstumsbegleitend, dem »Tempo« des Kindes entsprechend vonstatten, sodass es lernen kann, mit seinen Trennungsverlustängsten umzugehen. Hierfür braucht es, wie schon an anderen Stellen dieses Buches erwähnt, verlässliche und feinfühlige Bezugs- und gleichzeitig Bindungspersonen, hauptsächlich natürlich die Mutter, die es spiegelt und ihm somit dazu verhilft, Urvertrauen entwickeln zu können.

Gemeistert hat das kleine Kind diese Phase, wenn es ihm gelungen ist, ein Urvertrauen und auch ein wenig Misstrauen (ausreichend genug, um nicht gutgläubig zu sein) zu erreichen. Das Gefühl, ich bin okay und die Welt ist ein sicherer Ort, in dem meine Bedürfnisse befriedigt werden, ist eine gute Grundvoraussetzung, um in die nächste Phase, in der es um erste bewusste Autonomieerlebnisse geht, einzusteigen. Wird der Säugling in dieser Phase jedoch nicht gespiegelt oder nicht ausreichend genug gesehen, kann er kein Gefühl dafür bekommen, dass es ihn unabhängig, also getrennt von der Mutter (oder einer adäquaten Bezugsperson), wirklich gibt. Wenn ihre zuverlässige Verfügbarkeit nicht in ausreichendem Maße gewährleistet ist, sowohl in äußerlicher wie auch innerer Präsenz, kann das Kind diese wichtige Entwicklung nicht angemessen vollziehen und wird es schwer haben, genügend hoffnungsfrohe Zuversicht ins Leben zu entwickeln. Eine eher depressive und ängstliche Persönlichkeit ist die Folge. Das gilt, wie man heute weiß, auch schon für die Zeit im Mutterleib. In Bezug auf den archaischen Grundkonflikt bedeutet es, dass der Säugling in seiner existenziellen Abhängigkeit sogar bereit ist, seine Entwicklung aufzugeben, wenn dies die Eltern zu sehr destabilisieren würde.

Im Fall von Lisa (siehe Kapitel 4) haben wir gesehen, dass sie bereits im Mutterleib ihren Platz nicht wirklich einnahm, es sich emotional-seelisch nicht zugestand, sich in die Gebärmutter einzugraben, um sich mit der Mutter zu verbinden. Sie blieb quasi jenes kleine befruchtete Ei auf dem Weg zur Gebärmutter, mit dem Gefühl, noch immer nicht angekommen zu sein. Auf das Recht zu verzichten, einen Platz einzunehmen, heißt auch, die Selbstverständlichkeit des Daseins nicht spüren zu können, sich nicht verbinden zu dürfen mit dem Leben, auf das natürliche Geben und Nehmen und daraus sich ergebende Fließen von Liebe zu verzichten.

Ohne sicheren Ort gibt es keine Entspannung, keine wirkliche Geborgenheit, keinen Raum, sich in Sicherheit auszubreiten, also von Grund auf vertrauensvoll in das Leben hineinzuwachsen. So kann ein gesundes Urvertrauen nicht gedeihen! Der eigentlich automatische Lebensimpuls, der nach Entfaltung strebt, ist in seinem Ausdruck eng mit dem spürbar drohenden Verlust der Mutter verbunden. Der zu leistende Konflikt, mit all seinen ambivalenten Gefühls- und Zustandsäußerungen, die typisch sind für diese Phase, kann in der Bewältigung nicht gelingen, da er (fantasiert) den »seelischen« Tod für die Mutter mit sich selbst bringen würde. Ohne sicheren Hafen, ohne eine Heimat fühlt man sich verloren wie ein kleines Boot im Sturm auf offenem Meer.

Einzig durch das Teilen des Schicksals, ihren Platz nicht einnehmen zu dürfen, werden Mutter und Tochter zur Notgemeinschaft und stellen damit eine Nähe über den geteilten Schmerz her. Noch einmal bezogen auf Lisa entstand das Drama transgenerational gesehen allerdings schon bei der Urgroßmutter, die bereits als Zweijährige den sicheren Platz verlor und die zweite Entwicklungsstufe deshalb nicht meistern konnte. Es kann sogar vermutet werden, dass die schuldhafte Verarbeitung des traumatischen Mutterverlustes vom Ururgroßvater, dessen Mutter bei seiner Geburt gestorben war, mit zu der Entscheidung beigetragen hatte, die erstgeborene Tochter (also jene Urgroßmutter) aus der Familie zu nehmen, wenn Geschwister geboren werden. Es sollte nie wieder eine Mutter bei der Geburt sterben, und so musste jegliche Überforderung vermieden werden.

Lisa verzichtet (opfert) ihren Platz und ihr Recht darauf, »belastend« für die Mutter zu sein. Da sein wollen ist in dieser Familie eine Gefahr für diese Mutter, von der man aber existenziell abhängig ist. In diesem Zustand kann das kleine Kind aber nicht nehmen und kann somit erneut (wie schon in den Generationen davor) keine Sättigung erfahren. Die fehlende Fähigkeit, nehmen zu können, ist blockiert. Diese Entwicklungsphase, wo es um den Konflikt Vertrauen versus Misstrauen geht, kann so nicht (ausreichend) gelöst werden.

Erst mussten Urgroßmutter, Großmutter und Mutter hypothetisch glaubhaft ideal versorgt sein, damit Lisa endlich ihren Platz einnehmen konnte. Das Heilserum konnte die Ahninnen mit dem versorgen, was sie zur rechten Zeit von der rechten Person am rechten Ort gebraucht hätten. Lisa kann jetzt ihre Entwicklung – durch Auflösung der Fixierung – nachholen und ihr eigenes authentisches Potenzial entwickeln.

Stufe 2: Das Kleinkind – Autonomie versus Abhängigkeit

»Ich bin, was ich will«

Die zweite Stufe nach Erikson wird auch anal-muskuläre Stufe genannt. Sie beginnt etwa im Alter von 16 Monaten und endet mit circa drei Jahren. Hier soll das Kind mehr Autonomie entwickeln und Scham und Zweifel, die oft mit Bestrebungen in diese Richtung verbunden sind, verringern. Werden Kinder in dieser Phase von ihren Eltern ermutigt und in ihrer Selbstwirksamkeit gestärkt, lernen sie, sich selbst zu vertrauen und Zutrauen in die eigenen Fähigkeiten zu entwickeln. Das Selbstwertgefühl wächst, die Verarbeitungsform, über Scham und Zweifel Konflikte zu lösen, nimmt ab, und autonome Schritte weg von ihrer Bindungsperson werden vorstellbar. Positive Trennungserfahrungen in kleinen verkraftbaren Dosen stärken das Kind und lehren es, dass ein Leben ohne Mama, zumindest vorübergehend, machbar ist.

Kann eine Mutter wie beispielsweise Susanne in unserem Fallbeispiel auf Seite 223 ihr Kind nicht altersgerecht loslassen, umsorgt es zu stark oder ermutigt das Kind nicht, solche Trennungen zu versuchen, kann sich kein Selbstvertrauen einstellen, und das Kind bleibt ängstlich und abhängig. Da aus Sicht des Generation-Codes aber gleichzeitig die Wunde der Mutter geschont werden muss, die bei Susanne ja ebenfalls in einer fehlenden Unterstützung in dieser (und der vorherigen) Phase begründet ist, kann selbst das positive Eingreifen eines Dritten (zum Beispiel einer Erzieherin oder des Kindsvaters) nicht ausreichend hilfreich sein. Zunächst muss der Treuevertrag des Kindes entschlüsselt und verstanden werden. Die kleine Mila, Susannes Tochter, die laut eigener Einschätzung eigentlich ein »Powergirl« war, verzichtete auf diese Power, um die Mutter nicht zu verlassen, die selbst diese Phase als kleines Kind nicht hatte meistern können. Susanne war bereits mit acht Wochen in die Krippe gegeben worden, da ihre alleinstehende Mutter ganztags hatte arbeiten müssen. Hier wird deutlich, wie ein nicht gelungener Reifeschritt der Mutter die jeweilige Entwicklungsstufe beim Kind beeinflusst und somit auch die nächsten Reifeschritte beim Kind behindert.

Im nächsten Kapitel zeigen wir Ihnen, wie man auf der Grundlage des Konzepts Generation-Code diese tiefen Konflikte in ihrer Verflochtenheit zwischen den Generationen aufspürt und lösen kann und ein gesunder Reifeprozess in Gang kommt.

Stufe 3: Das Kindergartenkind – Initiative versus Schuld

»Ich bin, was ich mir vorstellen kann zu werden«

Diese Stufe wird auch als genital-lokomotorische Stufe bezeichnet. Es ist das Spielalter, eine Zeit, in der das Kind im Alter zwischen drei und sechs Jahren sich das Leben mit seinen Abläufen, Gegebenheiten und Eigenarten im Spiel aneignet und dabei einüben lernt, wie es funktioniert. Es probiert sich aus, nimmt die Herausforderungen des Lebens an, ergreift sozusagen Initiative. Das Kind lernt, dass es auch seinen Beitrag leisten kann und Verantwortung für sein Tun übernehmen muss. Diese neue Stufe ermöglicht dem Kind auch, sein eigenes Verhalten in Bezug auf seine Folgen einschätzen zu lernen, weshalb es nun so etwas wie Schuld empfindet.

In diese Phase fällt auch die ödipale Krise, laut Freud die Notwendigkeit, sich von der Mutter zu lösen und sich hin zum Vater als zweiter liebenden Bezugsperson zu wenden. Die Tochter sollte beim Vater zwar Bestätigung erhalten, muss aber als »Partnerin« enttäuscht werden, damit hier keine »magische Hochzeit«, wie Albert Pesso es nennt, entstehen kann. So nimmt bei einem gesunden Prozess das Mädchen nach seiner Ablösung von der Mutter den Platz auf der Seite der Frauen ein, während der Junge sich von der Mutter löst, auch von ihr »enttäuscht« wird und erkennt, dass er nicht der Liebespartner sein kann und darüber hinaus noch nicht einmal eine erwachsene Frau wie die Mutter werden kann. So nimmt er seinen Platz beim Vater ein, der auch als Vorbild jetzt immer wichtiger wird. Eltern sollten in dieser Zeit ihr Kind bei der Geschlechtsrollenübernahme unterstützen, es ermuntern, ohne es zu überfordern. Das Kind kann sich jetzt Zukunft vorstellen und wird sich seiner eigenen Verwundbarkeit bewusster. So ist es auch die Zeit der Ängste, die entwicklungsbedingt auftreten. Gleichzeitig sucht das Kind die Herausforderung und möchte sich seinen Ängsten stellen.

Zu viel Schuldempfinden wegen vermeintlicher Fehlleistungen oder in der Annahme, in seiner So-heit nicht zu genügen, führt zu starker Gehemmtheit, das Kind versucht erst gar nicht, Initiative zu übernehmen. Doch zu wenig »Schuld« beziehungsweise Selbstbegrenzung und Selbstbezichtigung und zu viel raumgreifende Initiative führen zu rücksichtlosem Verhalten andern gegenüber. Pläne und Ziele werden dann auch auf Kosten anderer verfolgt; erhöhte Risikobereitschaft in unangemessener Form tritt auf.

Gelungen ist der Reifeschritt dann, wenn auch hier eine Balance entstanden ist, die adäquate Zielgerichtetheit zur Folge hat. Wenn etwa ein Treuevertrag nach dem Motto »Mit meinen weiblichen Fähigkeiten werde ich als Mädchen es schaffen, aus meinem Vater einen vernünftigen Ehemann zu machen, der seine Frau (meine Mutter) gut findet, es ihr sagt und sie lieb hat« besteht, ist in dieser Phase die Gefahr gegeben, dass es zu einer Fixierung im sogenannten *Perversen ödipalen Dreieck* kommt. Die Unzulänglichkeiten beider Elternteile will das Mädchen/der Junge kompensieren. Der Junge hat etwa den Vertrag: »Ich werde dir zeigen, wie man als Mann eine Frau (meine Mutter) zu behandeln hat, damit sie glücklich sein kann.« Es kommt auf diese Weise automatisch zu einer übergroßen Rivalität zum gleichgeschlechtlichen Elternteil, die schuldhaft erlebt wird und zur Entfremdung von diesem führt. Die Tochter wähnt sich also als die »bessere« Partnerin des Vaters, der Sohn als »der wahre« Partner der Mutter. Durch den Gewinn, den diese Bestätigung für das Selbstbewusstsein eines Kindes hat, wenn es plötzlich so wichtig für Mama oder Papa ist, wird es besonders schwer, diese Rolle wieder aufzugeben. Die Bedürftigkeit der Eltern, die des gegengeschlechtlichen Elternteils insbesondere, Wertschätzung und Anerkennung zu erfahren, wird über den Umweg befriedigt, sich jeweils bei ihren Kindern der hingebungsvollen Zuwendung sicher zu sein. Oft kann man davon ausgehen, dass Eltern, die ihrem Kind in dieser Phase nicht die passgenaue Antwort sind, ebenfalls selbst ihren Konflikt, der diese Reifestufe kennzeichnet, nicht lösen konnten. Eine Mutter, die ihren Vater beispielsweise aufgrund des Krieges nie kennengelernt hat, also als Erwachsene diese unbestätigte »Vatertochter« in sich trägt, wird versuchen, dies mit ihrem Sohn »nachzuholen«. Wenn der Vater als erreichbare Alternative fehlt oder aus irgendwelchen Gründen ausfällt, kann der Konflikt nicht oder nicht ausreichend gelöst werden. Dann bleibt das Kind an die Mutter gebunden und abhängig. Im sexuellen Bereich kann sich dies auch als Impotenz, Promiskuität oder Frigidität äußern.

Der nicht gelungene Reifeschritt hat schwerwiegende Folgen für die eigene Entwicklung und das spätere Gelingen einer glücklichen Partnerschaft als Erwachsener. Eine Auflösung des jeweiligen Generation-Codes mit der idealen Versorgung des Elternteils und die Vorstellung von einer idealen Versorgung für sich selbst bedeutet, dass der Reifeprozess doch noch vollzogen werden kann. So können sich dann auch Mut, Klarsicht, Verantwortungsbewusstsein und vor allem ein Wissen um die eigenen und fremden Grenzen entfalten.

Stufe 4: Das Schulkind – Eifer (Werksinn) versus Unterlegenheit

»Ich bin, was ich lerne«

Im Alter zwischen sechs und zwölf Jahren, in der sogenannten Latenzphase, besteht die Aufgabe für das Kind darin, soziale Fähigkeiten zu erlernen, die die Gesellschaft von ihm verlangt. Außerdem soll es das Bedürfnis entwickeln, kompetent zu sein. Wenn es *vorher* im Spiel so getan hat als ob, will es jetzt, dass man ihm zeigt, wie es wirklich geht.

Erfolgserlebnisse sind wichtig, und dabei sind es nun nicht mehr nur die Eltern oder nahe Familienmitglieder, die einen Einfluss, positiv wie negativ, auf das heranwachsende Kind haben.

So kann ein unsensibler Lehrer oder ein ablehnender Klassenkamerad das Selbstwertgefühl schwächen, während ein bestätigender Erwachsener dem Kind ermöglicht, seine eigene Kompetenz wahrzunehmen und stolz auf die eigene Leistung zu sein. In dieser Phase sollte die Lust am Lernen entwickelt werden. Eifer und Fleiß sollten jedoch nicht zu solch einem Leistungsdruck werden, dass sich das lebendige Kind in eine virtuose Marionette seiner ehrgeizigen Eltern verwandelt.

Nicht immer ist dies offensichtlich, da das Kind hinter der Wunde seiner Eltern, hervorgerufen zum Beispiel durch mangelnde Bestärkung und Lob in ihrer Kindheit, unbewusst die Sehnsucht danach wahrnimmt und nicht mehr zwischen dem eigenen Ehrgeiz und dem der Eltern unterscheiden kann. Das Kind tut dies dann aus Liebe für die Eltern und nicht, weil sie es von ihm erwarten. Wenn Kinder zu viel Beachtung für ihre Leistung und Talente erhalten, bauen sie ein einseitiges Selbstvertrauen auf, das sich über Leistung und Erfolg definiert, und haben dann das Gefühl, ihre »schwachen« Seiten, wie Angst oder Bedürftigkeit, nicht zeigen zu dürfen. So kann es schon früh zur Überforderung kommen, bei der das Kind nicht mehr Kind ist, sondern in Virtuosität brilliert.

Kinder, die Leistungssport oder musikalische Höchstleistungen vollbringen, bezahlen dies nicht selten mit dem Opfer einer sorglosen und entspannten Kindheit. Solche ehemaligen Virtuosen nennen bei einem späteren Burn-out oft den Zusammenhang mit ihren Kindheitserfahrungen. Nicht selten ist es hier der Glanz im Auge der Mutter oder des Vaters, der die Kinder anfeuerte, ihren Ehrgeiz antrieb, und obwohl sie nie offensichtlich gezwungen wurden, entwickelten sie einen derart großen Drang, immer weiter, besser oder schneller zu werden. Sie konnten nicht mehr aufhören, weil der Ehrgeiz zu gewinnen sie steuerte und nicht mehr der tatsächlich erreichte Erfolg.

Während dies ein Beispiel für einen zu sehr entwickelten Ehrgeiz darstellt und bereits den unbewussten Treuevertrag zum Vater erahnen lässt, kann es auch andersherum dazu kommen, dass Menschen sich minderwertig und unterlegen fühlen. Sie haben kein Vertrauen in sich selbst, geben schnell auf oder fangen erst gar nicht damit an, sich einer Herausforderung zu stellen. Sie entwickeln Versagensgefühle oder werden träge.

Gelungen ist der Reifeschritt, wenn Freude am Lernen der Hauptmotor wird, Pflicht und Lust in ausbalancierter Harmonie den kreativen Flow fördern und das Streben liebevoll begrenzen.

Stufe 5: Der/die Jugendliche – Ich-Identität versus Rollenverwirrung

»Ich bin, was ich bin«

Diese Stufe ist die Adoleszenz, die Pubertät, die im Alter von etwa zwölf Jahren beginnt und zwischen 18 und 20 Jahren endet. Diese Phase ist laut neuesten Erkenntnissen mit Ausnahme der vorgeburtlichen Phase eine Zeit, in der die Sexualhormone stärker als sonst in der Lage sind, die Schalter der Gene an- oder abzuschalten. Eine Phase des kompletten Umbaus im Gehirn, welches in dieser Zeit umstrukturiert wird, führt zu chaotischen emotionalen Zuständen, die alle Eltern von heranwachsenden Jugendlichen kennen und fürchten. In dieser Phase soll der Jugendliche eine Ich-Identität erreichen und Rollenverwirrung vermeiden lernen. Doch wer ist man selbst, und wie passt man in die gesellschaftliche Umgebung hinein?

In dieser Phase wird alles, was man bisher erfahren hat, zusammengenommen, um daraus ein einheitliches Selbstbild zu formen und dabei auch zu erreichen, dass die Gesellschaft es als bedeutsam ansieht.

Besonders wichtig sind in dieser Zeit die Übergänge vom Kind zum Erwachsenen, um die Unterscheidung zwischen scheinbar machtlosem Kind und scheinbar mächtigerem und verantwortlichem Erwachsenen besser zu spüren. Hierbei sind Rituale hilfreich. Erwachsene sollten ihre jugendlichen Kinder mit deren Frage »Wer bin ich?« ernst nehmen und sie darin unterstützen, ihren eigenen Weg zu finden. Erikson schlägt vor, dass Kinder eine Art »Time-out« nehmen, eine längere Reise machen, Pause machen sollten, um zu sich finden zu können.

Man kann sich jetzt leicht denken, wie bedeutsam der ungelöste archaische Grundkonflikt hier auf die Ich-Identität einwirkt. Wer bin ich, wenn ich unbewusst die Erwartungen, Sehnsüchte, aber auch Schulden der Ahnen bediene, ohne es zu wissen. In der Arbeit mit 14- bis 17-jährigen Jungen und Mädchen haben wir eine »softe« Version des Generation-Code-Konzepts angewandt und konnten die Jugendlichen sehr erfolgreich bei ihrer Suche nach sich selbst unterstützen. »Plötzlich war mein Weg frei, und ich drehte mich um. Jetzt konnte ich in meine Zukunft gehen, die Eltern zufrieden im Rücken« – so die Aussage eines 17-jährigen jungen Mannes, der aufgrund von Leistungsängsten zu mir gekommen war, um den Code, der ihn an seinen Vater band, zu lösen.

Nicht geglückte Bewältigung dieser Phase drückt sich in einem Zuviel an Ich-Identität aus, zu beobachten bei Menschen, die sich fanatisch in etwas hineinstürzen, das sie dann ohne Toleranz für die Andersartigkeit der anderen als das einzig Wahre idealisieren. Oder ein Mangel an Identität, wie das bei Menschen vorkommt, die sich aufgrund ihres mangelnden Selbstwertgefühls von anderen zurückziehen. Manche schließen sich dann einer Gruppe an, die ihnen die fehlende Ich-Identität ersetzt, wie zum Beispiel eine Gruppe mit religiösen Kulten, militärische Organisationen, Gruppen, deren Mitglieder oder Inhalte sich von der Masse abgrenzen, selbst wenn sie dadurch Ablehnung erfahren. »Besser böse sein als ein Niemand.« Dies mag ein Grund sein, warum junge Menschen, auch aus unserem Land, sich in dieser Lebensphase einer radikalen Gruppe wie dem IS anschließen – mit verheerenden Folgen für Leib und Seele.

In der Arbeit mit essgestörten jungen Mädchen und Frauen erleben wir oft Ähnliches, wenn diese lieber täglich am Tod »vorbeischlittern«, als das Gefühl spüren zu müssen, kein Selbst zu haben (beziehungsweise zu glauben, es nicht zu haben). Hinter den Treueverträgen dieser jungen Frauen offenbaren sich oft tragische Schicksale der Ahninnen und Ahnen, die einen extremen Angriff auf deren Selbst darstellten. Mütter, die für ihre Kinder verhungerten, vergewaltigte Mädchen, Mütter, die Kinder verloren oder selbst fast gestorben waren. Ihre einzige Überlebenschance waren Überlebensstrategien, wie wir sie oft bei Traumatisierten finden. Wenn es nicht mehr auszuhalten ist, verlässt die Seele, das Ich, den Körper und es entsteht jene tote, leere Seelenlandschaft, die wenig nährend für andere ist.

So ist es oft erst notwendig, die Seele der so grausam verwundeten Ahninnen und Ahnen *hypothetisch* mit dem heilenden Serum zu versorgen, damit dann der angereicherte neue Lebenssaft die Nabelschnur wieder durchblutet und den zukünftigen Nachkommen statt krankmachendem und ungenießbarem Trauma-Gift ein nährendes Lebenselixier weitergibt. Erst dann ist gesundes

Wachstum möglich, und auch diese Entwicklungsphase kann so erfolgreich gemeistert werden. Dies ist jedoch bei diesen schweren Fällen nicht ohne intensive Therapie durch erfahrene Spezialisten möglich.

Das Kind wieder sehen können

Den Blick der Eltern frei zu machen für die wahren Bedürfnisse des Kindes und ihnen gleichzeitig ein Handwerkszeug mitzugeben, mit dem Liebe und Glück gelingen können, sind die Ziele dieses Konzepts.

Von Milas heimlicher Stärke

Wie im Beispiel von Susanne, die allein mit ihrer Mutter in der ehemaligen DDR aufgewachsen war. Die Mutter hatte sie bereits mit acht Wochen in die Krippe gegeben, was damals eben üblich gewesen sei. Die alleinstehende Mutter musste ganztägig arbeiten und konnte die ersten Jahre, die für eine stabile sichere Bindung so notwendig sind, nicht ausreichend als Bindungsperson zur Verfügung stehen. Zudem gab es keine verlässliche Vaterfigur. Zum biologischen Vater hatte das Kind nie Kontakt. Susanne litt sehr unter der distanzierten, kühlen Beziehung zur Mutter und wollte dies unbedingt anders machen.

Als ihre kleine Tochter Mila auf die Welt kam, blieb sie selbstverständlich zu Hause, schenkte dem Kind all ihre Aufmerksamkeit – so, wie sie es sich von der eigenen Mutter gewünscht hatte. Da sie selbst aufgrund der frühen Trennung zu Verlust- und Trennungsängsten neigte, hatte sie Probleme, ihre eigene Tochter altersgerecht »loszulassen«, beantwortete jede Angst des Kindes mit überfürsorglichem Verhalten. So schürte sie regelrecht ein Vermeidungsverhalten bei Mila, und als die Tochter mit drei Jahren in den Kindergarten gehen sollte und beim Abschied zu weinen begann, nahm Susanne sie gleich wieder mit nach Hause. Ihr Kind sollte sich nicht so verlassen und allein fühlen, wie sie sich als kleines Kind gefühlt hatte.

Die Verwechslung mit der eigenen Geschichte ist für uns offensichtlich, und so konnte die Tochter auf diese Weise keine positiven Trennungserfahrungen machen, die für eine gesunde Entwicklung wichtig gewesen wären. Das Grundbedürfnis des kleinen Mädchens nach Unterstützung und Autonomie wurde nicht passgenau beantwortet, weil die Mutter bei diesem Grundbedürfnis ein Defizit erfahren hatte. Durch die Tatsache, zu früh von der eigenen Mutter getrennt worden zu sein und auch kein väterliches Korrektiv erfahren zu haben, erlebte die Mutter nun ihre eigene kindliche Not, und wenn sie glaubte, die Tochter würde Unsicherheit und Trennungsschmerz fühlen, gab sie der Tochter, was sie selbst als Kind gebraucht hätte, ohne zu sehen, welche Unterstützung ihr Kind wirklich gebraucht hätte. Zudem spürte das kleine Mädchen, wie schlecht es der Mutter mit der Trennung von ihm ging, wenn sie es im Kindergarten zurücklassen sollte, und »sorgte« mit anklammerndem Verhalten dafür, dass die Mutter keine (erneute) Trennung erdulden musste. Das Kind schützte die Mutter an ihrem wundesten Punkt. Die Mutter wollte es für ihr Kind besser machen als ihre eigene Mutter und transportierte damit unbewusst ihren eigenen Mangel. So wird ihre Wunde für das Kind spürbar und damit zum unbewussten Auftrag für die Tochter.

Die Mutter mit ihrer Sehnsucht nach einer beständigen, anwesenden Mutter »klammert« sich jetzt an ihr Kind, das somit zum Objekt wird, welches die Mutter damals gebraucht hätte. So »versorgt« hier das Kind die Mutter und geht den sogenannten Treuevertrag ein. Die kleine Tochter in unserem Beispiel hätte eine Mutter gebraucht, die sie auch in ihren Wünschen nach Selbstbestimmung unterstützt, die ihrem Kind die Sicherheit vermittelt hätte, mit dem Trennungsschmerz umgehen zu können, die Angst vor dem Getrenntsein bewältigen zu können. Die sicher liebevolle und behütende Mutter handelte im Glauben, ihrem Kind eine bessere Mutter gewesen zu sein, als die eigene es für sie selbst gewesen war, und irrte sich in diesem Fall. Die eigene Erfahrung der Mutter mit ihrer Mutter bestimmte entscheidend mit, in welcher Weise sie sich ihrem Kind zuwenden konnte.

Kindertherapie in Gegenwart der Eltern

Im Rahmen einer Betreuung dieser Familie mit Generation-Code for Kids wurde zunächst eine Eltern-Kind-Sitzung angeboten, die dabei helfen sollte, eine klare Sicht auf die kleine Tochter zu bekommen, und die mir als Therapeutin erste diagnostische Hinweise geben sollte.

Da Mila erst vier Jahre alt war, setzte ich ein Spiel als Medium in dieser Stunde ein. »Kleine Angsthäschen«, ein eigens für diese Arbeit entwickeltes Spiel zum Thema entwicklungsbedingter Kinderängste, ermöglicht mit echten Hasenhandpuppen und einem therapeutischen Spielmechanismus, das Thema Ängste und den Umgang damit durch ein Identifizieren mit den Hasen zu bearbeiten.

Die als »ideal« vorgegebenen Haseneltern ermöglichen dabei ihren neugierigen, aber ängstlichen Hasenkindern die passgenaue Beantwortung ihrer Grundbedürfnisse (Platz, Schutz, Nahrung, Unterstützung und Grenzen).

Durch das auf dem Kohlfeld zufällige Auftauchen unterschiedlicher Kinderängste, versteckt unter den Kohlköpfen, wird hier das angstbesetzte Thema mit Spaß und Neugierde angegangen und sofort ressourcenorientiert beantwortet. Durch gleichzeitige emotionsfokussierte Gesprächstechnik (zum Beispiel mit dem von Albert Pesso entwickelten Microtracking) wurde hier das kleine Mädchen mit ihren Gefühlen gespiegelt.

Wie in den meisten Fällen brachte Mila rasch ihre eigenen Lösungsvorschläge mit ein, wenn es darum ging, welchen Tipp die Hasenmutter für ihr Hasenkind haben sollte. Die Eltern, die ebenfalls ein kleines Angsthäschen spielen, kommen auf diese Weise auch in den Genuss, eigene Ängste zu benennen und um Hilfe zu bitten –

diagnostisch besonders wertvolle Momente. In unserem Fall wollte die Mutter nur ein Angsthäschen spielen, und so übernahm ich zunächst Mutter Hase, während der Vater zusätzlich zu seinem Angsthasen Vater Hase übernahm.

Bei ihrem großen Abenteuer, ohne Eltern auf das Kohlfeld zu gehen (Drang nach Autonomie und Entfaltung), stellen sich die kleinen Häschen ihren typischen Kinderängsten. Auch die Angst vor Trennung kommt hier vor. Solange ein Häschen noch keinen eigenen Tipp für den Umgang mit »seiner« Angst gefunden hat, darf (oder muss) es zurück zur Mutter in die Schürzentasche oder zum Vater in den Rucksack (sicherer Hafen). Hier finden die Häschen Schutz und bekommen einen Tipp von den Eltern, wie sie die Angst bewältigen können. Hierbei muss der Therapeut, die Therapeutin korrigierend eingreifen, falls die Haseneltern nicht weiter wissen oder einen unpassenden Vorschlag machen, also eine Idee äußern, die nicht hilfreich ist. So ist es zum Beispiel nicht sinnvoll, bei der Angst vor Hund oder Fuchs zu sagen, dass das Häschen keine Angst haben müsse. Selbstverständlich sollte es hier Angst haben und sich schnell in Sicherheit bringen. Wie Erikson es so schön beschreibt, ist die Reife einer Entwicklungsstufe erst dann wirklich erreicht, wenn das Kind nicht nur in ein Extrem gerutscht ist, also nur noch mutig, besser gesagt, übermütig wäre. Reifes Verhalten wäre hier also Mut und auch etwas angemessene Ängstlichkeit.

Eine weitere Möglichkeit des Spiels ist die Vermittlung von Selbstwirksamkeit durch die Möglichkeit, eine neue Lernerfahrung zu machen. Indem die kleinen Angsthäschen Tipps auf dem Kohlfeld finden (positive Lernerfahrungen) und als hilfreich annehmen, kann dieser Tipp dann auch zusammen mit Eltern und Therapeutin »geübt« werden.

In unserem Falle war es unter anderem der Tipp »sich den Rücken stärken lassen«. Ich möchte Ihnen an dieser Stelle beispielhaft zeigen, wie sich hier schon der Generation-Code zeigt und sich durch eine Korrektur elterlicher Kindheitserfahrung neue Möglichkeiten im Verhalten von Eltern und Kind eröffnen: Mila durfte nun selbst ihre Eltern als Rückenstärkung für sich im Raum aufbauen und ihnen Anweisungen geben, wie sie als Tochter es brauche, um eine Angst zu bewältigen. Sie wählte tatsächlich ihren Konflikt mit dem Kindergartenbesuch, vielleicht auch weil die Eltern diesen als Anlass für den Praxisbesuch erwähnt hatten. Jetzt gab sie den Eltern vor, wie genau diese hinter ihr stehen sollten. Beide sollten ihren Rücken berühren, und der Vater musste die Mutter in den Arm nehmen. Dann sollte der Vater zu ihr sagen: »Hey, Powergirl, du schaffst es!«, und zur Mutter: »Sie ist ein starkes Mädchen, mach dir keine Sorgen!« Der Vater konnte dies ohne Probleme umsetzen, und »Powergirl« Mila strahlte.

Ich bestätigte Mila, wie gut es für sie sei, den Vater dies sagen zu hören, und dass auch Mama es ja jetzt wisse. Sie schaute verunsichert und fragend zur Mutter, und auch das spiegelte ich ihr. »Wie unsicher du dich fühlst, wenn du darüber nachdenkst – ob Mama das jetzt auch weiß?« Mila nickte, und bevor die Mutter etwas sagen konnte, fragte ich Mila, was sie wohl darüber denke, was der Mutter fehle, um dies glauben zu können. »Sie hat ja selbst immer Angst«, platzte das Mädchen heraus und schaute die Mutter besorgt und ein wenig schuldbewusst an.

»Vielleicht hätte sie auch als Kind einen Papa gebraucht, der gewusst hätte, dass sie ein Powergirl war?«, schlug ich Mila vor.

»Mama war kein Powergirl«, sagte Mila, »sie hatte auch keinen Papa.«

»Was glaubst du, hätte sie gebraucht, um ein Powergirl zu sein?«, fragte ich. Man konnte Mila ansehen, wie es in ihr arbeitete, während sie innerlich vom unbewussten Wissen über die Defizite der Mutter und der durch die Intervention angeregten Möglichkeit einer Lösung hin und her pendelte.

»Einen Papa, der sie lieb hat, so wie mein Papa«, platzte sie dann freudestrahlend heraus und legte die Hand des Vaters auf den Arm der Mutter.

Jetzt nahm ich wieder die Angsthäschen zur Hand, während ich nebenbei erwähnte, dass Papa ja aber ihr Mann und nicht ihr Vater sei. Dann wählte ich das Angsthäschen, mit dem die Mutter vorher gespielt hatte. Mit einem kleinen Puppenspiel schlug ich Mila folgende Szene als »Versorgung« der Mutter als Kind vor, wobei ich darauf achtete, ihre Lösung einzubauen:

»Wenn das jetzt also Mama als Kind wäre, und das hier ein Vater, wie sie ihn gebraucht hätte, dann würde der sagen: ›Ich hab dich sehr lieb und bin immer bei dir!‹« Mila nickte, und ich bekräftigte noch einmal, wie einverstanden sie mit dieser Versorgung der Mutter sei. Diese stellvertretende ideale Versorgung der Mutter wird jetzt als neues »Wissen« abgespeichert und stellt bereits einen wichtigen Teil zur Auflösung des Trennungskonflikts von Mila dar.

Mutter und Vater, die beide während dieser Arbeit sehr zurückhaltend waren, kamen nun zu Wort. Sie waren von dieser Erfahrung sehr berührt, und die Mutter verstand den Zusammenhang ihrer eigenen Verlustgefühle mit der Trennungsangst der Tochter.

Sie waren auch beide sichtlich beeindruckt von dem »Wissen« ihrer Tochter.

Mutter Susanne sagte zu Mila: »Ich habe jetzt verstanden, dass du ein Powergirl bist und ich das nur nicht glauben konnte, weil ich selbst keins war.«

Milas Vater nahm seine Tochter bei der Hand und sagte: »Ich werde dir jetzt öfter sagen, wie stark ich dich finde. Und außerdem finde ich dich auch ganz schön schlau. Ich bin stolz auf dich!«

Durch ein ressourcenorientiertes Vorgehen entsteht wie hier schon im ersten Gespräch ein berührender neuer Kontakt zwischen Eltern und Kind, der nachhaltig wirkt. Eltern bekommen die Möglichkeit, ihr Kind besser zu verstehen. Auch das Kind selbst erfährt eine neue Möglichkeit des Gesehenwerdens durch Spiegelung seiner Emotionen und erhält Zugang zu seinen Gefühlen. Spezielle Gesprächstechniken aus unterschiedlichen familientherapeutischen Schulen greifen hier ineinander und helfen dabei, das eigene Verhalten beziehungsweise das Verhalten des Kindes, neu zu sehen. Die Eltern erhalten Einblick in die seelische Erlebniswelt ihres Kindes und seine emotionalen Bedürfnisse. Im weiteren Verlauf haben die Eltern die Möglichkeit, die transgenerationale Bedeutung der vom Kind gezeigten Symptome nachzuvollziehen und auf einer tieferen Ebene zu verstehen.

Elterngespräche vor dem Hintergrund des Generation-Codes

In diesen Gesprächen stehen die Eltern mit ihrer eigenen Biografie im Vordergrund. Anhand ihrer Ahnengeschichten können sie bereits im ersten Gespräch wichtige Zusammenhänge zwischen ihrer Biografie und ihrem Handeln als Mutter/Vater verstehen. Je nach der Fähigkeit zur Selbstreflexion können sich Eltern bewusst werden, welche Erwartungen oder Sehnsüchte sie an ihre Kinder richten und wie diese den Generation-Code des Kindes geprägt haben.

Indem Sie beginnen, Ihre eigenen Wunden zu verstehen, können Sie besser erkennen, womit Sie Ihre eigenen Kinder »verletzt« haben. Bei dieser Stammbaumarbeit setze ich oft das Therapiespiel zum Generation-Code »Starke Wurzeln« ein (siehe auch Kapitel 16). Die Stärkung von Ressourcen und ein Bewusstmachen des eigenen Potenzials sowie des Potenzials des Kindes helfen dabei, auch die eigenen Schatten zu betrachten.

Klare Orientierung und Hilfestellungen mit unterschiedlichen Interventionen und in verschiedenen Settings

Durch das Erleben der eigenen korrigierten Kindheitserfahrungen lernen Eltern und andere Bezugspersonen (Pflege- oder Adoptiveltern, andere Familienmitglieder oder andere wichtige Bindungspersonen) zu unterscheiden zwischen eigenen Bedürfnissen und denen des Kindes. Das Bewusstmachen und Begreifen der persönlichen

Kindheitserfahrungen und die damit im Zusammenhang stehenden Übertragungen auf das eigene Kind helfen Eltern, ihr Kind in seinem So-Sein zu sehen und zu verstehen.

Sie lernen sich und ihre Gefühle in Bezug auf die Grundbedürfnisse und ihre persönlichen Bedürfnisziele kennen und erfahren, wie sie ihr Kind dabei unterstützen können, mit seinen Gefühlen wie Angst, Freude, Wut, Neid, Frust, Trennungsängsten, Heimweh etc. umzugehen. Ein spielerisches Training hilft dabei, die passgenaue »Antwort« für das jeweilige Gefühl und Bedürfnis zu finden. Die Eltern werden wieder die *angemessene Antwort* auf die Bedürfnisse ihrer Kinder!

Spielerisches Training für eine gelungene Selbstwahrnehmung mit der »Spiele Apotheke®«

Dieses Eltern-Kind-Coaching mit Spielen zur Förderung von Bindungs- und Beziehungsfähigkeit wurde von mir, Sabine Lück 2013 für Fachleute in KiTa, Elternzentren, Beratungszentren, Grundschulen, KJP Jugendhilfe etc. entwickelt.

Unter dem Einsatz der »Spiele Apotheke« können Familien eine gelungene Selbstwahrnehmung und die Entwicklung von Empathiefähigkeit trainieren. Kinder und Eltern lernen dabei ihre Gefühle spielerisch kennen und werden dazu befähigt, diese dann auch zu kommunizieren.

Mit ressourcenorientierten Spieleinhalten und Spielmechanismen, die bereits selbst eine therapeutische Intervention darstellen, können neue Erfahrungen gemacht werden.

So wird zum Beispiel eine neue Streitkultur »geprobt«, in dem das Lernspiel »Wutschaf« im Rahmen der Eltern-Kind-Sitzung, Familien- oder Paartherapie eingesetzt wird. Bei diesem Spiel wird das »Aktive Zuhören«, eine klassische Intervention der Systemischen Therapie, erlernt und ermöglicht beiden Gesprächspartnern eine neue Sicht auf den anderen. Auch heftige Konflikte lassen sich auf diese Weise erfolgreich lösen.

Diese und andere Interventionen der »Spiele Apotheke« schulen einerseits das passgenaue Beantworten der kindlichen Bedürfnisse, anderseits machen sie alle Mitglieder der Familie sensibel für die Unterschiedlichkeit der einzelnen Familienmitglieder und ihre Bedürfnisse. Eltern-Kind-Coaching mit therapeutischen Spielen hilft zudem dabei, belastete Themenbereiche wie Ängste, Sorgen, Konflikte positiv und konstruktiv zu erfahren und lösungsorientiert zu reagieren.

Das Entwickeln von persönlichen und gemeinsamen Ritualen

Menschen brauchen Rituale, um sich sicher und geborgen zu fühlen.

- Rituale helfen bei Übergangssituationen.
- Rituale sorgen für Sicherheit, bieten Halt, stärken Zusammenhalt der Familie … stärken Ich- und Wir-Gefühl.
- Rituale helfen dabei, uns und unser Leben zu strukturieren.
- Rituale erleichtern Abläufe und Alltagspflichten einzuhalten.
- Rituale fördern Veränderungen und Loslassen des alten Zustands.

Gemeinsam entwickeln Eltern und Kinder oder auch Paare individuelle Rituale, die dabei helfen, neu erworbene Fähigkeiten im Verhalten zu stärken und für eine nachhaltige Wirkung zu sorgen.

Im vorherigen Fall der kleinen Mila setzten Mutter und Kind als Unterstützung für Milas neuen Anlauf, den Kindergarten zu besuchen, das Ritual-Spiel »Herzensverbinder« ein, das sie zuvor in der »Spiele Apotheke®« in meiner Praxis ausgeliehen hatten: zwei Kuscheltäschchen mit je einem kleinen abnehmbaren Herzen.

Diese kleinen Helfer werden in einem Ritual mit Energie aufgeladen und stärken Mutter und Tochter bei Sehnsucht, Heimweh und anderen Herausforderungen rund um das Thema Trennung und Autonomie, Liebe und Bindung.

Die Herzen der Herzensverbinder werden nach dem Aufladen ausgetauscht. So erhält das Kind das von der Mutter aufgeladene und symbolisch für ihre Liebe zum Kind stehende Herz und umgekehrt. Zusätzlich kann man dem anderen etwas Persönliches wie ein Foto, eine Haarlocke oder eine kleine Trostüberraschung in die Tasche seines Herzensverbinders legen und andersherum ebenso.

Entscheidend bei diesem Ritual ist es, dass auch die Mutter (oder die betreffende Bindungsperson) etwas vom Kind zum Trost erhält. Es hilft der Mutter ebenso, wie es das Kind beruhigt, wenn es weiß, dass die Mutter versorgt ist. Idealerweise hat jedoch vorher im therapeutischen Setting eine ideale Versorgung der Mutter (Bindungsperson) stattgefunden, wie ich es mit der idealen Hasenmutter vorgemacht habe. Dann versteht das Kind, dass es eigentlich nicht seine Aufgabe ist, die Mutter zu versorgen. Auf einer unbewussten Ebene trifft diese Information auf das genetisch vorgegebene Wissen, wie es eigentlich richtig ist, und entbindet das Kind von der »Rolle«, die es inzwischen für die Mutter (oder andere Bezugsperson) eingenommen hat. Trotzdem ist es sinnvoll, dem Kind diese Möglichkeit zu geben, denn dann kann es sich aus der Aufmerksamkeit für die Mutter lösen und sich dem eigenen Leben (im Kindergarten) zuwenden.

Jeder nimmt also nun das Herz des anderen in seiner eigenen Tasche mit und lässt seins in der Obhut des anderen. Immer wenn Sorge oder Unruhe aufkommen, können Mutter und Tochter den Herzensverbinder fest an sich drücken und sich daran erinnern, dass sie mit dem anderen verbunden sind, auch wenn sie sich nicht sehen. Das Foto, die Haarlocke oder zum Beispiel ein kleines selbstgemaltes Bild unterstützen diesen Prozess.

Drei Wochen lang dienten die Herzensverbinder täglich dieser Herzensangelegenheit, dann schon brachten sie mir die Taschen zurück. Milas Kommentar: »Mama und ich brauchen sie nicht mehr, unsere echten Herzen sind jetzt aufgeladen«, machte mich neugierig. Zusammen hatten die beiden ein neues Ritual entwickelt, das ganz ihr eigenes war und das sie nun jeden Morgen vor dem Kindergarten durchführten. Sie legten einander die Hand auf das echte Herz des anderen und »luden« sich gegenseitig mit Liebe auf. »Das hält wie ein Akku, den ganzen Tag!« Zufrieden verabschiedete Mila sich von mir. Die Mutter entschloss sich nach dieser Erfahrung, ihren Generation-Code zu lösen, um ihre wichtigen noch ausstehenden Reifeschritte nachholen zu können.

Generation-Code for Kids und Familientherapie

Generation-Code ist ein systemisch-integrativer Therapieansatz, der sich eingliedern lässt in die verschiedenen Methoden der Familientherapie, wie sie stetig unter dem Dach der Deutschen Gesellschaft für Systemische Therapie, Beratung und Familientherapie (DGSF) weiterentwickelt worden sind, im Sinne von Ganzheitlichkeit. Unter diesem Punkt möchte ich aber ganz speziell auf das Setting der Familiensitzung eingehen. Hier kommt die reale Familie zusammen, im Idealfall tatsächlich alle Mitglieder der Kernfamilie und sogar weitere Generationen, wie zum Beispiel die Großeltern. Letzteres kommt vor, wenn auch nicht häufig.

Durch meine Ausbildung zur Familientherapeutin bei Prof. Dr. Martin Kirschenbaum, einem Meister in der Beherrschung eines integrativen Arbeitsstils, der auch immer die tiefenpsychologische Perspektive und die intrapsychische Dynamik des Individuums in die therapeutische Arbeit mit einbezogen hat,[54] habe ich schon immer, den Integrativen Arbeitsansatz wahrend, mit Familien gearbeitet. So haben die verschiedenen familientherapeutischen Schulen und deren Interventionen Einfluss auf meine Arbeit genommen. Aus dem inzwischen reichen Fundus an Möglichkeiten möchte ich hier nun Familientherapie mit dem sogenannten »Schicksalsrad« vorstellen.

Das Schicksalsrad ist eine der beiden Spielvarianten aus dem Spiel »Starke Wurzeln«, welches ich in Kapitel 16 näher vorstellen werde. Grundlage dieses therapeutischen Mediums ist die Arbeit mit dem Generation-Code auf einer spielerischen Basis. Um Menschen an das Thema »Transgenerationale Weitergabe von Familienthemen« heranzuführen, aber auch als Einstieg in eine weitergehende beziehungsweise sich anschließende Familientherapie eignet sich dieses niedrigschwellige Spiel hervorragend.

Im Folgenden ein Beispiel aus meinem therapeutischen Alltag:

Svea und die verschlossene Knospe

Und es kam der Tag, da das Risiko, in der Knospe zu verharren, schmerzvoller wurde als das Risiko zu blühen.
Anaïs Nin

Svea, eine junge Frau, seit dem 13. Lebensjahr an Magersucht erkrankt, kommt nun als Neunzehnjährige zum ersten Mal selbst um Hilfe ersuchend in unser Institut. Sie würde gern ihre Familie mit in den therapeutischen Prozess einbeziehen. In der Vergangenheit habe es jedoch viele Eingriffe und Übergriffe in die Persönlichkeitssphäre der jungen Frau gegeben, weshalb ihr Misstrauen Menschen gegenüber sehr groß sei. Sie habe sich im Laufe der Jahre sehr zurückgezogen, habe keine Freunde, habe nur für ihr geliebtes Pferd gelebt. Außerdem unterstütze sie die überforderte Mutter im Haushalt. Zur Schule geht Svea seit Längerem nicht. Sie traue sich nichts mehr zu und habe eine Schulangst entwickelt. Die Eltern würden sie nun ständig bedrängen, da sie inzwischen ja schon 19 Jahre alt sei und ihre Zukunft noch gar keine Richtung habe. Einerseits möchte Svea endlich, dass »die Eltern auch mal bei sich schauen, anstatt immer nur bei mir«, andererseits möchte sie in keinem Fall etwas von sich preisgeben und damit den Eltern erneute Übergriffe ermöglichen. Es »sind da zwei Seelen in meiner Brust«.

Svea hat mehrere Klinikaufenthalte und Einzeltherapien hinter sich, die jedoch bis auf die letzte Klinik für sie nicht hilfreich waren beziehungsweise an der Hartnäckigkeit des Symptoms nichts verändert hatten.

Das Schicksalsrad

In der ersten Familiensitzung spielten wir das Spiel »Starke Wurzeln« unter Einsatz des Spielbausteins »Schicksalsrad«. Ich beließ es dabei, die dort vorkommenden Fragen und Interventionen ohne jegliche weitere Vertiefung im therapeutischen Sinne beantworten zu lassen. Die Eltern schienen zunächst etwas misstrauisch zu sein, wie man nun (nur) mit einem Spiel der Tochter helfen wolle, aber ließen sich trotzdem bereitwillig auf den Prozess ein. Zuvor hatte ich mit der Familie noch die Regel abgestimmt, dass jeder Anwesende in Anbetracht der eigenen Grenzwahrung nicht auf die entsprechende aufkommende Frage oder Intervention antworten müsse, wenn er es nicht wolle. Trotzdem kam es schon in der ersten Sitzung zu neuen und hilfreichen Erkenntnissen bei allen Familienmitgliedern.

Mit dem »Schicksalsrad« hatte jeder Mitspieler Fragen zu Personen aus der Familie zu beantworten und konnte auch direkte Fragen an die anwesenden Mitglieder stellen. Durch ressourcenorientierte Spielschritte wie der Frage: »Wie oder womit hat Person X deine Wurzeln gestärkt?«, konnte der Boden für ein positives und Vertrauen stärkendes Klima entstehen. Bei der Aufgabe, die Familie als Skulptur zu stellen, wurde herzlich gelacht, auch wenn sich jeder in seiner speziellen Position »erkannt«, ja geradezu »ertappt« fühlte. Bei der Frage, welche Märchenfigur der Bruder wohl sei, wenn er eine wäre, waren sich alle erstaunlich einig, und es entstand eine vertrauensvolle und wohlwollende Atmosphäre. Alle waren bereit, beim nächsten Mal wiederzukommen, und auch Svea schien erleichtert und hoffnungsvoll. »Vielleicht kann die Therapie doch ein Umdenken meiner Familie erreichen«, meinte sie zum Abschluss. Beim nächsten Mal erfuhr man wie nebenbei von der belasteten Kindheit der Großmutter mütterlicherseits, deren Mutter Selbstmord begangen hatte, nachdem der Ehemann laufend fremdgegangen sei. Sveas Mutter war damals fünf Jahre alt und ihre Mutter, Sveas Großmutter, damals 25 und mit dem zweiten Kind schwanger.

Den anwesenden Familienmitgliedern wurde plötzlich klar, wie sehr dieses Ereignis die damals fünfjährige Mutter von Svea beeinflusst hatte und erklärte, warum sie ständig um das Wohlbefinden der anderen besorgt war, jedoch für sich selbst nichts fordern konnte. Um diese Bedeutung noch besser einzuordnen, erklärte ich der Familie, in welcher Entwicklungsphase die Fünfjährige von diesem Ereignis wohl belastet worden war, und fand mit Sveas Mutter heraus, welchen Treuevertrag sie damals möglicherweise mit der eigenen Mutter eingegangen war. In diesem Alter stand die nach E. Erikson benannte dritte Phase zur Bewältigung an, welche von der Auseinandersetzung zwischen Initiative versus Schuldgefühl bestimmt ist. Eine Zeit, in der das immer noch eng an die Mutter gebundene Kind beginnt, sich von dieser schrittweise zu lösen und sich dem Vater zuzuwenden. Der Ödipuskomplex muss hier gelöst werden, um eine reifere Stufe der Entwicklung zu erreichen. In dieser Phase entsteht ebenfalls die kindliche Moral, einhergehend mit Gerechtigkeitsempfinden und dem Aufkommen von Schuldgefühlen.

Durch eine Fixierung, also eine nicht gelungene Lösung der Entwicklungsaufgabe, können hier Angst und Schuldgefühle in chronifizierter Form entstehen und zu einer Selbstbeschränkung führen, die eine Erfüllung eigener Wünsche, Sehnsüchte und Lebensziele verbietet. Mit der Reife einer Fünfjährigen beschloss Sveas Mutter damals, kein egoistischer Mensch zu werden und die Mutter niemals zu verlassen. Parentifiziert, das heißt beelternd, sorgte sie dann für die trauernde Mutter, übernahm schon früh Verantwortung für den kleinen Bruder, den die unter dem Verlust der Mutter depressiv reagierende Mutter nicht ausreichend versorgen konnte, und stellte ihre eigenen Bedürfnisse, insbesondere die nach Autonomie und Selbstentfaltung, wie auch den Ausdruck von gesunden Abgrenzungsbestrebungen zurück.

Als die Familie in der Therapiesitzung verstand, welch sinngebende Geschichte hinter der scheinbaren Bedürfnislosigkeit der Mutter stand und warum diese stets in übertriebener Sorge war, wenn es einem Mitglied der Familie nicht gut ging, wurde eine neue Sicht auf das Verhalten der Mutter möglich. Svea erkannte Parallelen zu ihrem eigenen Verhalten und wie sehr sie selbst die eigene Entfaltung, insbesondere die zur Frau-Werdung, »verhinderte«. Fast schien es, als wolle sie der Mutter damit einen Spiegel vorhalten, indem sie geradezu demonstrativ auf ein eigenes Leben verzichtete und stets helfend und unterstützend an der Seite der Mutter bleiben wollte. Das Symptom Magersucht verhindert nicht nur die körperliche Entwicklung vom Mädchen zur Frau, es zeigt auch die strenge, selbstbeschneidende und bestrafende Haltung gegen sich selbst. Die Pseudoautonomie, das »Nein« zum Versorgtwerden mit »mütterlicher Nahrung«, aber auch das »Nein« zur Hinwendung zum männlichen Geschlecht, zeigt hier das Ausmaß an Treue zur weiblichen Ahnenreihe. Am Ende dieser Sitzung meinten die Eltern, dass sie zum ersten Mal eine Idee hätten, warum ihre Tochter krank geworden sei, und Svea hatte das Gefühl, zum ersten Mal von den Eltern verstanden worden zu sein.

Die Erkenntnisse über diese Zusammenhänge ermöglichten es Svea, endlich über ihre Verletzungen seitens der Eltern zu sprechen, ihnen zurückzumelden, wie schlimm sie die letzten Jahre unter der Fremdbestimmung durch die Eltern gelitten hatte, als diese, verzweifelt und von Angst getrieben, die Tochter von einer Behandlung zur nächsten gedrängt hatten. Einweisungen in eine Klinik, Zwangsernährung, Trennung vom Elternhaus etc. hatten Svea ohnmächtig gemacht und einen tiefen Keil zwischen sie und die Eltern getrieben.

Die Möglichkeit der Vorstellung eines Heilserums, das zur richtigen Zeit am richtigen Ort und von der richtigen Person notwendigerweise hätte »verabreicht« werden müssen, machte den Eltern klar, wie wenig sie damals aus eigener Angst in der Lage waren, sich der Not der Tochter wirklich anzunehmen. Ideale, zur Sprache kommende Eltern »zeigten« hier, was die Tochter wirklich hätte bekommen müssen.

Obwohl alles spielerisch und mit dem Einsatz von sogenannten »Heilserumsteinen« auf der Stammbaumvorlage geschah, war eine sehr tiefe und berührende Arbeit möglich geworden, die aufzeigte, wie anders eine Versorgung dieser Art durch in der Folge »durchlässige und aufnahmebereite Wurzeln« hätte geschehen können. So waren am Ende der Sitzung alle bereit, weiterzumachen und tiefer in den Prozess einzusteigen.

Auch in den folgenden Sitzungen kam immer das Spiel zum Einsatz, mal waren fast alle Mitglieder der Familie dabei, mal nur Svea mit einem Elternteil. Im Laufe der Sitzungen vertiefte ich die jeweiligen Interventionen hin zu intensiver systemischer, intrapsychischer Arbeit. In der wohl wichtigsten Sitzung wurde bewusst, wie hoch die Bedeutung ihres Pferdes für Svea war, wie einsam und verlassen sie sich hinter ihrer Pseudoautonomie fühlte und wie wenig sie sich eine Beelterung durch Menscheneltern vorstellen konnte. Indem es gelang, die Qualitäten des Pferdes auf einen idealen Vater zu übertragen, wurde es Svea zum ersten Mal wieder möglich, etwas anzunehmen.

In einer sehr berührenden Arbeit gelang es zum Abschluss, dass der Vater seine Tochter auf eine für diese passende und stimmige Weise trösten durfte. So wurde ein Zugang zum alten Schmerz der Tochter möglich, die ihre ersten Lebensjahre eher positiv in Erinnerung hatte und die dann die Geburt der Schwester als schlimmen Einbruch erlebt hatte. Im Sinne einer Nachversorgung konnte hier mit einer imaginativen »Zeitreise« noch einmal stattfinden, was damals gefehlt hatte. Mutter und Vater wurden Zeugen, wie ihre damals drei- bis vierjährige Tochter sich zurückgewiesen und alleingelassen nach innen zurückgezogen hatte. Jetzt konnte der damals abgebrochene Dialog wiederaufgenommen werden, und Sveas innerer Pilot (das steuernde Erwachsenen-Ich) konnte der kleinen

Svea noch einmal die Möglichkeit geben, sich den Eltern mit ihrer Not und auch Wut anzuvertrauen.

Da die Eltern durch die vorherige Arbeit verstanden hatten, warum sie damals die Tochter nicht passgenau hatten versorgen können, waren sie jetzt in der Lage, dies in einer hypothetischen Vergangenheit nachzuholen. Es entstand ein sehr berührender neuer Kontakt zwischen Svea und den Eltern, der dort anknüpfte, wo damals eine vertrauensvolle und angemessen gute Eltern-Kind-Beziehung nicht hatte entstehen können und der Kontakt abgerissen war. In der Folge machte Svea wichtige Reifeschritte und gab Stück für Stück und im eigenen Tempo ihre Verweigerung, echte Schritte in Richtung Autonomie zu unternehmen, auf.

Endlich darf sich nun die »Svea-Knospe« öffnen, und die Blüte des (altersentsprechenden) Seins kann sich zur vollen Schönheit entfalten.

Generation-Code bei Stief-, Adoptiv- und Pflegekindern

Die Bedeutung transgenerationaler Weitergabe von Traumatisierungen rückt auch im Bereich der Sozialpädagogik immer mehr ins Bewusstsein der Forschung. Aus nachweislich dokumentierten Akten über Familien, in denen seit Generationen Misshandlungen und Vernachlässigungen von Familienmitgliedern stattfinden und die während dieser Zeit von den Sozialdiensten betreut wurden, kann man den Einfluss der Ursprungsfamilien trotz Herausnahme der Kinder aus dem belastenden Familiensystem sehen.

Die Frage, wie sich der Generation-Code bei Adoptiv- oder Pflegekindern, die keinen oder nur sehr geringen Kontakt zu ihren biologischen Eltern haben, auswirkt und ob sie durch das Aufwachsen in einer zweiten (oder weiteren) Familie/n sogar mehr als zwei verschiedene Treueverträge eingehen, können wir nur aus unseren Erfahrungen und theoretischen Annahmen beantworten. Basierend auf den Erkenntnissen der Epigenetik und der Neuroplastizität, gehen wir davon aus, dass es eine epigenetische Weitergabe von transgenerationalen Themen gibt, die dann auch Folgen für die Nachkommen beinhalten, wenn sie nicht bei ihren biologischen Eltern aufwachsen. Das bedeutet zum Beispiel, dass diese Kinder bereits psychisch belastet sein können, auch wenn sie schon sehr früh, oder gerade deshalb,[55] von ihren biologischen Eltern getrennt wurden.

Die frühe Traumatisierung des Kleinkindes vor und nach der Geburt spielt zudem eine große Rolle für die spätere psychische Belastbarkeit eines solchen Kindes. Ein sehr hoher Prozentsatz der Pflege- und Adoptivkinder stammt aus belasteten Familien mit psycho-sozialen Problemen. Eine stressbelastete Mutter gibt über ihren von Stresshormonen durchtränkten Stoffwechsel Informationen an ihr ungeborenes Kind weiter und beeinflusst damit bei diesem lebenslange Prägungen und Auswirkungen auf seine psychische Stabilität.

De Bellis, Keshavan, Clark et al. zeigten 1999 in einer Studie, dass misshandelte und vernachlässigte Kinder und Jugendliche mit einer posttraumatischen Belastungsstörung (PTBS) sogar kleinere Gehirne aufwiesen als Kinder aus Familien, die liebevoll umsorgt worden waren.[56] Besonders im Bereich der Emotionsverarbeitung und -regulierung haben diese Kinder große Defizite. Je früher ein Kind mit traumatischen Ereignissen oder einer traumatisierten Bindungsperson konfrontiert wird beziehungsweise je länger die Einwirkung des Traumas anhält, desto größer sind die hirnanatomischen Veränderungen. Typische Symptome einer Traumafolgestörung zeigen sich bei diesen Kindern oft als Vermeidungsverhalten, Übererregung, Wiedererleben des Traumas, was dann als Intrusion – als ein brutales Eindringen in sie – erfahren wird und eine Verstörung ihres Emotionshaushaltes nach sich zieht.

Bei Pflegekindern fand man im Vergleich zu Kindern, die bei ihren leiblichen Eltern aufwuchsen, dreißig Minuten nach dem morgendlichen Erwachen signifikant niedrigere Cortisolwerte in

Speichelproben, wobei sich beide Gruppen hinsichtlich der Werte am Nachmittag und am Abend nicht unterschieden.[57] Pflegekinder wiesen signifikant häufiger niedrige (38 Prozent) oder hohe (18 Prozent) Cortisolwerte auf als die Vergleichsgruppe (14 und 11 Prozent). Ein geringerer Cortisolwert weist auf eine zuvor erhöhte Cortisolproduktion über einen längeren Zeitraum hin. Das bedeutet, dass das Stressniveau bei traumatisierten Kindern deutlich höher liegt.

Fachleute machen die Erfahrung, dass Pflegekinder öfter Bindungsstörungen aufweisen, was sich sehr negativ auf die Beziehungsgestaltung zwischen Pflegekind und Pflegeeltern auswirkt. Systemisch betrachtet löst das Kind mit seinen Trauma-Symptomen und bindungsgestörten Interaktionen bei seinen neuen Elternersatzpersonen ebenfalls starke Reaktionen aus, die schlimmstenfalls zu erneuter Traumatisierung führen.

»The second hit« heißt das Phänomen, wenn bereits traumatisierte Kinder in ihrer Pflegefamilie erneuter Misshandlung ausgeliefert sind. Pflege-und Adoptiveltern prallen mit den von ihnen gemachten Erfahrungen in ihrer eigenen Herkunftsfamilie auf ein in der Interaktion sehr anstrengendes, oft verhaltensauffälliges Kind. Je mehr die Erwartungen der Pflegeperson an das Kind von der realen Beziehung abweichen, desto heftiger die Reaktion auf beiden Seiten.

Die unbewusste Treue des Kindes kann zu Loyalitätskonflikten zwischen den biologischen und den sozialen Eltern führen. Wenn das angenommene Kind noch sehr jung ist, wird der positive Einfluss einer liebevollen Stieffamilie als Korrektur funktionieren. Je älter jedoch das Kind ist, desto mehr sind die im ursprünglichen Elternhaus gemachten Erfahrungen in den Gedächtnissystemen des Kindes gespeichert und verfestigt, sind die Seelenkapseln der traumatisierten Eltern bereits in ihm deponiert. Spätestens in der Adoleszenz brechen die inneren Konflikte auf und führen häufig zu dramatischen Symptomen wie Suizidgefährdung, selbstverletzendem Verhalten, Sucht, Essstörungen, anti-sozialem Verhalten etc. Wenn man bei diesen Kindern die biologische Herkunft verleugnet oder »abschneidet«, müssen sie unbewusst erst recht die Treue halten.

Das Kind kann nur dann seine authentische Identität entwickeln, wenn es sich auch mit seiner genetischen Seite verbinden darf. Neben der Biografie seiner Herkunftsfamilie und den hier ebenso bedeutsamen unbewussten Treueverträgen spielen die Erfahrungen in der Pflege- oder Adoptivfamilie natürlich ebenfalls eine große Rolle für die Entwicklung des Kindes. Die Liebe zu seinen sozialen Eltern und die ebenso große Abhängigkeit von ihnen lassen auch hier den archaischen Grundkonflikt, der mit seiner vermeintlichen Lösung durch den kindlichen Treuevertrag gelöst werden soll, wirksam werden. Das Mitgefühl für den Stief- oder Adoptiv-Elternteil ist in vielen Fällen bei diesen Kindern sehr stark ausgeprägt. In der Arbeit mit Erwachsenen werden daher in einem solchen Fall immer beide – Eltern- und Adoptiv-/Pflegeeltern – aufgestellt, um ihre Position zu sichern.

Unabhängig von der Qualität ihrer Beziehung erhalten jedoch die soziale Mutter und der soziale Vater einen Platz im System, der deutlich macht, dass sie nicht zur genetischen Ahnenreihe gehören. Im günstigen Fall können durch diese Arbeit neue Erkenntnisse gesammelt werden, die eine heilende Wirkung auf jene kränkenden Erfahrungen des frühen, meist unbewussten Erlebens des Abgelehnt-und Weggegeben-worden-Seins haben.

Die Methode Generation-Code eignet sich zudem für die gezielt präventive Arbeit mit Pflege- und Adoptivfamilien, wenn die Kinder noch sehr jung sind oder zu diesem Zeitpunkt noch in der Adoptivfamilie leben. Adoptiveltern können anhand ihrer eigenen Biografiearbeit wichtige Zusammenhänge erarbeiten, die ihnen zu mehr Abstand und größerem Verständnis für die Probleme des Kindes verhelfen. Wer seinen Code gelöst und den Treuevertrag zum jeweiligen Elternteil aufgeben konnte, läuft nicht mehr Gefahr, seine eigenen Defizite und Wünsche im Pflegekind stillen beziehungsweise nicht mehr die Ahnen rückwirkend versorgen zu wollen, und bekommt einen freien Blick und einen unverstellten Zugang zum Kind. Das ermöglicht ihm als soziale Mutter/Vater, wirklich für das Kind in seiner Not da zu sein.

Auch für die Arbeit mit Stiefeltern, die zur ursprünglichen Familie aufgrund von Scheidung der Eltern oder Tod eines Elternteils dazugekommen sind, kann eine Generation-Code-Arbeit mit »beiden« Müttern oder Vätern sinnvoll sein.

Hier besteht eine Möglichkeit darin, die Generation-Code-Arbeit nach einem gewissen Zeitabstand, also hintereinander, auch mit der Stiefmutter/dem Stiefvater durchzuführen. Zuerst findet dann hier die Auflösung des Codes mit dem leiblichen Elternteil und in einem folgenden zweiten Durchgang die Arbeit zum Treuevertrag mit dem Stiefelternteil statt. Dies soll hier an einem kleinen Fallbeispiel verdeutlicht werden.

Jana, eine heute 42-jährige Frau, hat im Alter von fünf Jahren ihre leibliche Mutter an Krebs verloren. Als sie acht Jahre alt war, ging der Vater eine zweite Ehe ein, Jana erhielt also eine Stiefmutter. Diese Frau ging wie »ein Stern an meinem Kinderhimmel auf«, beschreibt sie die Begegnung mit der neuen Mutter, die geradezu eine Offenbarung für sie dargestellt habe. »Ich fühlte mich endlich nicht mehr allein in der Welt.« Die Einsamkeit, die nun ein Ende hatte, führte zu einer leidenschaftlichen, vollständigen und innigen Annahme dieses aufgetauchten »Mutterengels« als »wahre« Mutter. Tragischerweise verunglückte diese jedoch bei einem Verkehrsunfall tödlich, und Jana war im Alter von dreizehn Jahren erneut mutterlos. Später erfuhr Jana, dass die Stiefmutter auf dem Weg zu einem Abtreibungstermin gewesen sei, eigentlich widerwillig, aber dem Vater zuliebe, der keine weiteren Kinder hätte haben wollen, habe sie sich dazu entschlossen.

Die Loyalität zu dieser zweiten Mutter äußerte sich in einem geradezu zementierten Treuevertrag, mit dem festen Glauben, dass sie diese zweite Mutter für immer behalten würde, wenn sie die erlebte Beziehung so hoch und heilig halten würde, dass keine andere Beziehung jemals daranreichen würde. Dieser Vertrag konnte mit dem Generation-Code entschlüsselt und aufgelöst werden. Er war ebenso bindend, wenn nicht sogar mehr die Lebensqualität einschränkend, als der Vertrag mit der leiblichen Mutter. Bei genauerer Betrachtung scheinen aber beide Mutter-Verträge aufgrund der traumatischen und existenziell erlebten Verluste zusammenzuhängen. Auch hier ist es wieder hilfreich, einen Blick auf die Entwicklungsphase des damaligen Kindes zum Zeitpunkt der jeweils tragischen Mutterverluste zu werfen.

Bei der leiblichen Mutter war Jana erst fünf Jahre alt, also in der Phase, in der sie sich eigentlich hätte von der Mutter ablösen und zum Vater hinwenden sollen, um den wichtigen Schritt hin zur Autonomie zu meistern. Hier gab sich die kleine Jana, wie oft bei Kindern zu erleben, die Schuld am Tod der Mutter, verarbeitete sogar die eigene Autonomiebestrebung schuldhaft, und so erklärt dies, warum bei einem erneuten Verlust der Mutterfigur ein derart die Autonomie verhindernder Treuevertrag entstand. So glaubte die 13-jährige Jana in unbewusster Verbindung mit dem inneren fünfjährigen Mädchen, dass auf magische Weise eine solche exklusive Liebe und das Verbot, niemals eine Beziehung zu jemand anderem einzugehen, wie ein Gegenzauber wirken könne. Nach dieser Arbeit konnte Jana ihren ausstehenden Trauerprozess um beide Mütter beginnen und deren viel zu frühen Tod als Teil ihres Lebens integrieren. Sie darf nun ganz irdisch Beziehungen auf Erden eingehen und ihrer Angst vor Verlust liebevoll und mit Verständnis begegnen. Auf diese Weise kann Jana doch noch erfüllende Beziehungen zu Anderen erleben. Des Weiteren konnte Jana nun ihr Muster, sich aus Beziehungen nicht lösen, trennen, wirklich verabschieden zu können, auch wenn es keinen echten Grund für deren Aufrechterhaltung mehr gab, auf einer tiefen Ebene verstehen, begreifen und einordnen.

16 »Starke Wurzeln« – ein Therapiespiel

Lange habe ich nach einer niedrigschwelligen Lösung gesucht, das Wissen und die hilfreiche Sicht des Generation-Codes auf Symptome, seelische Probleme oder Konflikte zwischen Paaren und Familienmitgliedern auch den Menschen zugänglich zu machen, für die Therapie und Psychologie weit weg von ihrem Alltag liegen – Eltern beispielsweise, die zum ersten Mal mit Psychotherapie in Kontakt kommen, weil ihr Kind psychische Symptome aufweist und sie nicht mehr weiter wissen. Manchmal werden Eltern auch von Dritten geschickt, wie dem Jugendamt oder ihrem Hausarzt, und haben dann sogar eher Widerstände als eine echte Bereitschaft und Offenheit für Therapie. Die Idee, das Konzept auf ein Spielbrett-Format zu bringen, entstand eher zufällig, und durch die Begeisterung meiner lieben Kollegin Ingrid Alexander ermutigt, entschieden wir uns, das Spiel »Starke Wurzeln« für die therapeutische Arbeit herstellen zu lassen. Niemals hätten wir uns träumen lassen, dass es mit diesem »Spiel« tatsächlich möglich ist, ganze Familien-, Paar- und Einzeltherapiesitzungen, aber auch eine ausführliche Biografie-Arbeit und hilfreiche Diagnostik zu machen.

In der ausführlichen Testphase begeisterte das Spiel nicht nur uns immer wieder aufs Neue, auch Patienten, Eltern und Paare erlangten beeindruckende Einsichten, die ihnen rasch weiterhalfen.

Mithilfe dieses Mediums gelingt es, den Fokus direkt auf den identitätsbildenden Generation-Code zu lenken und damit sowohl unbewusstes als auch bewusstes Wissen des Klienten zu aktivieren. Durch gezielte Fragestellungen gelingt innerhalb kurzer Zeit eine umfassende transgenerationale, tiefenpsychologisch fundierte, familientherapeutische Diagnostik. Gleichzeitig ermöglicht das Spiel bereits einen ersten Ressourcen stärkenden, therapeutischen Effekt.

Der Einsatz von Heilserumsteinen hilft dabei, die Bildung sogenannter »Neuer Erinnerungen« zu ermöglichen, Potenzialsteine mit kunstvoll gemalten Symbolen stellen sichtbar gemachte Ressourcen und die Entfaltung des authentischen Potenzials des Klienten oder der Familie dar. Wunderschön gearbeitete Wurzeln und Blätter aus Holz zeigen eindrucksvoll, wie die nun versorgten Wurzeln (unsere Ahnen) wieder in der Lage sind, Nährstoffe ausreichend aufzunehmen, um unsere Grundbedürfnisse nach Platz, Nahrung, Unterstützung, Schutz und Grenzen befriedigen zu können.

Beispiel einer Entschlüsselung des Generation-Codes mit »Starke Wurzeln«

Auszug aus dem Spiel

Die Blüte symbolisiert die Möglichkeit, das eigene Potenzial zu entwickeln. Die verschiedenfarbigen Blütenblätter sind den unterschiedlichen Grundbedürfnissen des Menschen – Platz, Nahrung, Unterstützung, Schutz und Grenzen – zugeordnet. Entsprechend einer passgenauen Versorgung des jeweiligen Grundbedürfnisses über die Wurzeln kann hier das entsprechende Potenzial »erblühen«. Nach und nach werden die aus Holz gearbeiteten Blütenblätter auf die passende Vorlage des Spielbretts gelegt.

Die Wurzeln des Baumes verkörpern die Fähigkeit der Ahnen, etwas aufnehmen beziehungsweise nehmen zu können und sind ebenfalls den Grundbedürfnissen zugeordnet. Verletzte oder kranke Wurzeln können diese optimale Versorgung der Grundbedürfnisse nicht sicherstellen. Sobald eine Wurzel geheilt oder wieder aktiviert werden konnte, wird der Lebensfluss erneut zum Fließen gebracht, und das entsprechende Blütenblatt kann sich seinem natürlichen Programm entsprechend entfalten.

Nach und nach werden hier während des Spielverlaufs die Wurzeln passend auf die Vorlage des Stammbaums gelegt.

Der Baum mit Krone stellt den eigenen Stammbaum dar und ist wie ein Genogramm aufgebaut. Der Klient ist hier das Kind, Enkel, Urenkel, aber auch Elternteil oder/und Geschwister.

Aus den vielen bereitgestellten Porträts können »passende« Bilder herausgesucht und auf die Vorlagen des Stammbaums gelegt werden. Dies ist hilfreich, um einen schnelleren Überblick über die eigenen Ahnen zu bekommen. Natürlich sind echte Fotos der betreffenden Personen noch besser dafür geeignet.

So wird »gespielt«

1) Zu Beginn wird der Anlass der Beratung/Therapiesitzung, die Symptomatik, Fragestellung etc. des Klienten ausführlich benannt. Beispiel: Frau H. möchte gerne wissen, warum sie ihrem pubertierenden Sohn so schwer Grenzen setzen kann.

2) Der Klient startet, indem er mit dem Personenwürfel würfelt und eine Person aus seiner Ahnenreihe auswählt. Zum Beispiel würfelt Frau H. »Oma« und entscheidet sich für die Urgroßmutter der mütterlichen Seite. Wer möchte, kann jetzt auch ein Porträt auswählen und legt es auf den vorgesehenen Platz im Stammbaum. Besonders wirkungsvoll ist natürlich, falls vorhanden, auch ein reales Foto dieser Person. So erhält der Klient einen besseren Überblick über seinen Stammbaum.

3) Nun wird mit dem Farbwürfel eine Fragekategorie gewählt.

Gelb: Die Ahnen mahnen
Die Fragen dieser Kategorie beziehen sich auf Botschaften, Delegationen, Familienregeln, Prämissen, die durch die Generationen weitergegeben werden.

Rot: Der Apfel fällt nicht weit vom Stamm
Diese Fragen betonen die Ähnlichkeiten, Parallelitäten, Wiederholungen in der Familiengeschichte und helfen dabei, diese aufzuspüren.

Orange: Stammesgeschichte
Hier ermöglichen die Fragen, die Geschichte der Vorfahren in zeitliche Zusammenhänge zu ordnen, die jeweilige Lebenssituation der betreffenden Person vor dem Hintergrund zeitgeschichtlicher, gesellschaftlicher, sozialer und politischer Bedingungen zu verstehen.

Grün: Freud & Leid
Mithilfe dieser Fragen werden sowohl traumatische, belastende Ereignisse in den Ahnenreihen beleuchtet und ihre Bedeutung für den Protagonisten bewusst gemacht, als auch die Ressourcen der Familie herausgearbeitet.

Blau: Geheimes Wissen
Über Märchen, Mythen, Symbole und metaphorische Bilder wird das individuelle unbewusste Wissen im Zusammenhang mit dem kollektiven Unbewussten ins Bewusstsein gehoben.

Dadurch gelingt ein wertvoller Perspektivenwechsel, der die Möglichkeit eines erweiterten Handlungsspielraums beinhaltet. Neue Erkenntnisse zum eigenen Geworden-Sein entfalten schon hier ihre befreiende Wirkung.

4) Der Klient liest die Frage laut vor. In der nun folgenden Fragephase entfaltet sich die Geschichte dieser ausgewählten Person, und die Auswirkungen auf andere Mitglieder der Familie werden deutlich herausgearbeitet. Dies geschieht natürlich vor dem Hintergrund der Eingangsfrage und der aktuellen Situation des Klienten. Unterstützt wird diese Phase durch gezielte und vertiefende Fragen seitens des Therapeuten.

Mögliche Fragen
Wann hat diese Person gelebt?
Was war zu dieser Zeit im Leben dieser Person los?
Wie war die politische Situation?
Gibt es Geschichten oder Berichte über diese Person oder die Zeit, in der sie Kind war?
Wie war ihr Verhältnis zu ihren Eltern, Geschwistern, Großeltern?
Gab es traumatische Ereignisse, Erkrankungen, seelische Belastungen (Krieg, Hunger, Unfälle, Verlust, Krankheiten etc.)?

Beispiel
Frau H. zieht die Frage: »Hat diese Person einen geliebten Menschen verloren?«

Frau H. kann sich daran erinnern, dass ihre Urgroßmutter beide Söhne im Krieg verloren hat. Ihr sei nur noch die Tochter (die Großmutter von Frau H.) geblieben. Die Großmutter sei damit nie fertig und eine »verbitterte« Frau geworden.

5) Der Einsatz von Heilserumsteinen und Potenzialsteinen: Während der Fragephase werden Defizite und belastende Ereignisse sichtbar. Der Therapeut betont sofort die »Notwendigkeit«, einen Heilserumstein für den betreffenden Vorfahren einzusetzen, um einerseits nicht zu tief in belastendes Traumamaterial zu rutschen, anderseits die Fokussierung auf der ressourcenorientierten Lösungsebene zu halten.

Der *Heilserumstein* ist so definiert, dass er die perfekt passende, ideale Antwort auf Defizit, Trauma, Verlust und Mangelerlebnisse ist. Der Einsatz des Heilserums soll eine Art Vorausschau auf die Möglichkeit einer »Neuen Erinnerung« geben. Wenn wir unsere Ahnen »versorgt« sehen, ist es möglich für uns, ihr verkümmertes, nicht entwickeltes oder geopfertes Potenzial zu entdecken und zu aktivieren. Dies wird durch den Einsatz des Potenzialsteins sichtbar markiert. Ideal versorgte Ahnen sind dann in unserem Erleben glaubhaft in der Lage, ihren Kindern Eltern zu sein, wie diese es gebraucht hätten. Wenn dann dieses Potenzial mit dem Heilserum weiter in die nächste Generation gegeben wird, kann sich auch hier Potenzial entfalten, was bisher nicht möglich schien.

Beispiel

Als die Urgroßmutter von Frau H. beide Söhne im Krieg verlor, war die Oma von Frau H. 13 Jahre alt. Frage: »Welche Auswirkung hatte dieses Ereignis auf die Familie und insbesondere auf die Großmutter von Frau H.? Was genau hätte die Urgroßmutter gebraucht, was hätte da sein müssen? Wie wäre es richtig/passend für die Großmutter gewesen?«

Frau H. weiß sofort, dass ihre Großmutter eine sehr »harte« und unnachgiebige Frau gewesen sei. Als Mutter sei sie sehr streng gewesen, habe der Mutter von Frau H. als Kind wenig Freiraum zugestanden. Die nähere Beschäftigung mit der Urgroßmutter lässt deutlich werden, wie diese, belastet von Verlust- und Trauergefühlen, nicht in der Lage war, ihre 13-jährige Tochter (Großmutter von Frau H.) in der Pubertät so zu begleiten, wie diese es gebraucht hätte. Selbst Mutter geworden, war dann die Großmutter ebenfalls überfordert, reagierte streng und wenig empathisch mit ihrer eigenen Tochter (Mutter von Frau H.).

Der Therapeut beschreibt nun die jeweils genaue »Umkehrung« für den Klienten – »Stellen Sie sich mit diesem Heilserum vor, dass Ihre Urgroßmutter genau das erhält, was sie damals so dringend gebraucht hätte« – und macht dem Klienten »Angebote«. »Wie wäre es, wenn Ihre Urgroßmutter eine Zeit ohne Krieg erlebt hätte? Wie wäre es, wenn sie hätte erfahren können, dass sie keine Kinder verlieren müsste und alle zusammen aufgewachsen wären? Was glauben Sie, wäre dann für sie und ihre Familie anders gewesen?«

Durch dieses ideale Heilserum wird auch vorstellbar, was die Großmutter eigentlich hätte erleben müssen. Meist wird der Klient an dieser Stelle bemerken, dass dann diese Großmutter ganz anders hätte sein können, und so entstehen in der Fantasie von Frau H. jetzt neue Bilder zu ihrer Großmutter mit anderen Möglichkeiten und vor allem ein neues Bild von dieser als Mutter der eigenen Mutter.

6) Der Einsatz der Potenzialsteine: Mit den unterschiedlichen symbolischen Motiven der Potenzialsteine können diese anderen Möglichkeiten »sichtbar« gemacht werden. Der Klient sucht sich ein passendes Symbol aus. Der Therapeut nimmt den Potenzialstein und »fährt« damit über den Stammbaum.

Beispiel

Die Großmutter hätte eine Mutter ohne Trauer gehabt, die ihr in der Pubertät liebevoll Grenzen gesetzt, ihr Orientierung gegeben und sie als Jugendliche gesehen hätte. Die Urgroßmutter hätte ihre Tochter nicht zu ihrem eigenen Trost gebraucht, sie mit ihren Bedürfnissen gesehen. Dann hätte die Großmutter keine Schuldgefühle entwickeln müssen, hätte ihre Bestrebungen nach Autonomie nicht als verboten erlebt und wäre eine fröhliche, ausgeglichene Mutter und Partnerin für ihren Mann geworden.

Dann geht es weiter zur Mutter von Frau H.: Wenn diese Mutter eine so ideal versorgte Mutter gehabt hätte, dann hätte sie eine unbeschwerte Kindheit mit einer Mutter erlebt, die nicht überzogen streng war, die liebevoll Grenzen gesetzt hätte etc. Hier kommt es auch darauf an, dass ganz passgenau benannt wird, was anders gewesen wäre. Nur dann ist es glaubhaft und vorstellbar.

Nun wird bei dieser Mutter ebenfalls ein Potenzialstein ausgesucht und auf die passende Stelle des Spielplans gelegt. Der Vorgang für die Person (ihre Mutter) wiederholt sich wie beim Potenzialstein für die Großmutter. In unserem Beispiel wird Frau H. bewusst, dass ihr die eigene Mutter nie Grenzen gesetzt hatte. Diese hatte selbst sehr unter ihrer Mutter gelitten und wollte ihrer Tochter (Frau H.) nicht dasselbe antun.

Zusätzliches Heilserum

In jeder Generation gibt es zusätzliche Themen, die die Entwicklung der Identität mit beeinflusst haben. Deshalb ist es notwendig, weitere Heilserumsteine einzusetzen. In unserem Beispiel hat Frau H. einen älteren Bruder, von dem sie sich während ihrer Kindheitsjahre oft traktiert gefühlt hat. Die Eltern hätten sie als Kind nicht ausreichend geschützt, sie sei diesem Bruder und seinen Grenzüberschreitungen ausgeliefert gewesen.

So erhält Frau H. ein zusätzliches Heilserum, was wieder mit einem Heilserumstein sichtbar gemacht wird. Hier reicht es nicht aus, dass die ideal versorgte Mutter von Frau H. diese jetzt besser geschützt hätte, es braucht einen idealen, Grenzen setzenden Vater, damit Frau H. sich selbst als ein »geschütztes Kind« vorstellen kann. Der Text zum Heilserum könnte lauten: »Ein Vater, wie Sie ihn gebraucht hätten, hätte gesagt: ›Ich hätte nicht zugelassen, dass dein Bruder oder irgendjemand deine Grenzen missachtet. Ich hätte dich geschützt.‹«

Die Frage an Frau H. lautet: »Was wäre dann für Sie anders gewesen?«

Welches Potenzial hätten Sie dann entwickeln können?

7) Die Anfangsfrage aufgreifen: An dieser Stelle wird die Frage des Klienten, die er in die Sitzung eingebracht hat, aufgegriffen und der Klient danach befragt, welche Erkenntnisse er bis zu diesem Moment bekommen hat.

Frau H. erkennt, dass sie ihrem Sohn keine ausreichenden Grenzen setzen konnte, weil sie es selbst nicht gelernt hat. Zudem versteht Frau H., dass sie sich dem eigenen Sohn gegenüber oft genauso ohnmächtig ausgeliefert fühlt wie damals als Kind dem übergriffigen Bruder.

Mit dem Wissen über ein mögliches Potenzial kann Frau H. nun diesem Thema neu begegnen. Sie fühlt sich klarer und stärker. Das neue Gefühl sollte unbedingt im Körper »verankert« werden, dort, wo der Patient es am stärksten spürt.

8) Wurzeln und Blüten: Um den Bezug zu den Grundbedürfnissen herzustellen, ist es an dieser Stelle möglich zu fragen, zu welchem Grundbedürfnis diese neu vorstellbaren Möglichkeiten (Potenzial) gehören.

In unserem Beispiel ist es das Thema »Schutz und Grenzen«. Aber auch andere sind möglich. Hier lässt man den Klienten entscheiden, wie viele Grundbedürfnisse berührt sind und wie viele Wurzeln und Blüten infrage kommen.

Die passende Wurzel wird hingelegt und das Thema im Leben des Klienten besprochen.

Nun wird noch das passende Blütenblatt gewählt und damit für den Klienten sichtbar gemacht, welcher Persönlichkeitsanteil sich unter diesen Umständen hätte entwickeln können.

Dem Klienten wird hierdurch der Zusammenhang der eigenen, den Lebensalltag bestimmenden Einschränkungen und der Geschichte der Ahnen deutlich. Er nimmt eine Neubewertung der eigenen Person und Geschichte vor. Dies wirkt entlastend und gibt Hoffnung hinsichtlich der Möglichkeit, die eigene Situation verändern zu können.

Zum Abschluss kann ein Foto des Stammbaums als Erinnerung an diese Arbeit dienen. Die wichtigen Informationen sollten in jedem Fall sorgsam gesammelt und aufgeschrieben werden. Die Erstellung eines Genogramms ist ebenfalls sinnvoll. Im Anhang der Spielanleitung befindet sich eine Sammlung klassischer Symbole, die zur Erstellung eines Genogramms genutzt werden können.[58]

17 Generation-Code in der Arbeit mit Senioren

Die Generation der heutigen Senioren in unseren Pflegeheimen sind zum größten Teil sogenannte Kriegskinder. Wenn wir uns verdeutlichen, zu welchen Jahrgängen diese Kriegskinder gehören, kann man mögliche belastende, beschädigende oder traumatisierende zeitgeschichtliche Erfahrungen und ihren Einfluss auf die individuelle Entwicklung verstehen. Viele der im Alter auftretenden psychischen oder psychosomatischen Beschwerden sind auf diese in der Kriegskindheit gemachten Erfahrungen zurückzuführen.[59]

Trauma und Urvertrauen der Kriegskinder

Wie im Kapitel über die transgenerationale Weitergabe von Trauma ausführlich beschrieben, kann ein Trauma die Entwicklung von Urvertrauen verhindern. Da eine sichere Bindung die Voraussetzung für die Entwicklung von Urvertrauen ist und gerade die ersten Lebensjahre der heutigen Senioren in die Zeit des Zweiten Weltkrieges fallen, konnten viele dieses sichere Bindungsband als Grundstein für die Entwicklung von Urvertrauen nicht ausreichend entwickeln. Ihre Grundbedürfnisse wurden nicht ausreichend befriedigt, sondern sogar tiefgreifend verletzt. Die Geburtsjahrgänge 1938–1945 erlebten ihre frühe Kindheit während des Krieges und wurden insbesondere in der Endphase des Krieges durch wiederholte traumatisierende Einflüsse schwerwiegend beschädigt. Sie erlitten Trennungen und Verluste, erlebten Flucht und Vertreibung, sie wurden Zeugen zahlreicher Gräueltaten. Sie machten Gewalterfahrungen, wurden vergewaltigt, misshandelt, hungerten und bangten um ihr Leben. Dies geschah über mehrere Jahre hinweg und in der sensiblen Lebensphase als Kinder. Auch für die Jahrgänge nach 1945 waren die Folgen des Krieges noch jahrelang lebensbestimmend. In dem Buch *Die dunklen Schatten unserer Vergangenheit* von Hartmut Radebold finden sich ebenso bedrückende wie aufschlussreiche Beispiele aus der Kriegskindheit. Viele dieser Kinder hatten damals zudem Eltern, die aufgrund eigener kriegsbedingter traumatischer oder belastender Erfahrungen lang anhaltende psychische Folgestörungen entwickelten und nicht mehr ausreichend als feinfühlige Bindungspersonen zur Verfügung stehen konnten.

Viele Eltern dieser Kriegskinder waren zudem als Kinder ebenfalls durch Kriegserfahrungen aus dem Ersten Weltkrieg beeinträchtigt.

Wer statt Sicherheit und Geborgenheit erleben musste, dass die Welt ein bedrohender und beängstigender Ort ist, wo die eigenen Bedürfnisse missachtet und verletzt wurden, konnte kein Urvertrauen entwickeln und dies auch nicht glaubhaft weitervermitteln.

Folgen früherer Traumatisierungen im Alter

Verdrängte Traumaerfahrungen aus der Kindheit und Jugendzeit können sich im Alter auf unterschiedliche Weise auswirken.

Neben der Tatsache, dass ältere Menschen oft mehr Zeit haben, bisher Unbewältigtes innerlich wahrzunehmen, und/oder dieses auch bewältigen zu wollen, stellt der Alterungsprozess mit seinen einhergehenden Einschränkungen häufig eine drohende Abhängigkeit dar, der sich die Betroffenen ausgeliefert fühlen. Gefühle von Ohnmacht und Hilflosigkeit können dann alte traumatische Erfahrungen reaktivieren.[60]

In einer Zeit, in der eine schwangere Frau die Nachricht vom Ausbruch des Krieges bekommt, ihr Mann als Soldat an die Front muss, es keine ausreichende medizinische Versorgung gibt und man nicht mehr weiß, wer Freund oder Feind ist, kann sie ihrem ungeborenen Kind nicht vermitteln, dass die Welt ein guter und sicherer Ort ist. Das im Krieg geborene Kind, dessen Grundbedürfnisse nicht beantwortet werden können, weil es nicht genug Nahrung gibt, weil der Schutz und die Unterstützung fehlen, weil Erwachsene selbst in Not sind und blind werden für die Sorgen der Kinder, wird sich zurücknehmen und nicht klagen.

Je jünger es in diesen Zeiten ist, desto tiefer in sich vergräbt es das Grauen, die Angst und die Sorgen, denn das Leben geht weiter, und der Überlebenswille schiebt alles Störende, die Entwicklung Behindernde zunächst zur Seite. Aber irgendwann holt es sie ein, plötzlich wie aus dem Nichts kommen die dunklen Schatten der Vergangenheit und bringen ihre unheilvollen Gefühle von Angst und Ohnmacht mit. So wie bei Irma, die 1941 im polnischen Warschau zur Welt kam und mit ihrem älteren Bruder und der Mutter die Kriegswirren durchlitt. Der Vater kämpfte als Deutschstämmiger für die Deutschen, geriet in Kriegsgefangenschaft. Die Mutter machte sich mit den beiden Kindern auf die Flucht nach Bayern, von wo aus sie zum Kriegsende Richtung Polen aufbrach, um die eigenen Eltern wiederzufinden. Dabei wurde sie von polnischen Soldaten aufgehalten und für zwei Jahre inhaftiert. Die damals vierjährige Patientin und ihr Bruder wurden getrennt in Kinderheimen untergebracht. Sie durften nicht mehr Deutsch sprechen, erhielt einen anderen Namen. Schwer traumatisiert suchte die Mutter nach Entlassung aus der Haft ihre Kinder und konnte zumindest erwirken, dass sie gemeinsam untergebracht wurden. Sie fand Arbeit und eine Wohnung. Einmal im Jahr besuchte die Mutter ihre Kinder.

Als die Patientin 14 Jahre alt war, holte die Mutter die Kinder zu sich. Der Vater galt lange als vermisst, bis er endlich den Kontakt zu seiner Familie wiederherstellen konnte. Er tat alles dafür, die Familie zu sich nach Deutschland zu holen, und mit 16 Jahren zog Irma mit der Mutter und dem Bruder nach Deutschland, wo sie erst jetzt ihren Vater kennenlernte, »einen Fremden«.

Beide Eltern waren psychisch sehr belastet, sodass das scheue Mädchen sich mit ihren Sorgen ihnen nicht zumuten wollte. Sie fand schwer Anschluss, da sie kein Deutsch sprach, hatte keine Freunde und saß fast nur zu Hause herum. Doch dann ging es aufwärts, sie lernte die Sprache, die sie als kleines Kind schon einmal gesprochen hatte und die ihr damals im Kinderheim verboten worden war, und machte eine Lehre. Bald lernte sie ihren späteren Ehemann kennen und bekam zwei Töchter, die sie heiß und innig liebte. Familie bedeutete alles für sie, und endlich war eine gute Zeit angebrochen. Doch dann erkrankte ihre Tochter und starb vor fünf Jahren an den Folgen eines Gehirntumors.

Irmas Enkelkinder waren ungefähr im Alter wie sie selbst, als sie die Mutter (und den Vater) durch den Krieg »verlor«, und so kümmerte sie sich als Oma rührend um die beiden Halbwaisen. Nach einem Jahr übernahm die neue Partnerin des Schwiegersohns die Stiefmutterrolle, und Irma fiel in ein Loch aus alten Erinnerungen. Sie reagierte psychosomatisch mit Kopf- und Darmdruck, und so legte die Tatsache, dass die Tochter an einem Gehirntumor starb und ihre Mutter an Darmkrebs, den Verdacht nahe, hier einen Zusammenhang anzunehmen.

Bei der stark belasteten Patientin mit suizidalen Gedanken wurde nach Entlassung aus der Klinik eine Krisenintervention durchgeführt, um eine erste Entlastung zu erreichen. Aufgrund ihrer gedanklichen Fixierung auf die rein somatische, also körperliche Ebene hatte Irma bereits etliche Facharztbesuche hinter sich und war von allen als organisch ohne Befund diagnostiziert, wenn man von einem erhöhten Blutdruck absah, der sich nicht einstellen lassen wollte. Die Rückmeldung der Ärzte, dass ihre Beschwerden wohl psychischer Natur seien, beruhigte Irma ganz und gar nicht und führte schließlich zu heftigen Panikattacken. Aufgrund ihrer Not ließ sich die alte Dame auf die therapeutischen Interventionen ein, erlebte trotz anfänglicher Skepsis der zunächst eher stützenden Arbeit eine erste Entlastung und ein Ernstgenommenwerden in ihren Beschwerden.

Allmählich war es ihr auch möglich, sich mit dem psychosomatischen Konzept als Erklärungsmodell für ihre Beschwerden vertraut zu machen, und so konnte sie dann die dahinterliegende Problematik immer mehr erkennen: Durch den starken Druck im Darm und im Kopf und den damit einhergehenden Panikattacken, die sie seit einem Jahr plötzlich überfielen, konnte sie jetzt schrittweise Zugang zu den traumatischen Ereignissen ihrer Vergangenheit bekommen.

Vor dem biografischen Hintergrund erkannte sie Zusammenhänge zwischen dem Tod ihrer Tochter und ihrer eigenen traumatischen Kriegskindheit, die damit »angetriggert« wurde. Irma verstand, dass sie sich »zu sehr« mit den Enkelkindern identifiziert hatte und quasi in projektiv identifikatorischer Weise ihre eigene frühe Verlorenheit, den fehlenden Schutz durch die nicht verfügbare Mutter wieder erlebt hatte. Es tat der Patientin gut, sich jetzt mehr ihrem inneren Erleben anzuvertrauen, auch wenn es ihr noch schwerfiel, Gefühle wie Angst und Wut wahrzunehmen.

In einer Sitzung aber tauchten Erinnerungen an die Heimzeit auf, als sie damals als Fünfjährige ungeschützt und getrennt von Mutter und Bruder einem »sehr strengen Heimleiter« ausgeliefert war. Sie erinnerte sich: »Ich habe aber immer alles richtig gemacht, mir hat er nichts getan.« In der folgenden Sitzung berichtete Irma von einem Traum, in dem sie laut nach der Mutter gerufen habe. Das Wort »Mama« habe sie tief berührt und sie in Kontakt mit ihrer Sehnsucht nach ihrer Mutter gebracht. Diese war nach zwei Jahren Zuchthaus nicht mehr in der Lage gewesen, für ihre Kinder emotional da zu sein. »Sie war halt unsere Mutter, mehr nicht.« Im Rahmen einer Aufstellungsarbeit erhielt Irma hier eine ideale Versorgung mit einem Polen ohne Krieg, einem Deutschland ohne Hitler. Sie durfte eine Kindheit mit einer unversehrten Mama erleben, einem Vater, den sie von Anfang an gut kennt, und einem Bruder, mit dem sie Streiche ausheckt. Eine ganz normale Kindheit, in der sie Kind sein durfte. Neben einer jetzt vertiefenden Trauerarbeit, bei der Irma bemerkte, wie wenig sie selbst mitbekommen hatte, wie schlecht es ihr ergangen war, weil sie sich nach dem Tod der Tochter so intensiv um die Enkelkinder gekümmert hatte, konnte sie auch die alte Trauer der Fünfjährigen zulassen. Sie verstand, dass sie die Ohnmachtsgefühle angesichts des schmerzhaften Verlusts abwehren musste, weil sie die Verbindung zum traumatischen Erleben der kleinen Irma nicht zulassen konnte. Allmählich lösten sich die somatischen Beschwerden auf, und während die Seele endlich damit beginnen konnte, die Altlasten zu verdauen, ließ der Druck im Darm immer mehr nach. Sogar die Beschwerden im Kopf sind inzwischen deutlich weniger geworden, und die alte Dame findet endlich ihr Gleichgewicht zurück.

Auch wenn die schlimmen Erfahrungen tief vergraben im Inneren der Seele verborgen sind, können die alten Traumata jederzeit aufbrechen, die verdrängten Gefühle durch Trigger neu belebt werden.

Medizinische Eingriffe mit ihren einhergehenden »grenzverletzenden« Interventionen (zum Beispiel Fixierung, Krankenhausaufenthalte, OP) können ebenfalls alte, verdrängte Traumainhalte »antriggern«. Überfordertes Fachpersonal, aber auch die Familien der Betroffenen stehen hier hilflos und unwissend dem Geschehen gegenüber.

Behutsame Biografie-Arbeit mit pflegebedürftigen Senioren

Behutsame Biografie-Arbeit bringt wertvolle Erkenntnisse für Betroffene, ihre Familien und auch für das Pflegepersonal ins Bewusstsein. Mit diesem Wissen kann das Verhalten älterer Personen besser eingeschätzt und verstanden werden.

Einrichtungen, Pflegepersonal und Familien können sich damit besser auf die Bedürfnisse der Senioren einstellen und eventuelle notwendige Vorkehrungen treffen.

Eine ausreichend recherchierte Biografie-Arbeit kann sowohl erneuter Re-Traumatisierung entgegenwirken als auch den notwendigen Bewältigungsprozess der Betroffenen unterstützen.

Ressourcenaktivierung und -erhaltung bei Senioren

Menschen mit Gedächtnisproblemen oder einer beginnenden Demenz erinnern sich oft noch an alles, was in der Vergangenheit geschehen ist, während das Kurzzeitgedächtnis bereits stark beeinträchtigt sein kann.

Durch das Spielen von »Starke Wurzeln«, dem Spiel zur Generation-Code-Methode, und das damit verbundene Sprechen über die Vergangenheit wird der Erinnerungsprozess sowohl kognitiv als auch emotional angebunden aktiviert. Hirnleistungen und Fähigkeiten können damit erhalten und der Krankheitsprozess verlangsamt werden.

Mit dem Generation-Code-Konzept kann darüber hinaus erreicht werden, dass alte verborgene Wunden, Traumata und belastende Situationen behutsam angesprochen, besprochen und aufgearbeitet werden. Dieses Konzept beinhaltet zudem die imaginäre Versorgung der eigenen, in der Kindheit beziehungsweise in der Vergangenheit nicht befriedigten Grundbedürfnisse sowie von Familienangehörigen und Ahnen. Die Familie hat die Möglichkeit, wieder neu ins Gespräch zu kommen und ein gegenseitiges Verständnis aufzubauen. Dadurch ist (gemeinsame) Heilung möglich.

Mit »Starke Wurzeln« können Angehörige auch bei fortgeschrittenem Krankheitsstadium ihres an Demenz erkrankten Familienmitglieds wertvolle Informationen sammeln und zur Verbesserung der Lebensqualität durch verständnisvolle Alltagsbegleitung und abgestimmte, verbesserte Pflegebedingungen beitragen.

18 Generation-Code und Partnerwahl

Partnerwahl ist kein »Glücksspiel«, denn wenn Verliebtheit zwei Menschen zusammenbringt, dann haben sie sich gefunden, weil die Partnerwahl eng mit den Sehnsüchten und Erfahrungen der Vergangenheit verknüpft ist.

In einer Beziehung verhalten wir uns immer wieder auf ähnliche Weise, wir folgen familiären Mustern, und obwohl wir unsere eigenen Sehnsüchte kennen, sorgen wir unbewusst dafür, dass sich diese nicht erfüllen können. Klaus Grawe[61] beschreibt dies sehr ausführlich mit seiner Konsistenztheorie, bei der verletzte, also enttäuschte Bedürfnisbefriedigung zur Entwicklung von Mechanismen führt, die eine erneute Befriedigung von Bedürfnissen verhindert. Wir sehnen uns beispielsweise nach Nähe zu unserem Partner und stoßen ihn weg, sobald diese Nähe tatsächlich eintritt. Die Sehnsucht bleibt unerfüllt, damit keine erneute Verletzung stattfinden kann. Wenn Menschen sich verlieben, übertragen sie auch ihre Treueverträge auf den geliebten Menschen. Nicht nur unerfüllte Wünsche und Sehnsüchte werden dem anderen angetragen, es aktiviert sich auch die Hoffnung, in ihm die Mutter oder den Vater, manchmal auch die Großmutter oder den Großvater doch noch zu heilen. Das innere Kind mit seinem leidenschaftlichen Feuereifer kann nicht mehr unterscheiden zwischen dem realen Partner und den verinnerlichten Elternbildern. So projiziert es seine positiven wie negativen Erfahrungen auf die Liebesbeziehung.

Neueste Befunde aus der Hirnforschung belegen, dass das Gehirn ein Beziehungsorgan ist und somit im ständigen Austausch mit seiner sozialen Umwelt steht. Der Psychologe und Psychotherapeut Roland Kachler beschreibt in seinem Buch *Die Therapie des Paar-Unbewussten,* welche Rolle die Biografien beider Partner, aber auch ihre gemeinsamen Körperprozesse, die Kollusion von Bedürfnissen, also das unbewusste, abgestimmte Zusammenspiel des Paares, die zueinander passenden Beziehungsschemata und die Kreativität des Paar-Unbewussten spielen.[62]

In unseren Seminaren zur Bearbeitung des gegengeschlechtlichen Elternteils ergänzen wir daher die erste Meditation mit einer Arbeit zur Beziehungsfantasie. Dabei lassen wir offen, ob es sich um die Beziehung zum Partner oder Traumpartner, zur besten Freundin oder zum Vater handelt. So kann hier unbewusstes Wissen um die Sehnsucht nach erfüllter, befreiter Liebe angezapft werden und fließt dann in die Arbeit der Tochter zum Vater beziehungsweise für den Sohn zur Mutter mit ein.

Für die erste Bildkarte, die ein Seminarteilnehmer für seine Vorstellung von der Beziehung zum Elternteil aussucht, ist es sinnvoll, ein Kartenset mit Bildern zu wählen, die Beziehungsthemen darstellen. Die Karten der Liebe von Spezzano oder auch Traumsymbolkarten eignen sich hier sehr gut. Es ist immer wieder erstaunlich, wie viel man dann im Nachhinein anhand der Bilder erkennen und verstehen kann. So hatte Andreas (siehe die Fallvignette in Kapitel 4) zum Thema Mutter eine Karte mit einem Mann ausgesucht, der in seiner Brust ein Loch in Form eines Herzen hat. Unter dem Bild steht das Wort »Verlust«. Er selbst hatte im ersten Moment »nur« an den Verlust des Vaters gedacht, dessen früher Tod für die Mutter und ihn so belastend gewesen war. Doch am Ende der Arbeit, als deutlich wurde, wie sich das Thema Verlust durch die gesamte Ahnenreihe zog, bekam diese Karte für ihn noch einmal eine neue

Bedeutung. Er verstand, dass er sein Herz hergab, weil der Kummer der anderen so stark war. Das Loch, das ihm blieb, passte zu seinem Gefühl der inneren Leere, der Herzensverausgabung und der Vernachlässigung seines eigenen Herzens durch sich selbst, da er es ebenso nicht mehr im Blick hatte. Unbewusst hatte sich Riecke einen Mann in ihm gesucht, der zunächst belastbarer als der Vater wirkte, einen guten Vater für ihre Kinder, der wirklich für diese da war. Ihre Bildkarte zeigte eine Frau (sie selbst), die dem Vater, der einen riskanten Balanceakt über einer tiefen Schlucht versucht, Mut und Motivation zuspricht. Rieckes Vater war durch seine bipolare Störung, bei der eine Phase der Selbstüberschätzung und Grandiosität (in der manischen Phase) sich mit der depressiven Phase, in der er sich in dem Gefühl eigener Wertlosigkeit gefangen fühlte, einem ständigen Balanceakt ausgeliefert.

Andreas, der sich in seiner Kindheit immer verantwortlich für die Atmosphäre im Elternhaus gefühlt hatte, war auch in der Ehe ständig bemüht, diese Balance (im Außen) herzustellen und die Gefahr eines emotionalen Ausbruchs zu verhindern, indem er seine Gefühle runterschluckte. Beide hatten also einen Vater, den sie stärken mussten und den sie nie als Vater wirklich belasten durften. Die Sehnsucht nach einem solchen Vater wird nun dem Partner angetragen, das nicht ausreichend »bevaterte« innere Kind dem Partner auf den Schoß gesetzt. Auch die Mutter, die beide jeweils schonen und für die sie ihre eigene Lebensenergie zurücknehmen mussten, findet in der jeweiligen Erfahrung des anderen Partners eine Entsprechung. Riecke möchte endlich angenommen und gesehen sein und »erwartet« dies von Andreas, den sie immer bestätigt und gestärkt hat. Andreas wiederum strengt sich an, um in Riecke die Mutter zu stärken, damit er endlich auch mit seinen Bedürfnissen da sein darf.

Obwohl sich beide von Herzen zugetan sind, ist der Fluss ihrer Liebe durch die Treue zu den Eltern gestört. Einen Mann zu lieben, der sich zwar nach Liebe sehnt, diese aber nicht wirklich annehmen kann, weil ihm sein eigenes Herz »nicht gehört«, ist schwer, und ebenso darf Riecke ihren »Platz« an der Seite ihres Mannes nicht wirklich einnehmen und annehmen. Beide bleiben hungrig, obwohl der Tisch der Liebe üppig gedeckt ist. So wiederholt sich das Drama ihrer Kindheit und lässt die Liebe mit der Zeit verkümmern.

Weil beide ihren Generation-Code lösten, besteht die Chance, sich auf einer reiferen Stufe der Partnerschaft, losgelöst von alten Treueverträgen, neu auf den anderen einzulassen. Wenn wir nicht mehr stellvertretend im Leben der Ahnen verweilen müssen, können wir authentische Liebe im Hier und Jetzt leben.

Raus aus der Paarkrise – mit der Auflösung des Generation-Codes in eine neue Dimension

Eine ähnliche Entwicklung haben auch Katharina und Max erlebt. Als das Paar vor zwei Jahren verzweifelt zu mir in Paartherapie kam, waren gegenseitiges Vertrauen, Selbstwert und Hoffnung auf eine gemeinsame Zukunft auf einem Tiefstand. Kurz vorher hatte Katharina herausgefunden, dass ihr Mann seit einem halben Jahr eine Affäre mit einer jüngeren Arbeitskollegin hatte.

Obwohl sich beide einig waren, ihrer langjährigen Beziehung noch eine Chance geben zu wollen, und allein schon der Kinder wegen einen Neuanfang starten wollten, gelang es ihnen nicht, einen Schlussstrich unter das zu ziehen, was passiert war, und so litten beide unter der extremen Eifersucht Katharinas, die sich durch ihr anklammerndes Verhalten und ein extremes Kontrollbedürfnis äußerte.

Max und Katharina ließen sich auf die Auflösung ihres Generation-Codes mit dem gegengeschlechtlichen Elternteil ein und waren überrascht, wie eng ihre Treueverträge mit Mutter und Vater die eigene Paarbeziehung beeinflussten. Besonders beeindruckend waren auch die Analogien in den Ahnenreihen der jeweiligen Herkunftsfamilie.

Im ersten Abschnitt der Paartherapie erkannte Max, dass die Partnerwahl *Katharina* eigentlich ein »Kompromiss« war, den er aufgrund seiner Kindheitserfahrungen eingegangen war. Zum Zeitpunkt der Eheschließung habe Max eine »brave« Ehefrau gebraucht, bei der er keine Angst haben musste, dass diese ihn betrügen würde, wie seine Mutter damals den Vater betrogen hatte. Zu tief hatte es ihn verletzt, wenn die Mutter ihre Freiheit und Selbstentfaltung mehr zu lieben schien als ihn. So erinnerte sich Max an endlose Abende, an denen er, von Verlassenheitsängsten gequält, stundenlang wachgelegen und auf die Mutter gewartet hatte. Sie war eine dominante Frau, während Max seinen Vater als schwach und gedemütigt erlebt hatte. So wollte er nie werden. Doch nun hatte die Ehe ihren Reiz verloren, und Max empfand Katharina als zu schwach und zu angepasst. Deshalb gefiel ihm eine Kollegin, die er als stark und unabhängig empfand, und das Verhängnis nahm seinen Lauf.

Katharina entschlüsselte ihr Treuegebot mit dem Vater und verstand die Verbindung ihrer eigenen Kindheitserfahrungen mit denen von Ehemann Max. Für ihren Vater sollte sie ein abhängiges, ja sogar möglichst asexuelles Wesen bleiben, das nicht zur Frau werden will und den Vater nicht für einen anderen Mann verlässt. Der selbst bedürftig gebliebene Vater brauchte so sehr die Bewunderung und Anerkennung durch seine (kleine) Tochter, von der er sich wirklich geliebt fühlte. Er konnte es nicht ertragen, sie erwachsen werden zu lassen.

In der Pubertät hatte es Katharina schwer, denn sie durfte abends nicht lange ausgehen und keine männlichen Freunde mitbringen. Wenn überhaupt, musste sie alles vor dem Vater verheimlichen. Die Ahnenaufstellung zeigte dann sehr deutlich, mit welch ähnlichen Schicksalsthemen in beiden Biografien die Partnerwahl beeinflusst wurde.

Auch bei Katharina waren es »schwache« Männer, die das Herz ihrer starken Frauen nicht wirklich erreichen konnten. Begonnen hatte alles aber mit der tief gekränkten und verletzten Großmutter, die als junge Frau ihren Verlobten durch einen Absturz mit einem Kriegsflugzeug verlor. Bei seiner Beerdigung tauchten plötzlich eine zweite Verlobte und ein Abschiedsbrief des Verlobten auf. Er habe aus Verzweiflung den Freitod gewählt, da er zwei Frauen die Ehe versprochen habe. Diese tiefe Kränkung und der Verlust ihres Verlobten gruben sich ins Herz der verletzten Urgroßmutter ein. In der Folge heiratete sie den Großvater von Katharina, der zeitlebens nur die zweite Wahl blieb, ihr dafür aber treu ergeben war. Aus dieser Ehe entstammte Katharinas Vater, der vergebens bemüht war, seine Mutter glücklich zu machen. Als Sohn des verlässlichen Ehepartners, aber nicht der Sohn des geliebten Piloten, fühlte sich der Vater von Katharina ebenfalls nur wie eine zweite Wahl. Er warb viele Jahre um Katharinas Mutter, die ebenfalls unglücklich in einen anderen Mann verliebt war und schließlich dem Werben des verlässlich erscheinenden Verehrers nachgab. Katharina hat dieses Gefühl, unwichtig zu sein, in sich aufgenommen und den bedürftigen Vater mit Aufmerksamkeit und Bewunderung überschüttet.

Ihre Geschichte passte dann gut zu Max, der, damals verunsichert, genau eine solche Frau brauchte, die ihn anhimmelte und bei der er sich wirklich sicher fühlen konnte. Neben der Sicherheit für sich selbst konnten Max und Katharina mit ihrer Partnerwahl in vielerlei Hinsicht ihre Treueverträge mit dem gegengeschlechtlichen und gleichgeschlechtlichen Elternteil erfüllen.

Als Vorbild für seinen Vater lebt Max zwar nun die Rolle eines Ehemanns, der sich nicht unterdrücken lässt, bleibt ihm dennoch treu, indem er ihn doch nicht überrundet, sondern ebenfalls in seiner Partnerschaft zu scheitern droht und letztendlich ausbrechen muss. Er wird wie seine Mutter zum Täter und mutet der eigenen Frau Demütigungen und Herzeleid zu, indem er über viele Monate bei der Geliebten einzieht. Er leidet jedoch selbst so stark unter seinem eigenen Verhalten, dass er sich der Entschlüsselung seines Generation-Codes stellt und den Treuevertrag mit der Mutter auflöst.

Katharina überrundet ihre Mutter nicht, bleibt wie diese eine schwache, brave Ehefrau, die nicht zu ihrer eigenen Meinung steht und sich ihre Entscheidungen von den Eltern diktieren lässt. Sie entwickelt zwar viele mütterliche Anteile, bleibt aber als sexuelles Wesen unscheinbar. Wie der Vater lebt sie mit dem Gefühl, nicht so wichtig zu sein, stellt sich in die zweite Reihe. Mit der Krise scheint sich auch die Rolle der zweiten Wahl einzustellen, gegen die sich die mutige Katharina aber entschieden wehrt und ihren Treuevertrag mit dem Vater auflöst. Katharina löst außerdem den Treuevertag mit der Mutter, holt sich ihr Recht auf die eigene Meinung zurück, um zu sich und der eigenen Stärke stehen zu dürfen, und entwickelt sich zunehmend zu einer starken, selbstbewussten Frau. Sie kämpft um ihre Beziehung, stellt sich ihrem Ehemann und kümmert sich um ihr eigenes Leben. Während Max noch bei der Geliebten lebt, beginnt Katharina ein neues Leben. Sie startet beruflich einen Neuanfang, fährt alleine mit den Kindern in den Urlaub, trifft sich mit Freundinnen und bezieht ihren eigenen Standpunkt bei Konflikten bezüglich der Kindererziehung. Sie hält Max weiterhin die Tür auf, für den Fall, dass er wiederkommen möchte. Auch wenn sie zunehmend die Frau geworden ist, die Max sich ja eigentlich wünscht, muss er erst lernen, eine starke Frau auszuhalten. Katharina ist kein graues Mäuschen mehr, und das haben auch andere Männer bemerkt. Sie gibt Max durchaus Kontra und geht ihren eigenen Weg. Nachdem Max seinen Vertrag mit der Mutter löst, verliert er seine Ängste vor starken, unabhängigen Frauen. Heute leben Max und Katharina wieder zusammen. Noch sind nicht alle Wunden verheilt, aber ihre Liebe hat eine neue Dimension erreicht und eine wunderbare Reifung erfahren. Das gibt Anlass zur Hoffnung, dass Liebe gelingen kann.

19 Wirkt die Methode Generation-Code?

Evaluation zur Wirksamkeit der Gruppentherapie Generation-Code

Eine Pilotstudie in Zusammenarbeit mit der Technischen Universität Braunschweig von Mareike Dietz
Um nicht nur eine subjektive Wahrnehmung von der Wirksamkeit unserer Arbeit zu haben, war uns die von Mareike Dietz im Rahmen ihrer Masterarbeit an der TU Braunschweig durchgeführte Pilotstudie 2014/2015 willkommen. Untersucht wurde die Wirksamkeit der Methode bezüglich der Reduktion von Inkongruenz (Grosse Holtforth, Grawe & Tamcan, 2004), der allgemeinen Symptombelastung (Franke, 2014) und der Zunahme von Lebenszufriedenheit (Fahrenberg, Myrtek, Schumacher und Brähler, 2000). Die Interventionsgruppe (Teilnehmer an Generation-Code-Seminaren) und die Kontrollgruppe (Personen in Einzel-Psychotherapie, Richtlinienverfahren) wurden vor und nach der Gruppentherapie sowie drei Monate später zu den oben genannten Variablen befragt (Prä-Post- und Follow-Up-Messung).

Mareike Dietz wollte herausfinden, ob die Methode wirkt und wie, beziehungsweise ob man den Erfolg auch messen kann. Um die

Wirkung der Intervention in Bezug auf die Befreiung blockierter Identitätsentwicklung und die Stärkung von Bindungs- und Beziehungsfähigkeit theoretisch fundieren zu können, legte sie die Konsistenztheorie von Grawe (2004) zu Grunde und wählte das darin beschriebene Konzept der Inkongruenz als Hauptkriterium für die Untersuchung. Mit Inkongruenz meint Grawe die wahrgenommene Diskrepanz zwischen eigenen Zielen und der Realität. Können in der alltäglichen Lebensumgebung eigene Ziele nicht erreicht werden und bleiben Grundbedürfnisse unbefriedigt, so entsteht Inkongruenz.

In unserer Metapher mit dem Baum und seinen verletzten Wurzeln zeigen wir auf, wie die Weitergabe von Erfahrungen vorangegangener Generationen die Aufnahmefähigkeit der »Wurzeln« einschränken kann und für die Nachkommen dazu führt, dass sie ihre eigenen Bedürfnisse nicht befriedigen können und dürfen. Selbst wenn dies in ihrem Leben viel leichter möglich wäre, sorgt der als Kind geschlossene Treuevertrag mit den Eltern dafür, dass es seine eigenen Bedürfnisse zurückstellt, um zunächst die Heilung der Eltern zu erreichen. Die Fähigkeit, nehmen zu können, schrumpft und Inkongruenz entsteht. Auch andere Modelle, wie die von Deci und Ryan (1991, 2000), gehen davon aus, dass es Wirkmechanismen des Zusammenhangs zwischen Grundbedürfnissen und seelischer Entwicklung gibt.

Kernannahmen des konsistenztheoretischen Modells nach Grosse Holtforth und Grawe (2003) sind, dass Inkongruenz eine Ursache für die Bildung psychopathologischer Symptome und damit einhergehend geringem Wohlbefinden ist. Des Weiteren trage Inkongruenz zur Aufrechterhaltung von psychischen Störungen und zur Entwicklung zusätzlicher Symptome bei, und psychische Störungen selbst können zu Inkongruenz der Betroffenen führen.

Als Entwicklerinnen der Methode Generation-Code interessierten wir uns in erster Linie dafür, ob die Auflösung des Loyalitätsvertrages die Aufnahmefähigkeit der »Wurzeln« wieder möglich macht und die betroffene Person Inkongruenz im Sinne einer Diskrepanz zwischen ihrem aktuellen erstrebten Selbstbild beziehungsweise Lebenszielen und dem authentischen Selbst mit seinem blockierten Potenzial reduzieren kann. Unter Lebenszufriedenheit verstehen wir, mit sich und den eigenen Gefühlen im Einklang zu sein, was nichts mit einem ständigen Hochgefühl oder Euphorie zu tun hat. Glücklichsein ist für uns vielmehr die Fähigkeit, alle Anteile der eigenen Persönlichkeit als zu sich gehörend annehmen zu können und die eigenen Gefühle in aller Tiefe wahrnehmen und angemessen ausdrücken zu können, ohne ihnen ausgeliefert zu sein (vergleiche auch Arno Gruen).

Eine Reduktion von Symptomen und der resultierenden Belastung sehen wir als Folge des Heilungsprozesses. Der Körper muss nun nicht mehr Gefühle, die vordem nicht angemessen ausgedrückt oder bewusst wahrgenommen werden durften, bergen. Statt sie wie bisher im psychosomatischen Ausdruck stellvertretend zu übernehmen, lösen sich die in ihm »geronnenen« Gefühle und werden ins Bewusstsein gehoben. Ein Integrationsprozess wird eingeleitet.

Mareike Dietz konnte mit ihrer Studie erste Hinweise auf eine Wirksamkeit der Methode zeigen.

Für die Reduktion von Inkongruenz konnte ein Therapieeffekt bestätigt werden, ebenso ging die Symptombelastung tendenziell stärker bei den Teilnehmer/innen der Interventionsgruppe zurück als bei der Kontrollgruppe. Eine signifikante Zunahme der Lebenszufriedenheit wurde in keiner der beiden Gruppen gefunden.

Da wir durch Rückmeldungen unserer Teilnehmer wissen, dass sich in der Tat eine Zunahme von Lebenszufriedenheit erst nach einer längeren Zeit (nach circa sechs Monaten) einstellt, gehen wir davon aus, dass eine Follow-up-Befragung mit einem größeren Abstand zur Therapie dies hätte positiv bestätigen können. Als Grund sehen wir die Tatsache, dass die Entfaltung des authentischen

Potenzials nach der Auflösung der »blockierten Identitätsentwicklung« eine längere Zeit braucht. Das »Erlöschen des neurotischen Feuers«, mit dem das Kind sich voller Hingabe der Elternrettung verschrieben hatte und damit auch energetisch versorgt wurde, kann eine vorübergehende Sinnkrise hervorrufen. Die letzte Messung der Studie fiel unseres Erachtens genau in diese Phase des Prozesses.

Insgesamt sind wir sehr erfreut, mit dieser Studie bestätigt zu sehen, dass durch die Entschlüsselung des Codes ein wirksamer Prozess der Ganzwerdung eingeleitet werden kann und die Wurzeln des Stammbaums wieder in die Lage versetzt werden, gute »Nahrung« aufzunehmen und für eine gesunde psychische Entwicklung zur Verfügung zu stellen. Für weitere Informationen steht diese Studie zur Verfügung.

Danksagung

Wir danken allen Menschen, die uns an ihrem Heilungsweg haben teilnehmen lassen und uns damit tiefe Einblicke in ihr Leben und das ihrer Familien- und Ahnengeschichten gegeben haben. Diese wertvollen Einblicke haben uns ermöglicht, die Methode Generation-Code in ihrer gesetzmäßigen Wirkungsweise zu verstehen und über viele Male nachvollzogen zu haben, sodass wir unsere Erkenntnisse fortlaufend für die Heilung transgenerationaler Weitergabe von dysfunktionalen Beziehungsmustern und Reinszenierungen traumatischer Erfahrungen vertiefen und verbessern konnten.

Ein besonderer Dank gilt den Menschen, deren Geschichte und Heilungsprozess wir hier im Buch als Fallvignetten wiedergeben durften.

Wir danken unseren LehrerInnen, die uns ihr Wissen und ihre Weisheit mitgaben, und hoffen, dass sie sich mit uns über die Weiterentwicklung einiger ihrer Ideen und an unserem integrativen Heilungskonzept erfreuen. Besonders dankbar sind wir Prof. Dr. Martin Kirschenbaum, der Körper-und Familientherapeutin Hilda Billion, Alfred Dürkopp und Albert Pesso, wovon drei leider nicht mehr unter uns weilen.

Ohne unsere Ahnen und ohne unsere Nachkommen wären wir nicht die, die wir heute sind. Wir haben unsere Verträge mit unseren Ahnen gelöst und unser Potenzial freigesetzt. Heute verbinden uns Liebe und eine versöhnliche Haltung mit ihnen. Verständnis ersetzte Schuldzuweisungen und Ambivalenzen, Verbundenheit und Achtung lassen uns ihre Schicksale als Teil unserer eigenen Geschichte begreifen. Ihre Talente, ihre Stärken, ihre Potenziale und ihre Lebenserfahrungen haben unsere Wurzeln gestärkt. In tiefer Liebe danken wir unseren Müttern und Vätern dafür, dass sie uns das Leben geschenkt und uns aufgezogen haben.

Unseren Kindern und Enkelkindern fühlen wir uns sehr verbunden. Auch wir haben Lebensthemen und Wunden weitergereicht, doch wir hoffen, mit unseren Erkenntnissen dennoch ausreichend Möglichkeiten zur Verfügung gestellt zu haben, dass auch sie eines Tages ihren Generation-Code lösen können und frei werden für ihr eigenes Leben.

Anhang

Literaturverzeichnis

Alberti, Bettina (2014): *Seelische Trümmer: Geboren in den 50er- und 60er-Jahren: Die Nachkriegsgeneration im Schatten des Kriegstraumas.* München: Kösel

Amarque, Tom, und Markert, Bernd (Hrsg.) (2010): *Was ist Liebe? Eine integrale Anthologie über die Facetten der Liebe.* Sencelles: Phänomen-Verlag

Baer, Udo, und Frick-Baer, Gabriele (2015): *Kriegserbe in der Seele. Was Kindern und Enkeln der Kriegsgeneration wirklich hilft.* Weinheim: Beltz

dies. (2010): *Wie Traumata in die nächste Generation wirken. Untersuchungen, Erfahrungen, therapeutische Hilfen.* Neukirchen-Vluyn: Affenkönig Verlag

Bandler, Richard, und Grinder, John (1968): *Reframing. Ein ökologischer Ansatz in der Psychotherapie (NLP).* Paderborn: Junfermann

Bauer, Joachim (2011): *Schmerzgrenze. Vom Ursprung alltäglicher und globaler Gewalt.* München: Blessing

ders. (2008): *Prinzip Menschlichkeit. Warum wir von Natur aus kooperieren.* München: Heyne

ders. (2005): *Warum ich fühle, was du fühlst. Intuitive Kommunikation und das Geheimnis der Spiegelneurone.* Hamburg: Hoffmann und Campe

ders. (2005): *Das Gedächtnis des Körpers. Wie Beziehungen und Lebensstile unsere Gene steuern.* München: Piper

Benedetti, Gaetano, und Rychner, Paul (1983): *Todeslandschaften der Seele. Psychopathologie, Psychodynamik und Psychotherapie der Schizophrenie.* Göttingen: Vandenhoeck & Ruprecht

Bergmann, Wolfgang (2013): *Kleine Jungs, große Not. Wie wir ihnen Halt geben.* Weinheim: Beltz

Bleckwedel, Jan (2011): *Systemische Therapie in Aktion. Kreative Methoden in der Arbeit mit Familien und Paaren.* Göttingen: Vandenhoeck & Ruprecht

Bode, Sabine (2004): *Die vergessene Generation. Die Kriegskinder brechen ihr Schweigen.* Stuttgart: Klett-Cotta

dies. (2009): *Kriegsenkel.* Stuttgart: Klett-Cotta

dies. (2011): *Nachkriegskinder: Die 1950er Jahrgänge und ihre Soldatenväter.* Stuttgart: Klett-Cotta

Böschemeyer, Uwe (2005): *Unsere Tiefe ist hell. Wertimagination – ein Schlüssel zur inneren Welt.* München: Kösel
Boszormenyi-Nagy, Ivan (2015[10]): *Unsichtbare Bindungen: Die Dynamik familiärer Systeme.* Stuttgart: Klett-Cotta
Boszormenyi-Nagy, Ivan, und Krasner, Barbara R. (1986): *Between Give And Take: A Clinical Guide To Contextual Therapy.* Brunner/Mazel
Bohleber, Werner, Leuzinger, Marianne, Zwiebel, Ralf (2003): T*rauma, Beziehungen und soziale Realität.* Tübingen: Edition Diskord
Bowlby, John (2014): *Bindung als sichere Basis. Grundlagen und Anwendung der Bindungstheorie.* München: Ernst Reinhardt
Boyesen, Gerda (1994): *Über den Körper die Seele heilen. Biodynamische Psychologie und Psychotherapie. Eine Einführung.* München: Kösel
Bradshaw, John (1999): *Familiengeheimnisse.* München: Goldmann
Brisch, Karl-Heinz: *Die Weitergabe von traumatischen Erfahrungen von Bindungspersonen an Kinder.* In Rauwald, Marianne (Hrsg.): *Vererbte Wunden,* a.a.O.
Brisch, Karl-Heinz; Grossman, David, u.a (2010): *Bindung und seelische Entwicklungswege. Beiträge von Karlen Lyons-Ruth u.a.* Stuttgart: Klett Cotta
Buchholz, Michael B. (1990): *Die unbewusste Familie – Psychoanalytische Studien der Familie in der Moderne.* Berlin-Heidelberg: Springer
Cleese, John, und Skynner, Robin (1998): *Familie sein dagegen sehr.* Paderborn: Junfermann
Dahlheim, Werner (2013): *Augustus: Aufrührer, Herrscher, Heiland.* München: C.H. Beck
Dawirs, Ralph (2008): *Endlich in der Pubertät.* Weinheim: Beltz
ders. (2012): *Riskante Jahre, Überlebenswichtige Anmerkungen zur Kindheit.* Weinheim: Beltz
Dawirs, Ralph, und Moll, Gunther (2011): *Die 10 größten Erziehungsirrtümer und wie wir es besser machen können.* Weinheim: Beltz
De Bellis MD, Keshavan MS, Clark DB, Casey BJ, Giedd JN, Boring AM, et al.: Developmental traumatology. Part II: Brain development. Biological psychiatry. 1999;45(10):1271–1284.
Deci, Edward L., und Ryan, Richard M. (1991): A Motival Approach to Self: Integration in Personality. In Dienstbier, E.A. (Hrsg). Perspectives on motivation, (S.227–228). Lincoln: University of Nebraska Press
dies. (2000): The »what« and »why« of goal pursuits: Human needs and the self-determination of behavior. Psycholgical Inquiry, 11 (4), 227-268.
Diegelmann, Christa (2009): *Trauma und Krise bewältigen. Psychotherapie mit TRUST.* Stuttgart: Klett-Cotta
Dietz, Mareike (2015): *Evaluation zur Wirksamkeit der Gruppentherapie Generation Code – eine Pilotstudie.*
Dorrmann, Wolfram (2002): *Suizid – Therapeutische Interventionen bei Selbsttötungsabsichten.* Stuttgart: Pfeiffer bei Klett-Cotta
Dozier, Manni, Gordon (2006) *Child Maltreat – Forster Children`s dirunal production of cortisol. An explorational study*
Ehlers, Anke (1999): *Posttraumatische Belastungsstörung.* Göttingen: Hogrefe
Eilert, Dirk W. (2013): *Mimikresonanz. Gefühle sehen. Menschen verstehen.* Paderborn: Junfermann

Eliachett, Caroline (1997): *Das Kind, das eine Katze sein wollte.* München: dtv
Elschenbroich, Donata (2001): *Das Weltwissen der Siebenjährigen: Wie Kinder die Welt entdecken können.* München: Verlag Antje Kunstmann
Erikson, Erik H. (1973): *Identität und Lebenszyklus. Drei Aufsätze.* Frankfurt: Suhrkamp
Ermann, Michael (1999): *Psychotherapeutische und psychosomatische Medizin.* Stuttgart: Kohlhammer
Fahrenberg, Jochen, Myrtek, Michael, Brähler, Elmar (2000): *Fragebogen zur Lebenszufriedenheit (FLZ).* Göttingen: Hogrefe
Fallon, James (2015): *Der Psychopath in mir – Die Entdeckungsreise eines Neurowissenschaftlers zur dunklen Seite seiner Persönlichkeit.* München: Herbig
Firus, Christian, Schleier, Christian, Geigges, Werner, und Reddemann, Luise (2012): *Traumatherapie in der Gruppe.* Stuttgart: Klett-Cotta.
Frankl, Viktor E. (1986): *Theorie und Therapie der Neurosen. Einführung in die Logotherapie und Existenzanalyse.* UTB Reinhard
Freud, Sigmund (2015): *Die Wiederkehr des infantilen Totemismus.* The Perfekt Libary
Fröhlich-Gildhoff, Klaus, und Rönnau-Böse, Maike (2014): *Resilienz.* München: Reinhardt
Furth, Gregg M. (2008): *Heilen durch Malen. Die geheimnisvolle Welt der Bilder.* Norderstedt: Books on Demand
Gehrke Luthman, Shirley, und Kirschenbaum, Martin (1997): *Familiensysteme – Wachstum und Störungen. Einführung in die Familientherapie.* München: Pfeiffer
Giesecke, Hermann (1997): *Wenn Familien wieder heiraten. Neue Beziehungen für Eltern und Kinder.* Stuttgart: Klett-Cotta
Grawe, Klaus (2004): *Bedürfnisbefriedigung und psychische Gesundheit in Neuropsychotherapie.* Göttingen: Hogrefe
Green, Andre. (2011). *Die tote Mutter. Psychoanalytische Studien zu Lebensnarzissmus und Todesnarzissmus.* Gießen: Psychosozial-Verlag.
Grosse Holtforth, Martin, Grawe, Klaus, und Tamcan, Özgur (2004): *Inkongruenzfragebogen (INK).* Zeitschrift für klinische Psychologie und Psychotherapie, 32(4),315-323
Grossmann, Klaus E., und Grossmann, Karin (Hrsg.) (2011): *Bindung und menschliche Entwicklung: John Bowlby, Mary Ainsworth und die Grundlagen der Bindungstheorie.* Stuttgart: Klett-Cotta
Gruen, Arno (1994): *Der Verrat am Selbst. Die Angst vor Autonomie bei Mann und Frau.* München: dtv
ders. (1992): *Der Wahnsinn der Normalität. Realismus als Krankheit: eine Theorie der menschlichen Destruktivität.* München: dtv
Gudjons, Herbert, Pieper, Marianne, Wagener, Birgit (1999): *Auf meinen Spuren. Das Entdecken der eigenen Lebensgeschichte. Vorschläge und Übungen für pädagogische Arbeit und Selbsterfahrung.* Hamburg: Bergmann und Helbig
Hähnlein Vera, und Rimpel, Jürgen (2008): *Systemische Psychosomatik.* Stuttgart: Klett Cotta
Hansen, Hartwig (2014): *A–Z der Interventionen in der Paar-und Familientherapie.* Stuttgart: Klett-Cotta
Hautzinger, Martin (1998): *Depression.* Göttingen: Hogrefe
Hay, Louise L.: *Meditationen für Körper und Seele.* Berlin: Allegria

Herman, Eva, und Steuer, Maria (2010): *Mama, Papa oder Krippe? Erziehungsexperten über die Risiken der Fremdbetreuung.* Holzgerlingen: SCM Hänssler
Hoffmann, Dagmar (Hrsg.) (1996): *Der Körper in der Psychotherapie.* Basel: Schwabe
Hoffmann, Nicolas, und Hoffmann, Birgit (2005): *Wenn Zwänge das Leben einengen.* Mannheim: PAL
Huber, Johannes (2011): *Liebe lässt sich vererben. Wie wir durch unseren Lebenswandel die Gene beeinflussen können.* München: Zabert Sandmann
Hüther, Gerald (2013): *Was wir sind und was wir sein könnten. Ein neurobiologischer Mutmacher.* Frankfurt am Main: Fischer
Hüther, Gerald, und Aarts, Maria (2011): *Beziehung wirkt Wunder. Was Kinder und Jugendliche zum Aufwachsen brauchen.* Müllheim/Baden: Auditorium Netzwerk
Jung, C.G. (1979): *Der Mensch und seine Symbole.* Sonderausgabe Walter-Verlag
Jureit, Ulrike (2006): *Generationenforschung.* Göttingen: Vandenhoeck & Ruprecht
Kachler, Roland (2015): *Die Therapie des Paar-Unbewussten. Ein tiefenpsychologisch-hypnosystemischer Ansatz.* Stuttgart: Klett-Cotta
Kaiser Rekkas, Agnes (Hrsg.) (2013)): *Wie man ein Krokodil fängt, ohne es zu verletzen.* Heidelberg: Carl Auer
Kaplan, Louise J. (1995): *Die zweite Geburt. Die ersten Lebensjahre des Kindes.* München: Piper
Kaplan-Williams, Strephon (2000): *Traum Symbol Karten.* Güllesheim: Silberschnur Verlag
Kast, Verena (2010): *Vater – Töchter. Mutter – Söhne. Wege zur eigenen Identität aus Vater- und Mutterkomplexen.* Freiburg: Kreuz Verlag
dies. (2009): *Paare. Wie Phantasien unsere Liebesbeziehungen prägen.* Freiburg: Kreuz Verlag
dies. (2014[15]) *Abschied von der Opferrolle.* Freiburg: Herder
Kharitidi, Olga (2005) *Samarkand. Eine Reise in die Tiefen der Seele.* Berlin: List
Kharitidi, Olga (2005): *Das weiße Land der Seele.* Berlin: List
Kinkele, Thomas (2000): *Spirituelles Räuchern.* Oberstorf: Windpferd
Kögler, Michael (2014): *Familie – Krieg – Trauma – Sucht. Warum die Vergangenheit nicht ruhen kann.* Saarbrücken: Akademiker Verlag
Kogan, Ilany und Chasseguet-Smirgel, Janine. (2009): *Der stumme Schrei der Kinder. Die zweite Generation der Holocaust-Opfer.* Gießen: Psychosozial Verlag
Kontext, Zeitschrift für Systemische Therapie und Familientherapie: Band 46 2/2015: Qualitäten in der Ausstellungsanleitung
Korittko, Alexander, und Pleyer, Karl Heinz (2011): *Traumatischer Stress in der Familie. Systemtherapeutische Lösungswege.* Göttingen: Vandenhoeck & Ruprecht
Krähenbühl, Verena, Jellouschek, Hans, Kohaus-Jellouschek, Margarete, und Weber, Roland (2011): *Stieffamilien: Struktur, Entwicklung, Therapie.* Freiburg: Lambertus
Krüll, Marianne (2009): *Die Geburt ist nicht der Anfang. Die ersten Kapitel unseres Lebens – neu erzählt.* Stuttgart: Klett-Cotta
Kumbier, Dagmar (2013) *Das Innere Team in der Psychotherapie.* Stuttgart: Klett-Cotta
Lerner, Isha und Lerner Mark (1997): *Tarot für das innere Kind.* 78 Tarotkarten. Güllesheim: Silberschnur Verlag

Levine, Peter A., und Kline, Maggie (2015): *Verwundete Kinderseelen heilen. Wie Kinder und Jugendliche traumatische Erlebnisse überwinden können.* München: Kösel

Liedloff, Jean (1991): *Auf der Suche nach dem verlorenen Glück. Gegen die Zerstörung der Glücksfähigkeit in der frühen Kindheit.* München: Beck

Limmer, Stefan (2015): *Versöhnung mit den Ahnen. Mit der 7-Generationen-Aufstellung zu ungeahnter Kraft.* München: Arkana

Lowen, Alexander (2008): *Bioenergetik – Therapie der Seele durch Arbeit mit dem Körper.* Rowolt rororo Sachbuch

Lück, Sabine (2013): *Starke Wurzeln - Das Generation-Code Spiel für Diagnostik und Familientherapie.* Wendeburg: Glückspiele-Verlag für therapeutische Spiele und Materialien

dies. (2014): Kleine Angsthäschen – Ein Lernspiel für den Umgang mit Angst und Mut. Wendeburg: Glückspiele-Verlag für therapeutische Spiele und Materialien

Maaß, Evelyne, und Ritschl, Karsten (1996): *Phantasiereisen leicht gemacht. Die Macht der Phantasie.* Paderborn: Junfermann

Maaz, Hans-Joachim (2015): *Der Lilith-Komplex.* München: dtv

Mahr, Albrecht (2003): *Konfliktfelder – Wissende Felder: Systemaufstellungen in der Friedens- und Versöhnungsarbeit.* Heidelberg: Carl Auer

ders. (2016): *Von der Illusion einer unbeschwerten Kindheit und dem Glück, erwachsen zu sein.* München: Scorpio

Maneros, Andreas (2013): *Irrsal, Wirrsal, Wahnsinn – Persönlichkeit, Psychose und psychische Konflikte in Tragödien und Mythen.* Stuttgart: Schattauer

Miller, Alice (2001): *Evas Erwachen. Über die Auflösung emotionaler Blindheit.* Frankfurt am Main: Suhrkamp

Milz, Ingeborg (1996): *Neuropsychologie für Pädagogen. Neuropsychologische Voraussetzungen für Lernen und Verhalten.* Dortmund: Borgmann

Minuchin, Salvador (2015): *Familie und Familientherapie: Theorie und Praxis struktureller Familientherapie.* Freiburg: Lambertus

Moser, Tilmann und Pesso, Albert (1998): *Strukturen des Unbewussten. Protokolle und Kommentare.* Frankfurt: Suhrkamp.

Müller-Münch, Ingrid (2015): *Die geprügelte Generation. Kochlöffel, Rohrstock und die Folgen.* München: Piper.

Ottomeyer, Klaus (2011): *Die Behandlung der Opfer. Über unseren Umgang mit dem Trauma der Flüchtlinge und Verfolgten.* Stuttgart: Klett-Cotta

Parnes, Ohad, Vedder, U. und Willer, S.: *Das Konzept der Generation. Eine Wissenschafts- und Kulturgeschichte.* Frankfurt am Main: Suhrkamp

Perls, Fritz (2002): *Grundlagen der Gestalttherapie.* Stuttgart: Klett-Cotta

Perry, Bruce D., und Szalavitz, Maia (2008): *Der Junge, der wie ein Hund gehalten wurde. Was traumatisierte Kinder uns über Leid, Liebe und Heilung lehren können.* München: Kösel

Pesso, Albert, und Perquin, Lowijs (2007): *Die Bühnen des Bewusstseins. Oder: Werden, wer wir wirklich sind.* München: CIP-Medien

Pesso, Albert (1999): *Dramaturgie des Unbewussten. Eine Einführung in die psychomotorische Therapie.* Stuttgart: Klett-Cotta

Pletzer, Marc A. (2007): *Emotionale Intelligenz. Das Trainingsbuch.* Freiburg: Haufe-Lexware

Radebold, Hartmut (2014): *Die dunklen Schatten unserer Vergangenheit. Hilfen für Kriegskinder im Alter.* Stuttgart: Klett-Cotta

Radebold, Hartmut, Bohleber, Werner, und Zinnecker, Jürgen (Hrsg.) (2009): *Transgenerationale Weitergabe kriegsbelasteter Kindheiten. Interdisziplinäre Studien zur Nachhaltigkeit historischer Erfahrungen über vier Generationen.* Weinheim: Juventa

Rauwald, Marianne (Hrsg.) (2013): *Vererbte Wunden. Transgenerationale Weitergabe traumatischer Erfahrungen.* Weinheim: Beltz

Rebillot, Paul (2008): *Die Heldenreise – Das Abenteuer der kreativen Selbsterfahrung.* Wasserburg: Eagle Books

Reddemann, Luise (2015): *Kriegskinder und Kriegsenkel in der Psychotherapie. Folgen der NS-Zeit und des Zweiten Weltkriegs erkennen und bearbeiten. Eine Annäherung.* Stuttgart: Klett-Cotta

Reiter, Leonhard (Hrsg.) (2014): *Symbole in Märchen, Mythen und Therapie.* Buchhaus.ch

Reitz, Michael (2014): *Helm Stierlin – Zeitzeuge und Pionier der systemischen Therapie.* Heidelberg: Carl Auer

Richter, Horst Eberhard (1969): *Eltern, Kind, Neurose.* Reinbek: rororo

Rogge, Jan-Uwe (1997): *Kinder haben Ängste. Von starken Gefühlen und schwachen Momenten.* Reinbek: Rowohlt

Rudolf, Gerd (2000): *Psychotherapeutische Medizin und Psychosomatik, ein einführendes Lehrbuch auf psychodynamischer Grundlage.* Stuttgart: Thieme

ders. (Hrsg.) (2002): *Leitlinien Psychosomatische Medizin und Psychotherapie, Persönlichkeitsstörungen.* Stuttgart: Schattauer

Ruhe, Hans G. (2014): *Praxishandbuch Biografiearbeit. Methoden, Themen und Felde.* Weinheim: Beltz Juventa

Satir, Virginia (1994): *Kommunikation, Selbstwert, Kongruenz. Konzepte und Perspektiven familientherapeutischer Praxis.* Paderborn: Junfermann

Scheck, Stefanie (2007) *Das Stufenmodell von Erik H. Erikson.* München: Grin Verlag

Schellenbaum, Peter (2000): *Träum dich wach. Lebensimpulse aus der Traumwelt.* München: dtv

ders. (1999): *Die Wunde der Ungeliebten. Blockierungen und Verlebendigung der Liebe.* München: dtv

ders. (1998): *Die Spur des verborgenen Kindes. Heilung aus dem Ursprung.* München: dtv

ders. (1991): *Das Nein in der Liebe. Abgrenzung und Hingabe in der erotischen Beziehung.* München: dtv

ders. (2000): *Im Einverständnis mit dem Wunderbaren.* München: Kösel

Schützenberger, Anne A. (2003): *Oh meine Ahnen, wie das Leben unserer Vorfahren in uns wiederkehrt.* Heidelberg: Carl Auer

von Schlippe, Arist, und Schweitzer, Jochen (2010): *Systemische Interventionen.* Göttingen: Vandenhoeck & Ruprecht

Schrenker, Leonhard (2008): *Pesso-Therapie: Das Wissen zur Heilung liegt in uns.* Stuttgart: Klett-Cotta

Schwegler, Christian (2014): *Der Hypnotherapeutische Werkzeugkasten. 50 Hypnotherapeutische Techniken für gelungene Induktionen und Interventionen.* Kaltenkirchen: Mad Mans Magic

Seltzer, Wencke J. (2005): *Sieben stumme Jahre. Geschichten aus der Familientherapie.* München: btb

Sheldrake, Rupert (2008): *Das schöpferische Universum: Die Theorie der morphogenetischen Felder und der morphischen Resonanz.* München: Nymphenburger

Sparrer, Insa (2006): *Systemische Strukturaufstellungen: Theorie und Praxis.* Heidelberg: Carl Auer

Spezzano, Chuck (2015): *Karten der Liebe. 84 farbige Karten mit Begleitbuch.* Petersberg: Via Nova

Spork, Peter (2012): *Der zweite Code. Epigenetik oder: Wie wir unser Erbgut steuern können.* Reinbek: Rowohlt

Stern, Daniel N. (2014): *Geburt einer Mutter. Die Erfahrung, die das Leben einer Frau für immer verändert.* Frankfurt: Brandes

Stierlin, Helm (1982): *Delegation und Familie.* Berlin: Suhrkamp

Szejer, Myriam (1998): *Platz für Anne.* München: Verlag Antje Kunstmann

Tesarz, Jonas, Seidler, Günter H. und Eich, Wolfgang (2015): *Schmerzen behandeln mit EMDR – das Praxishandbuch.* Stuttgart: Klett-Cotta

Tillmetz, Eva (2012): *Familienaufstellungen. Sich selbst verstehen – die eigenen Wurzeln entdecken.* Stuttgart: Klett-Cotta

Tinker, Robert H., und Wilson, Sandra A. (2006): *EMDR mit Kindern. Ein Handbuch.* Paderborn: Junfermann

Tsirigotis, Cornelia, von Schlippe, Arist, und Schweitzer, Jochen (Hrsg.) (2015): *Coaching für Eltern. Mütter, Väter und ihr »Job«.* Heidelberg: Carl-Auer

Ullmann, Harald, Wilke Eberhard (Hrsg.) (2012): *Handbuch Katathym Imaginative Psychotherapie.* Bern: Verlag Hans Huber

Ulsamer, Bertold (1999): *Ohne Wurzeln keine Flügel. Die systemische Therapie von Bert Hellinger.* München: Goldmann

Van der Kolk, Bessel (2016): *Verkörperter Schrecken: Traumaspuren in Gehirn, Geist und Körper und wie man sie heilen kann.* Lichtenau: G.P. Probst

Visher, Emily B., und Visher, John S. (1995): *Stiefeltern, Stiefkinder und ihre Familien. Probleme und Chancen.* Weinheim: Beltz

Weber, Gunthard (2010): *Zweierlei Glück. Das Familienstellen Bert Hellingers.* Heidelberg: Carl Auer

Weber, Gunthard, und Stierlein, H. (1989): *In Liebe entzweit. Die Heidelberger Familientherapie der Magersucht.* Reinbek: Rowohlt

Weber, Gunthard, Schmidt, Gunther, Simon, Fritz B. (2013): *Aufstellungsarbeit revisited.* Heidelberg: Carl Auer

Weinhold, Jan, Bornhäuser, Annette, Hunger, Christina, und Schweitzer, Jochen (2014): *Dreierlei Wirksamkeit. Die Heidelberger Studie zu Systemaufstellungen.* Heidelberg: Carl Auer

Whitaker, Carl (1991): *Das David & Goliath Syndrom. Manifeste eines Familientherapeuten.* Paderborn: Junfermann

Willemsen, Roger (2010): *Der Knacks.* Fischer Taschenbuch Verlag

Willi, Jürg (2002): *Psychologie der Liebe. Persönliche Entwicklung durch Partnerbeziehungen.* Stuttgart: Klett-Cotta

Wöller, Wolfgang, und Kruse, Johannes (2002): *Tiefenpsychologisch fundierte Psychotherapie. Basisbuch und Praxisleitfaden.* Stuttgart: Schattauer

Yalom, Irvin (2002): *Der Panamahut oder Was einen guten Therapeuten ausmacht.* München: Goldmann

ders. (2005): *Die Richtlinien der Gruppenpsychotherapie.* München: btb

Quellen

Zitat auf Seite 5: Textauszüge aus: Hermann Hesse, *Lektüre für Minuten. Gedanken aus seinen Büchern und Briefen.* Ausgewählt und zusammengestellt von Volker Michels. © Suhrkamp Verlag Frankfurt am Main 1971. Alle Rechte bei und vorbehalten durch Suhrkamp Verlag Berlin. Abdruck mit freundlicher Genehmigung.

1 Vgl. Pesso, Albert (1999).
2 Vgl. Green, Andre (2011).
3 Vgl. Rauwald, Marinanne (Hrsg.) (2013).
4 Siehe auch: Grawe, Klaus (2004).
5 Vgl. Bauer, Joachim (2011).
6 Siehe Brisch, Karl-Heinz; Grossmann u.a (2010).
7 Spork, Peter (2012).
8 a.a.O., Seite 21.
9 Vgl. Huber, J. (2011).
10 Kogan, Ilany (2009), S. 40.
11 Siehe Satir, Virgina (1994).
12 Hier und in Folgenden vgl. Schrenker, L. (2008).
13 Siehe Stern, D. N. (2014).
14 Bowlby, John (2014).
15 Stern, a.a.O.
16 Vgl. Yalom, Irvin (2002).
17 Der Begriff wurde von John Cleese und Robin Skynner geprägt: Cleese, John/Skynner, Robin (1998): Familie sein dagegen sehr.
18 Vgl. Pesso, a.a.O.
19 Vgl. Fritz Perls.
20 Vgl. Yrvin Yalom.
21 Vgl. Dahlheim, Werner (2013).
22 Vergleiche die Kastrationsangst des Jungen, wie Freud sie beschreibt.
23 Maneros, Andreas (2013).
24 Siehe hierzu die neueren Forschungen der Genetischen Psychologie und der Epigenese, u.a. vererbbare, durch Traumaerfahrungen veränderte Gehirnformationen. Z.B. Fallon, James (2015).

25 Vgl. Pesso, a.a.O.
26 Vgl. Fritz Pearls.
27 Vgl. Pesso und Schrenker, a.a.O.
28 Vgl. Schrenker, a.a.O., S. 19.
29 Vgl. Minuchin, Salvador (2015).
30 Dieser Text wird häufig Charlie Chaplin zugeordnet, es heißt, er habe ihn in einer Rede zu seinem 70. Geburtstag vorgetragen. Andere Quellen (so etwa http://www.wolfgangzeitler.de/html/charlie_chaplin.html) geben die Amerikanerin Kim McMillan als Autorin an.
31 Vgl. Rauwald, Marianne (Hrsg.) (2013).
32 Vgl. hierzu Ken Wilber.
33 J.W. von Goethe: Urworte. Orphisch, Zeile 6 und 8; siehe http://freiburger-anthologie.ub.uni-freiburg.de/fa/fa.pl?cmd=gedichte&sub=show&noheader=1&add=&id=1104 - zuletzt aufgerufen am 20.6.2016.
34 Vgl. Bert Hellinger (2001n und der Begriff »Schuldenkonten« nach Ivan Boszormenyi-Nagy.
35 Reddemann, Luise (2015).
36 a.a.O.
37 Müller-Münch, Ingrid (2015).
38 Marianne Rauwald, a.a.O.
39 Vgl. hierzu die Arbeiten von Sándor Ferenczi.
40 Vergleiche Viktor Frankls Aussagen und Irvin Yalom.
41 Vergleiche David Boadella, Alexander Lowen, George Downing, Gerda Boyesen, Hilda Billion als neuere Vertreter.
42 Vgl. Böschemeyer, Uwe (2005).
43 Siehe Satir, Virgina (1994).
44 Ivan Boszormenyi-Nagy (2015).
45 a.a.O.
46 Vgl. Sparrer, Insa (2006).
47 Vgl. Weinhold, J., Bornhäuser, A., Hunger, C. und Schweitzer, J. (2014).
48 Siehe den Link zur Studie: https://www.youtube.com/watch?v=YBlr4yzXJXQ
49 Hier und im Folgenden siehe Sheldrake, Rupert (2008).
50 Mahr, Albrecht (2003). Siehe auch http://www.mahrsysteme.de/fileadmin/pdfs/literatur/Geistiges_heilen.pdf – letzter Zugriff am 20.6.2016.
51 Siehe Pesso, Albert (1999).
52 Nach Albert Pesso /Leonhard Schrenker,
53 Adaptiert nach Erikson, Identität und Lebenszyklus, 1959, siehe auch C. George Boeree.
54 Vgl. hierzu auch die Arbeiten von Hilarion Petzold.
55 Vgl. Caroline Eliacheff (1997).
56 De Bellis MD, Keshavan MS, Clark DB, Casey BJ, Giedd JN, Boring AM, et al.
57 Vgl. Dozier, Manni, Gordon et al. (2006).
58 Das Therapiespiel »Starke Wurzeln« wurde von Sabine Lück auf der Grundlage des Konzeptes Generation-Code (Alexander/Lück/www.generation-code.de) und Generation-Code for Kids und unter Berücksichtigung neuester neurobiologischer und epigenetischer Erkenntnisse für den psychotherapeutischen und pädagogischen Bereich entwickelt. Im Spiel sind zwei verschiedene

Spielvarianten enthalten, die in sehr unterschiedlichen Settings eingesetzt werden können. Das Spiel ist im Glückspiel Verlag (www.glückspiele.net) erhältlich.

59 Vgl. Radebold, Hartmut (2014).

60 a.a.O. S. 82.

61 Grawe, Klaus (2004).

62 Kachler, Roland (2015).

MIX
Papier | Fördert gute Waldnutzung
FSC® C083411

Der Umwelt zuliebe
- produzieren wir zu über 90 % in Deutschland
- achten wir auf kurze Transportwege
- drucken wir auf Papier aus nachhaltiger Waldwirtschaft und anderen kontrollierten Quellen

6. Auflage

Umschlaggestaltung: FAVORITBUERO, München
Umsschlagabbildung: Manuela Schiffner
Layout und Satz: Robert Gigler, München
Gesetzt aus der Minion Pro
Druck und Bindung: CPI, Leck
ISBN 978-3-95803-070-1